Institutionen prägen Menschen

In dem Schwerpunkt »Normative Grundfragen der Ökonomik« sind bisher erschienen:
- Bernd Biervert und Martin Held (Hg.): Ökonomische Theorie und Ethik. 1987
- Bernd Biervert und Martin Held (Hg.): Ethische Grundlagen der ökonomischen Theorie. Eigentum, Verträge, Institutionen. 1989
- Bernd Biervert und Martin Held (Hg.): Das Menschenbild der ökonomischen Theorie. Zur Natur des Menschen. 1991
- Bernd Biervert und Martin Held (Hg.): Evolutorische Ökonomik. Neuerungen, Normen, Institutionen. 1992
- Bernd Biervert und Martin Held (Hg.): Das Naturverständnis der Ökonomik. Beiträge zur Ethikdebatte in den Wirtschaftswissenschaften. 1994
- Bernd Biervert und Martin Held (Hg.): Zeit in der Ökonomik. Perspektiven für die Theoriebildung. 1995
- Bernd Bievert und Martin Held (Hg.): Die Dynamik des Geldes. Über den Zusammenhang von Geld, Wachstum und Natur. 1996
- Martin Held (Hg.): Normative Grundfragen der Ökonomik. Folgen für die Theoriebildung. 1997
- Martin Held und Hans G. Nutzinger (Hg.): Eigentumsrechte verpflichten. Individuum, Gesellschaft und die Institution Eigentum. 1998

Martin Held, geb. 1950, Dr. rer. pol., ist Studienleiter der Evangelischen Akademie Tutzing für den Bereich Wirtschaft.
Arbeitsschwerpunkte: Ökonomie und gesellschaftliche Folgen technischer Entwicklungen, Ökonomie und Ökologie, normative Grundfragen der Ökonomie.

Hans G. Nutzinger, geb. 1945, Dr. rer. pol. ist Professor für Theorie öffentlicher und privater Unternehmen an der Universität Gesamthochschule Kassel.
Arbeitsschwerpunkte: Ökologische Ökonomie, Wirtschafts- und Unternehmensethik, Theorie der Unternehmung, Unternehmenskultur, Geschichte des ökonomischen Denkens.

Martin Held, Hans G. Nutzinger (Hg.)

Institutionen prägen Menschen

Bausteine zu einer allgemeinen
Institutionenökonomik

Campus Verlag
Frankfurt/New York

Die Deutsche Bibliothek – CIP-Einheitsaufnahme

Institutionen prägen Menschen: Bausteine zu einer allgemeinen
Institutionenökonomik / Martin Held; Hans G. Nutzinger (Hg.). –
Frankfurt/Main; New York: Campus Verlag, 1999
  ISBN 3-593-36350-X

Das Werk einschließlich aller seiner Teile ist urheberrechtlich geschützt. Jede Verwertung
ist ohne Zustimmung des Verlags unzulässig. Das gilt insbesondere für Vervielfältigungen,
Übersetzungen, Mikroverfilmungen und die Einspeicherung und Verarbeitung in
elektronischen Systemen.
Copyright © 1999 Campus Verlag GmbH, Frankfurt/Main
Umschlaggestaltung: Atelier Warminski, Büdingen
Druck und Bindung: KM-Druck, Groß-Umstadt
Gedruckt auf säurefreiem und chlorfrei gebleichtem Papier.
Printed in Germany

Besuchen Sie uns im Internet: www.campus.de

Inhalt

MARTIN HELD / HANS G. NUTZINGER 7
Institutionen prägen Menschen - Menschen prägen Institutionen

EKKEHART SCHLICHT 30
Institutionen prägen Menschen

GISELA KUBON-GILKE 44
Intrinsisch motiviertes Verhalten - nicht Anomalie sondern Normalfall?

ULRICH KRAUSE 65
Im Inneren des rationalen Egoisten - Individuelle Akteure und gesellschaftliche Institutionen

GEBHARD KIRCHGÄSSNER 85
Bedingungen moralischen Handelns

GERHARD SCHERHORN 108
Intrinsische Motivation und äußere Bedingungen - Zum Ganzen Menschen als Wirtschaftsakteurin und -akteur

UWE GERECKE 128
Ökonomische Anreize, intrinsische Motivation und der Verdrängungseffekt

REINER EICHENBERGER / FELIX OBERHOLZER-GEE 148
Intrinsisch motivierte Fairneß: Experimente und Realität

FRANZ HASLINGER 171
Institutionen reduzieren Unsicherheit - Neue Unsicherheiten
entwickeln sich

MICHAEL SCHMID 191
Unsicherheit, Ineffizienz und soziale Ordnung - Bemerkungen
zum Verhältnis des soziologischen und ökonomischen
Forschungsprogramms

PETER WEISE 207
Intrinsische Motivation und Moral: Internalisierung von Normen
und Werten in ökonomischer Sicht

Die Autorin / Die Autoren 231

Martin Held und Hans G. Nutzinger

Institutionen prägen Menschen - Menschen prägen Institutionen

1. Von der Neuen Institutionenökonomik zu einer Allgemeinen Institutionenökonomik

„Interessant ist an Transaktionskosten weiters, daß ihre Höhe unter anderem vom individuellen Verhalten abhängt. Insbesondere werden die Überwachungs- und Durchsetzungskosten gering sein, wenn in einer Gesellschaft wechselseitiges Vertrauen herrscht. Unter entsprechend günstigen Umständen werden die Eigentumsrechte respektiert, und es bestehen einigermaßen einheitliche Vorstellungen darüber, wie angemessene Lösungen von Konflikten auszusehen haben. Gesellschaftsmoral, Zuversicht, Vertrauen und die institutionellen Rahmenbedingungen stehen offenbar in Wechselwirkung zueinander. Die Ausgaben für das öffentliche Erziehungs- und Bildungswesen und für die Motivierung der Menschen sind teilweise als Aufwendungen zum Zwecke der Verringerung von sozialen „Friktionen" (Transaktionskosten) und der Erhöhung der volkswirtschaftlichen Produktivität zu sehen." (RICHTER/FURUBOTN 1996, S. 56)

Institutionen, das ist inzwischen allgemein unstrittig, sind für die Ökonomik von zentraler Bedeutung. Sie werden nicht mehr einfach vorausgesetzt oder in den „Datenkranz" verbannt. Die neue Institutionenökonomik hat wesentlich zur Renaissance der Institutionen in der Ökonomik beigetragen. Sie analysiert die Wirkungen unterschiedlicher institutioneller Arrangements und dabei insbesondere die Anreizwirkungen veränderter Spezifizierungen von Institutionen. Diese Einbeziehung der Anreizwirkungen und Restriktionen der Institutionen ist ein wichtiger *erster Schritt* für die Fortentwicklung der Ökonomik.

In mehr oder weniger engem Bezug zu dieser Forschungsrichtung ist eine Vielzahl von Untersuchungen in unterschiedlichen Kontexten entstanden, die mit verschiedenen Ansätzen die Bedeutung von Faktoren wie intrinsische Motivation, Internalisierung von Normvorstellungen und vielen anderen Einflußgrößen (Ankereffekte, Effekte kleiner Wahrscheinlichkeiten usw.) für das Handeln der Wirtschaftsakteure analysieren. Diese Aspekte werden, wenn sie nicht ganz vernachlässigt werden, üblicherweise als „abweichende Merkmale" des wirtschaftlichen Verhaltens aufgefaßt und deshalb als „Anomalien" interpretiert. Ihnen wird in dieser Sichtweise Verhaltensrelevanz gleichsam „zugebilligt", sie werden jedoch als Abweichungen vom theoretisch definierten Optimum des Maximierungskalküls gewertet und erscheinen damit als etwas Unvollkommenes. Diese Deutung ist in sich stimmig, wenn in einer Modellwelt - typischerweise ohne Transaktionskosten - argumentiert wird. Die angesprochenen Motivations- und Normenphänomene treten jedoch in der Realität mit Transaktionskosten, Unsicherheit, Neuem und Überraschungen systematisch auf. Sie sind zumeist weder im statistischen Sinn „anormal" noch in einem inhaltlichen Sinn anomal.[1]

Dies ist nicht so überraschend, wie es zunächst erscheinen mag: In der realen, zukunftsoffenen Welt, in der Informationsverarbeitungskapazitäten nicht unbeschränkt und keinesfalls kostenlos sind, sind über lange Zeiten hinweg den Eigenschaften dieser Welt gemäße Heurismen entstanden, bilden sich *customs* (Sitten und Gebräuche), Gewohnheiten und andere Regelmäßigkeiten heraus, die Risiken aufgrund von Unsicherheiten reduzieren und die sich daraus ergebenden Chancen nutzen helfen. Anders formuliert: In einer Welt ohne Transaktionskosten und ohne Unsicherheit entfallen die Ursachen für derartiges Verhalten. In dieser Welt sind aber auch keine Institutionen erforderlich.[2]

Daraus folgt: Wenn man die Institutionen in der Ökonomik entsprechend ihrer Bedeutung wieder in den Mittelpunkt der Analyse stellt, dann liegt es nahe, die Vielzahl der empirisch feststellbaren Effekte, die vom theoretisch definierten Verhalten der Modellwelt abweichen, nicht in einem zögerlich gegangenen *halben Schritt* als Anomalien zu behandeln. Vielmehr ist es konsequent, den *zweiten Schritt* ganz zu gehen und die Wirkungen der Institutionen auf die Menschen in die Analysen einzubeziehen:

Institutionen prägen Menschen, ihre Präferenzen, Wertvorstellungen, internalisierten Normen, ihre intrinsische Motivation, Vorstellungen von Pflichten und Rechten, Status, Vorstellungen zu Gerechtigkeit, Fairneß und vielem mehr.

Wenn man die Institutionenökonomik entsprechend der in ihr selbst angelegten Blickrichtung erweitert und verallgemeinert, dann ergibt sich der folgende *dritte Schritt* unmittelbar: Es besteht nicht nur die bisher angesprochene Wirkungsrichtung „Institutionen prägen Menschen". Vielmehr sind die Menschen maßgeblich bei der Evolution von Institutionen beteiligt:

Menschen prägen Institutionen.

Unser Buchtitel „Institutionen prägen Menschen" ist deshalb als einprägsame Zuspitzung für die umfangreichen *Wechselwirkungen* zu verstehen, die es im Verhältnis von Institutionen und Menschen zu beachten gilt. Selbst im angeführten Eingangszitat von RICHTER und FURUBOTN wird ausgesprochen, daß bei einer Analyse der Institutionen, und damit in einer Welt mit Transaktionskosten, in der Fairneß, Vertrauen, Drückebergerei und dergleichen große Bedeutung zukommt, diese Wechselwirkungen wichtig sind. Nicht nur im Werk dieser beiden Autoren, sondern auch bei vielen anderen in der neuen Institutionenökonomik bleibt es jedoch bei derartigen kursorischen Andeutungen ohne systematische Konsequenzen. Die Analysen verbleiben im Rahmen des ersten Schritts. Der zweite und der dritte Schritt sind ihrerseits so grundlegend und so weitreichend wie der erste Schritt. Alle zusammengenommen führen umfassend zu einer *allgemeinen Institutionenökonomik*.

Eine solche allgemeine Institutionenökonomik wurde bisher noch nicht ausgearbeitet. In den bisherigen Ansätzen ist vielmehr die Tendenz vorherrschend, bestimmte Arbeiten und Ansätze der Institutionenökonomik hervorzuheben, sie gleichsam als die *einzige, maßgebliche* Linie zu präsentieren und damit andere Arbeiten und Forschungsstränge explizit und implizit auszugrenzen. Dabei wird insbesondere die frühe Arbeit von COASE (1937) zu den Transaktionskosten wie eine Art *deus ex machina* stilisiert, die als gleichsam „vom Himmel fallende Stunde Null" gekennzeichnet wird. Andere Arbeiten, wie etwa die Beiträge von COMMONS, werden dagegen nur *en passant* erwähnt (RICHTER/FURUBOTN 1996). Wenn man die dazwischenliegende selektive Rezeptionsgeschichte einmal beiseite schiebt und sich wichtige Originalarbeiten unbefangen vornimmt, ergibt sich ein völlig anderes Bild. So war COASE beispielsweise stark durch die Arbeit von FRANK H. KNIGHT zur Bedeutung der Unsicherheit angeregt.[3] Einige Jahre zuvor hatte COMMONS in seinem Grundsatzartikel "Institutional Economics" bereits die Transaktionen als die "ultimate units of economic activity" herausgearbeitet (1931). Im gleichen Jahr wie der Aufsatz von COASE erschien vom frühen Institutionenökonomen HUTCHISON (1937) ein Aufsatz, in dem vergleichbar die grundsätzlichen Zusammenhänge von genuiner Unsicherheit und Institutionen vorgestellt wurden, ebenfalls auf KNIGHT sowie ROBINSON, VEBLEN, SENIOR und vielen anderen aufbauend.

In einer allgemeinen Institutionenökonomik, in der Anreizwirkungen und Restriktionen institutioneller Arrangements ebenso wie Wechselwirkungen von Institutionen und Menschen untersucht werden, lassen sich solche neuerlichen Abgrenzungen und Ausgrenzungen vermeiden. Der Strang der Institutionenökonomik, wie er durch VEBLEN, COMMONS u.a. repräsentiert wird, läßt sich dann ebenso selbstverständlich einbeziehen wie die Arbeiten von COASE, SIMON, NORTH und vielen anderen. Dabei können wir direkt an erste interessante „Brückenschläge" in diesem Sinn anschließen (Übersicht HUTCHISON 1991). Darüber hinaus finden sich auch bei vielen anderen Ökonomen, die nicht spezifisch als Institutionenökonomen ausgewiesen sind, interessante Spuren und Beobachtungen für eine allgemeine Institutionenökonomik. So formulierte beispielsweise ADAM SMITH Thesen zu Wirkungen institutioneller Arrangements auf die Persönlichkeit und die grundlegenden Werthaltungen der Arbeiter: Im 5. Buch der *Wealth of Nations* (SMITH 1776/1970) führt er die These aus, daß die von ihm im 1. Buch überaus positiv bewertete Arbeitsteilung in ihrer extremen Form zur Deformierung der Arbeiter führt, die dadurch „dumm und ignorant" werden. Auch wenn dies nicht in der bei ihm unterstellten Allgemeinheit zutrifft (siehe Beitrag von SCHLICHT in diesem Band), ist daran wichtig, daß er diese Art der Fragestellung selbstverständlich im Rahmen der Politischen Ökonomie behandelte. Ein anderes, für manche vielleicht überraschendes Beispiel: MARSHALL schrieb bereits ganz selbstverständlich von der Bedeutung der intrinsischen Motivation (1890/1922, Book IV).

Mit diesem ersten Problemaufriß sollte deutlich geworden sein, was wir mit diesem Buch beabsichtigen: *Ziel* des vorliegenden Bands in der Reihe „Normative Grundfragen der Ökonomik" ist es, die folgerichtige Weiterentwicklung der Institutionenökonomik in Richtung der aufgezeigten Schritte zu skizzieren. Auch wenn dies gleichsam „in der Luft liegt" (siehe dazu insbesondere den folgenden Beitrag von SCHLICHT in diesem Band), wurde eine derartige umfassende allgemeine Institutionenökonomik bisher noch nicht systematisch ausgearbeitet. Wir stellen für diese anstehende Aufgabe Bausteine zur Diskussion.[4]

2. Institutionen prägen Menschen - ein erster Zugang

> "We do not know and could never estimate in economic terms the social costs to American society of the decline in recent years in the voluntary giving of blood. The evidence in preceding chapters shows the extent to which commercialization and profit in blood has been driving out the voluntary donor." (TITMUSS 1971, S. 198)

TITMUSS machte sich für seine Arbeit zu Blutspendesystemen einen wichtigen institutionellen Unterschied in großen Industriestaaten zunutze: In England und Wales bestand zum Zeitpunkt der Untersuchung (zweite Hälfte 60er Jahre) ein ausschließlich über den National Health Service organisiertes, auf freiwilligen Spenden beruhendes Blutspendesystem, das er mit dem gemischten System aus freiwilligem und kommerziellem Blutspendewesen in den USA vergleichen konnte. Anlaß der Untersuchung waren Berichte, daß in den USA beträchtliche Anteile des gesammelten Blutes durch nichtrechtzeitigen Gebrauch nicht mehr verwendbar waren und deshalb verschwendet wurden und daß schwere Folgeschäden bis hin zum Tod durch verunreinigtes Blut auftraten. Aus England und Wales waren keine vergleichbaren Probleme bekannt, was tragische Einzelfälle natürlich nicht ausschließt. TITMUSS verglich die beiden Systeme anhand von vier Kriterien, bei denen durchgängig die kommerzialisierten Blutmärkte weniger vorteilhaft abschnitten:

– ökonomische Effizienz,
– administrative Effizienz,
– Preis bzw. Kosten pro Einheit für den Patienten sowie die
– Qualität des Produktes (Reinheit, Sicherheit vor Folgeschäden etc.).

Insbesondere bestätigten sich die zuvor geäußerten Vermutungen von Medizinern, daß in den USA größere Anteile des Blutes verschwendet wurden und daß signifikante medizinische Folgeschäden auftraten. Die Diskussion seiner Ergebnisse erbrachte in einzelnen Punkten ein differenzierteres Bild (ARROW 1975; siehe dazu auch NUTZINGER 1993, S. 381 ff.). Beispielsweise war der US-amerikanische medizinische Blutmarkt regional stark unterschiedlich und nicht überall rein kommerziell dominiert. Auch in England und Wales gab es einen Anteil „unfreiwilliger Spender", die z.B. für Familienangehörige Blut abgaben und dergleichen.

Ungeachtet dieser Differenzierungen sind die Ergebnisse von TITMUSS für die Fragestellungen einer allgemeinen Institutionenökonomik nach wie vor interessant und relevant: Die institutionellen Bedingungen können auf die Präferenzen und Werthaltungen der Wirtschaftsakteure einwirken. So ergaben sich bei ihm Hinweise darauf, daß das Aufkommen kommerzieller Blutmarktdienste die Bereitschaft zu freiwilligen Blutspenden beeinträchtigte. Unterschiedliche institutionelle Arrangements können unterschiedliche Werte und Motive der Menschen ansprechen, diese verstärken bzw. verringern. Seine Studie ist gerade deshalb so wichtig, da es sich nicht um vorindustrielle Gesellschaften, sondern sowohl in den USA als auch in Großbritannien um ausdifferenzierte Gesellschaften handelte. Die Besonderheit, daß die Spender von Ausnahmen abgesehen, für anonyme Empfänger, für Fremde unter eigenen Unannehmlichkeiten und mit Aufwand ihr Blut abgaben, unterstreicht die Relevanz seiner Studie. Hier schneidet ein System, das auf Reziprozität setzt, gegenüber einem System mit Äquivalententausch und dementsprechenden monetären Anreizen nach den immanenten ökonomischen Kriterien wie Effizienz in der Tendenz besser ab (siehe dazu insbes. TITMUSS Kapitel 12).

Eine differenzierte Auswertung der Motive des Blutspendens zeigte, daß Eigeninteressiertheit und Motive des Helfens in der Realität *eng verknüpft* sind: "None of the donors' answers was purely altruistic. They could not be for [...] no donor type can be depicted in terms of complete, disinterested, spontaneous altruism." (S. 238) Gefühle der Verpflichtung ebenso wie gesellschaftliche Anerkennung und Reziprozität, möglicherweise selbst einmal auf Blutspenden angewiesen zu sein, waren Teil der Motivation. Dabei hoffen naheliegenderweise die Spender und Spenderinnen nicht, tatsächlich über den Zeitablauf äquivalent Blut zurückzubekommen. Es geht hier um die *potentielle* Reziprozität.

Ein grundlegender Aspekt, der die unterschiedlichen Ergebnisse von TITMUSS verständlich macht, ist der *Faktor Vertrauen*. Die Empfänger des Bluts müssen sich im Prinzip auf die Reinheit und Ungefährlichkeit des Bluts verlassen können, ohne dies selbst prüfen zu können. Im Falle von Verunreinigungen oder verschwiegenen Gesundheitsmängeln der Blutgeber, die nur zum Teil entdeckt werden, können schwere Folgeschäden bis hin zum Tod der Empfänger auftreten. Offensichtlich war ein System wie in Großbritannien, das auf Freiwilligkeit setzte, sozial angesehen und gut eingebunden war und keine finanziellen Anreize benötigte, besser in der Lage, diese essentielle Qualitätsvoraussetzung zu gewährleisten. Bei kommerziellen Blutmarktdiensten wurde dagegen weniger auf die Qualität geachtet. Insbesondere bestand für die oftmals armen Blutanbieter ein nicht unbeträchtlicher Anreiz, im eigenen Interesse Gesundheitsmängel zu verschweigen, um nicht das mögliche Entgelt aufs Spiel zu setzen.

Man kann die Ergebnisse der Studie von TITMUSS zum Blutspenden nicht ohne weitere Prüfung einfach verallgemeinern. Die Arbeit ist jedoch gerade im Hinblick auf die Bedeutung des Faktors Vertrauen hoch plausibel. In vielen Arbeiten der Institutionenökonomik zeigt sich, daß Vertrauen der Wirtschaftsakteure, z.B. darauf, daß die anderen Verträge einhalten, eine maßgebliche Voraussetzung funktionsfähiger Märkte ist (DASGUPTA 1988 sowie die Arbeiten von NORTH). In den damaligen kommerziellen US-Blutmärkten war diese Voraussetzung weniger gewährleistet als im britischen System, das die Motive des Helfens, der gesellschaftlichen Integration usw. der Bürgerinnen und Bürger stärker anspricht und fördert.

Man könnte versucht sein, aus der Arbeit von TITMUSS in einer Art logischem Umkehrschluß abzuleiten: Wenn kommerzielle Systeme, wie im Fall des Blutspendens, deutlich schlechter abschneiden und zugleich die besseren Alternativen freiwilliger Systeme degradieren, dann sind *rein* nichtkommerzielle Systeme ohne Markt zu präferieren. Wie so oft bei logischen Umkehrschlüssen wäre eine derartige Ableitung kurzschlüssig. Die Arbeit von TITMUSS ist vielmehr in anderer Hinsicht für eine allgemeine Institutionenökonomik wichtig: Sie ist ein Beleg für die Bedeutung von Reziprozität auch in modernen, ausdifferenzierten Gesellschaften (siehe hierzu auch TIEMANN 1991). Das *Zusammenspiel unterschiedlicher Austauschformen* und der darauf abgestellten Ausgestaltung von Institutionen ist auf dieser Grundlage besser zu verstehen und zu beachten. Die Verdrängung von Reziprozität durch Äquivalententausch ist in vielen Bereichen nicht nur ein grundlegender langfristiger Trend, sondern bringt vielfach entsprechende Vorteile (zur Marktintegration vieler gesellschaftlicher Bereiche im Zuge der Industrialisierung vgl. POLANYI 1990/1944). Zugleich sind marktvermittelte Transaktionen nicht zwangsläufig in allen Lebensbereichen überlegen. Es geht darum, auf einen angemessenen Mix der verschiedenen Austauschformen, einschließlich der hier nicht behandelten Redistribution, und dazu passender Institutionen zu achten.

Die Arbeit von TITMUSS enthält noch zwei weitere Aspekte, die über das Fallbeispiel Blutspenden hinaus bedeutsam sind. Er betont zum einen, daß die *Freiheit* der Wirtschaftsakteure in rein kommerziellen Systemen eingeengt wird, da diese die Möglichkeit verdrängen, daß man anderen freiwillig hilft. TITMUSS interpretiert also die Verdrängungstendenz freiwilliger Blutspendesysteme so, daß damit die Möglichkeiten begrenzt werden, anderen zu helfen. Nimmt man dies mit dem aus vielen Untersuchungen bestätigten Ergebnis zusammen, daß Eigeninteressiertheit nicht von der Nutzeninterdependenz zu anderen zu trennen ist, so ergibt sich ein wichtiges Feld für die Institutionenökonomik. Sind die Institutionen und deren Ausgestaltung für eine moderne Wirtschaft angemessen, in der Kooperation, Teamfähigkeit, kommunikative Fähigkeiten etc. so wichtig sind wie Konkurrenz und Durchsetzungskraft? Es ist fraglich, ob in den grundlegenden Institutionen der Gesellschaft und deren Ausgestaltung dieser Aspekt bisher genügend beachtet wird.

In diesem Zusammenhang spitzt TITMUSS eine weitere zentrale Frage zu: Inwieweit ist Blut bzw. sind menschliche Organe grundlegender, integraler Bestandteil des Menschen? Sollten diese auf Märkten angeboten werden? Berührt dies nicht den Selbstwert des Menschen? Wenn der Selbstwert rein marktliche Lösungen erschwert, aber das Leben, die Gesundheit und das Wohlbefinden sehr vieler Menschen davon abhängen, Blut bzw. Organe im rechten Moment gespendet zu bekommen, wie kann dies dann gesellschaftlich angemessen organisiert werden? Diese Fragen verweisen auf ein grundsätzlicheres Problem: In marktwirtschaftlichen Systemen bestehen starke Anreize für alle Akteure, ihr Leistungspotential kommerziell zu verwerten. Diese Anreize können im Extremfall dazu führen, daß Menschen vollständig ein Bündel vertraglich vereinbarter Leistungen werden. Damit aber wird ihre Eigenschaft als selbständig handelnde Akteure - eine wesentliche Voraussetzung des methodologischen Individualismus - konterkariert. Dies würde eine wesentliche Funktionsbedingung der Marktwirtschaft in Frage stellen - ironischerweise aus Gründen einer grenzenlos konzipierten Marktwirtschaft (NUTZINGER 1999).

3. Menschen als Mittel und als Selbstzweck

"[A]re frozen embryos people or possessions [...]? [...] As much as society values the secular power technology provides to manipulate life and death, society also fears it. Society fears that once the sacred mystery has been removed, once children have become commercialized, life itself will become less valued - less sacred (Frank 1985; Titmuss 1970). And yet these technologies, and resulting markets in life and death, are here to stay. As Einstein said, "That which is learned, cannot be unlearned." What rules can be used to decide which transactions are acceptable and which are not?" (HIRSCHMAN 1991, S. 378 and S. 381)

HIRSCHMAN spricht hier eine Frage an, die grundsätzlicher von KANT in seiner *Grundlegung zur Metaphysik der Sitten* (1785/1975) behandelt wurde. Er stellt dort alle „vernünftigen Wesen" unter das „Gesetz, das jeder derselben sich selbst und alle andere *niemals bloß als Mittel*, sondern jederzeit *zugleich als Zweck an sich selbst* behandeln *solle*" (S. 66). Dies ist eine seiner Formulierungen des „Kategorischen Imperativs". Universelle Warenförmigkeit - und damit eine vollständige Instrumentalisierung der Menschen - würde gerade diesem Prinzip zuwiderlaufen. Dies hätte nicht nur normativ unerwünschte, sondern auch praktisch fatale Konsequenzen für die bürgerliche Gesellschaft, die durch ihre universalierte Warenförmigkeit den Menschen als wirtschaftlichen Akteur zerstören und zu einem wandelnden Bündel kommerzieller Leistungen machen würde.

Auf den ersten Blick scheint alles trivial zu sein: Wir haben die Zeiten der Sklaverei hinter uns gelassen und könnten deshalb geneigt sein, die Ausführungen KANTs zur Selbstzwecklichkeit des Menschen als historisch erledigt *ad acta* zu legen. Wie TITMUSS in seiner Arbeit ausführt, gibt es jedoch in der Gesellschaft Kräfte, die Blut als wesentlichen Teil des Menschen ansehen, der nicht ohne weiteres auf Märkten gehandelt werden *darf*. Während gerade in den USA sich frühzeitig Blutmärkte herausbildeten, war dort zum Zeitpunkt der Publikation von HIRSCHMAN die kommerzielle Transaktion auf Märkten für menschliche Organe gesetzlich verboten (S. 360 f.). Die modernen Formen der Reproduktionsmedizin entwickelten sich so rasch, daß zunächst für eine beträchtliche Zeit keine Rechtsvorschriften bestanden. Deshalb entwickelten sich in den USA seit den 60er Jahren des abgelaufenen 20. Jahrhunderts rasch unterschiedliche "infertility marketplaces" (S. 379): Adoption, künstliche Befruchtung, Leihmutterschaft, *in vitro*-Befruchtung (zum Teil mit Eizellen von „Spenderinnen"/Anbieterinnen), Gewebe und Organe von Föten und anderes mehr werden auf solchen Märkten gehandelt.

Bei den ersten Verträgen über Leihmutterschaft gab es zum Teil sehr heftige Kontroversen, die das kantsche Problem der Selbstzwecklichkeit des Menschen - bezogen auf einige der grundlegenden gesellschaftlichen Institutionen - als hochaktuell ausweisen:

- Sind Menschen eine Ware? Welche Teile von ihnen sind in Geldeinheiten käuflich? Was darf nur bei Einverständnis aller Beteiligten als gesellschaftlich positiv sanktionierte Spende transferiert werden? (Institution Geld)
- Wem „gehören" die Embryonen? Ab wann sind es Persönlichkeiten mit eigenen Rechten? Darf es überhaupt veräußerliche Eigentumsrechte daran geben? (Institution Eigentum)
- Darf die Entstehung des menschlichen Lebens von der Liebesbeziehung getrennt werden? Darf Leben davon losgelöst durch Reproduktionstechnik entstehen? Wird damit nicht die gesellschaftlich grundlegende Institution Familie nachhaltig geschädigt? (Institution Familie)

Die Argumente und normativen Positionen entwickelten sich zusammen mit den Reproduktionstechniken. Grundlegend bei den Debatten war zum einen, daß es nicht ausschließlich um Zweck-Mittel-Relationen, also um rein instrumentelle Fragen ging und geht. Vielmehr spielen die Persönlichkeit und die Unverfügbarkeit menschlichen Lebens bei allen sonstigen Unterschieden eine zentrale Rolle. Die Grenzziehungen, bei der die Unverfügbarkeit beginnt, werden je nach internalisierten Moralvorstellungen, religiösen Werthaltungen etc. unterschiedlich vorgenommen. Die Ausgestaltung der institutionellen Arrangements wurde in den USA wesentlich durch diese gesellschaftlichen Einflüsse geprägt.[5] Zum anderen ist aber auch EINSTEINs Diktum von großer Bedeutung: Wenn Wissen in der Welt ist, dann wird es unvermeidlich, daß zu den neuen Möglichkeiten Regeln entwickelt werden. Keine Regeln aufzustellen, bedeutet dabei ebenso eine Festlegung wie die Festlegung spezifischer Regelungen im Umgang mit diesen Möglichkeiten.

Was hier bezogen auf den Beginn des Lebens und die Abfolge der Generationen angesprochen wurde, wirft hinsichtlich dem Ende des Lebens vergleichbar weitreichende Fragen auf. Ein Teil dieser Fragen hat damit zu tun, daß sich die Frage nach dem Willen bzw. dem mutmaßlichen Willen der betroffenen Person stellt, wann wem welche Rechte noch und wann sie nicht mehr zustehen. Dies sind Fragen, die in der Theorie üblicherweise kaum behandelt werden, die aber auch für das gesamte sonstige Leben der Wirtschaftsakteure wichtig sind. Es wird vielfach nicht nur die Konstanz der Präferenzen unterstellt. Üblicherweise wird ebenso, implizit und ohne große Reflexion, die Einheitlichkeit von Präferenzen und Persönlichkeit unterstellt. Dies ist jedoch ebensowenig trivial wie die Stabilität von Präferenzen, da die Menschen in sich unterschiedliche Tendenzen aufweisen, die zuein-

15

ander in Konflikt geraten können (siehe hierzu den Beitrag von KRAUSE in diesem Band).

4. Geld - Instrument und Institution

"An analysis of a world with any uncertainty in it, and particularly an analysis which takes into account the factor of money, (which can be construed as a sign that uncertainty is present, or even as a measure of its amount)[6], cannot start from the same assumption of "sensible" or "rational" conduct as that applicable in a world without uncertainty, - the kind of world with which, consciously and explicitly or not, the bulk of pure economic theory from Ricardo onwards appears to have been concerned." (HUTCHISON 1937, S. 638)

Neben Eigentum, Markt und Familie ist Geld eine der Institutionen, die für das Wirtschaften grundlegende Bedeutung haben. In einer Welt ohne Transaktionskosten, ohne genuine Unsicherheit, ohne Überraschungen, ohne Neues ist Geld ebenso wenig relevant wie diese anderen grundlegenden Institutionen.[7] Deshalb ist es nicht überraschend, daß in den Arbeiten der allgemeinen Gleichgewichtstheorie sich die Autoren mit dieser Institution schwertun. Das Wirtschaften einer modernen Marktwirtschaft erscheint in der Standardökonomik wie eine riesenhafte *barter economy*. Die Bedeutung von Geld für moderne Wirtschaften bleibt unverstanden. Es wird dann typischerweise nachträglich in die Modellwelt eingeführt in Form eines reinen „Rechenmaßstabs". Aus pragmatischen Gründen nennen wir diese Geld, sie könnte aber auch "bancor" oder dergleichen heißen, so die Argumentation (siehe ARROW/HAHN 1971, S. 17).

Diese nachträgliche Einfügung des Geldes in die Modellwelt ist dem Realitätssinn der Ökonomen geschuldet, ist aber in dieser Modellwelt und ihren Annahmen immanent nicht stimmig. Wenn keine Transaktionskosten anfallen und vollständige Voraussicht bzw. vollständige Information als gegeben unterstellt werden, ist auch kein Rechenmaßstab erforderlich, der transaktionskostensenkend wirkt. Vergleichbares gilt für die Institution Eigentum.

Vor diesem Hintergrund ist es plausibel, daß sich die Institutionenökonomik maßgeblich aus der Auseinandersetzung mit dem Problemkreis der Transaktionskosten und der genuinen Unsicherheit herausbildete. Im Beitrag von HUTCHISON (1937) wird dies bereits prägnant formuliert. Interessant ist nun, daß in der Rezeption der frühen Arbeit von COASE (1937) die von ihm vergleichbar betonte grundlegende Bedeutung der Unsicherheit weniger beachtet wurde. Vielmehr standen und stehen zu einem guten Teil noch immer ganz überwiegend die Transaktions*kosten* im Mittelpunkt des Interesses.[8] Diese werden dabei typischerweise nicht in einem umfassenden Sinn von Kosten als Aufwendungen aller Art verstanden, sondern in ihrem *monetär bewerteten* Verständnis. Dieses Verständnis entspricht auch der realwirtschaftlichen Entwicklung. Der Vorteil, mit einem einheitlichen Bewertungsmaßstab unterschiedlichste Aktivitäten des Lebens in allen Wirtschaftsbereichen vergleichbar machen zu können, erwies sich als äußerst attraktiv und wirkungsmächtig. Der Rechenmaßstab ist eben nicht „zufällig" Geld. Vielmehr evoluiert Geld derart, daß seine unterschiedlichen Funktionen - Tauschmittel, Zahlungsmittel, Wertaufbewahrung, Rechnungseinheit bzw. Wertmesser sowie Markttransparenz - unauflösbar miteinander verflochten sind. Gerade darin liegt seine Bedeutung, ohne die Wirtschaften in unserem Sinn gar nicht möglich wäre.

Geld ist also nicht *nur* ein Instrument, das die Transaktionen erleichtert. Will man seine Vorteile in ausdifferenzierten Gesellschaften nutzen, setzt dies Rechenhaftigkeit und Denken in monetären Einheiten und der Logik in der Institution Geld voraus. Dies läßt sich am Vergleich mit Längenmaßen illustrieren: Diese erleichtern nicht einfach das Messen von Distanzen, sondern ermöglichen vorher nicht geahnte Potentiale an Genauigkeit, Planbarkeit und Koordination. Im wahren Wortsinn veränderten und verändern sie die Welt, wurden die Städte zunehmend mehr an ihnen ausgerichtet und werden die Gebäude entsprechend gebaut. Ebenso beeinflussen sie damit im Zeitablauf die Sichtweisen und Wertigkeiten der Menschen.

Vergleichbar ist die Wirkung des Geldes. Um seine Vorteile nutzen zu können, ist eine entsprechende Denkweise erforderlich. Die Aspekte des Wirtschaftens, die sich leichter quantifizieren und monetär berechnen lassen, gewinnen deshalb in der Tendenz in voll entfalteten Geldwirtschaften verglichen mit anderen, wirtschaftlich ebenfalls bedeutsamen, aber nicht so einfach quantifizierbaren Aspekten eine stärkere Bedeutung. Dies ist insbesondere deshalb bedeutsam, da Geld das Rechnen erleichtert, die relativen Preise transparent macht und *zugleich Wertmaßstab* ist. Das Instrument gewinnt Eigenwertigkeit, starkes Eigengewicht gerade durch den Vorteil, daß mit diesem Bewertungsmaßstab alles auf einen Nenner gebracht werden kann. Dieser strahlt auch in die Bereiche aus, die nicht unmittelbar bzw. nicht vorrangig nach auf Märkten bewerteten Geldeinheiten organisiert sind, wie etwa die Hausarbeit, Freiwilligen- und Gemeinwesenarbeit.

Für eine allgemeine Institutionenökonomik ist dieser Punkt von herausgehobener Bedeutung. Es gilt zum einen genauer zu verstehen, wie die institutionelle Ausgestaltung des Geldes auf die Wertvorstellungen, Präferenzen und Normen der Wirtschaftsakteure einwirkt. Dies ist besonders deshalb so wichtig, da die bisherige Begrenzung der neuen Institutionenökonomik auf den ersten Schritt, die Anreizwirkungen und *constraints* von Institutionen, diese prägende Kraft der Geldwirtschaft *voraussetzt*. Bisher bleibt diese

Voraussetzung üblicherweise unreflektiert und implizit. Zum anderen ist zu verstehen, wie die Normen und Moralvorstellungen der Bürgerinnen und Bürger ihrerseits die Entwicklung der Institution Geld und deren Ausgestaltung beeinflussen. Ein wichtiges Beispiel sind die Regeln bezüglich der Informationspflichten und Haftung bei Finanzdienstleistungen. Ebenso relevant ist - wie im vorangehenden Kapitel ausgeführt wurde - die Frage, wie angesichts rasch evolvierender Techniken (Reproduktionstechniken und viele andere mehr) der Geltungsbereich für die Zulässigkeit monetär vermittelten Äquivalententauschs bestimmt wird. Nicht alles soll mit Geld käuflich sein, wie etwa menschliche Organe, Menschen als Personen ... (HIRSCHMAN 1991).

Zu diesen Zusammenhängen formulierte einer der beiden Autoren im Einführungsbeitrag zum Band „Das Menschenbild der ökonomischen Theorie" zusammenfassend die These:

„Im Erfolgsfalle können Institutionen entsprechend dem zugrundeliegenden Leitbild des Menschen das Verhalten und die Art zu wirtschaften und zu leben über die Zeit hinweg prägen. Damit kann ein Menschenbild, das vermittelt über eine entsprechende Ausgestaltung von institutionellen Arrangements in der Grundtendenz die Menschen über einen längeren Zeitraum hinweg beeinflußt, auch als theoretischer Erklärungsansatz im Zeitablauf größere Anteile der wirtschaftlichen Prozesse erklären. Zugleich können die „ökonomischen" Anteile auch in anderen Lebensbereichen zunehmen." (HELD 1991, S. 31)

Die prägende Kraft der Institutionen ist in hohem Maße davon abhängig, ob es gelingt, die zugrundeliegenden Normen bei den Gesellschaftsmitgliedern zu internalisieren und damit zum Bindemittel der sozialen Stabilität zu machen, „die ein Wirtschaftssystem funktionsfähig macht" (NORTH 1988, S. 48). Gelingt dies nicht bzw. nicht in genügendem Maße, werden die Durchsetzungskosten der Normen zu hoch (HELD 1991, S. 31). Für die anstehende Ausarbeitung einer allgemeinen Institutionenökonomik ist dies ein grundlegendes Feld: Institutionen prägen Menschen. Geld prägt die Menschen in starkem Maße. Zum Verständnis des Wirtschaftens ist es grundlegend, dies in die Analysen und Theorien einzubeziehen.

Vergleichbar sind die Wirkungen der Ausgestaltung der *Institution Eigentum* auf die Wirtschaftsakteure bzw. deren Wechselwirkung zu untersuchen.[9] Bei FREY/BOHNET (1995) finden sich hierzu Ergebnisse aus Laborexperimenten, in denen ein Einfluß der Gestaltung von Eigentumsrechten auf Fairneß belegt wird (siehe hierzu auch den Beitrag von EICHENBERGER/OBERHOLZER-GEE in diesem Band). Ein interessantes Untersuchungsfeld sind aktuell die Übergänge in den Transformationsstaaten bei der Herausbildung der Institution Eigentum und deren Ausgestaltung.

Die grundlegenden Institutionen wie Geld und Eigentum wirken je nach ihrer Ausgestaltung unterschiedlich auf die Werte und Normen ein. Sie reduzieren Unsicherheit. In der neuen Institutionenökonomik wird dieser Aspekt stark hervorgehoben, ja zum Teil wird darin ihre wesentliche Funktion gesehen. So schreiben beispielsweise STREIT et al. in ihrem *Editorial Preface* zum für unseren Themenzugang interessanten Schwerpunkt "Views and Comments on Cognition, Rationality and Institutions" (1997, S. 688): "The essential function of institutions, namely to reduce strategic uncertainty [...]". Gleichermaßen zu beachten ist, daß Institutionen im Zeitablauf Ursache neuer Unsicherheiten werden können, da das Funktionieren der Wirtschaft von ihrer Stabilität abhängig wird (siehe hierzu den Beitrag von HASLINGER in diesem Band). Die Gefährdung von Geldwertstabilität ist ein besonders markantes Beispiel.

5. Intrinsische Motivation, *crowding out* und Sparsamkeit

"External interventions have a significant and systematic effect on preferences: Under specific conditions they crowd an individual's intrinsic motivation in or out." (FREY 1994, S. 334; kursiv i.O.)
"Fairness is not an absolute value existing and being pursued independently of social conditions. Rather, the extent of fairness exhibited systematically depends on institutions shaping the perceptions and possibilities of behaviour." (FREY/BOHNET 1995, S. 286)

In der durch Arbeiten aus der Psychologie beeinflußten empirischen Wirtschaftsforschung finden sich Untersuchungen, in denen über die Anreize und Limitierungen hinausgehend die Wirkungen unterschiedlicher institutioneller Arrangements auf das Verhalten der Wirtschaftsakteure analysiert werden.[10] Besondere Aufmerksamkeit finden dabei Arbeiten, in denen Wirkungen auf die intrinsische Motivation nachgegangen wird. Während in der Diskussion interessanterweise die möglichen negativen Folgen unter dem Stichwort *crowding out* im Vordergrund stehen, ist für eine allgemeine Institutionenökonomik präziser die Frage nach den Wirkungen allgemein zu stellen. Es kann ebenso sein, daß Anreize in die gleiche Richtung wie eine intrinsische Motivation wirken *(crowding in;* so bereits FREY 1994). Bei einer größeren Zahl der angeführten Untersuchungen ist zu beachten, daß sie nicht spezifisch im Hinblick auf die Wirkungen unterschiedlicher institutioneller Arrangements, sondern fokussiert auf Persönlichkeitsunterschiede vorgenommen wurden (siehe dazu FREY/BOHNET 1995). Bezogen auf frühe Arbeiten von FREY zur Thematik (siehe etwa FREY 1994) selbst ist kritisch anzumerken, daß die empirisch testbaren Hypothesen sehr *ad hoc* bezogen auf bekannte Zusammenhänge ausformuliert wurden und von daher zum Teil eher illustrierenden Charakter aufweisen als „harte Tests" darstellen. Dennoch können aus den vorliegenden Arbeiten - noch überwiegend Laborexperimente[11] - bereits beim jetzigen Forschungsstand wichtige Tendenzen abgeleitet werden:

– Von übergeordneter Bedeutung ist die subjektiv wahrgenommene Handlungsautonomie *(locus of control)*. Wenn äußere Anreize und Verhaltensregulierungen diese stark negativ beeinflussen, ist damit zu rechnen, daß die intrinsische Motivation bezüglich der relevanten Handlungen in der Tendenz negativ beeinflußt wird.
– Damit verbunden sind negative Effekte wahrscheinlich, wenn der Selbstwert durch externe Interventionen tangiert wird.
– Spezifische Untersuchungen zur Fairneß belegen, daß unterschiedliche *settings* der Experimente in den Eigentumsrechten plausible Ergebnisse zeigen. Werden Geldgeschenke als verdient erlebt und damit als wohlerworbene Eigentumsrechte verstanden, ist der Anteil der Weitergabe des Geldes an die Rezipienten signifikant geringer als in Situationen, in denen das Geldgeschenk durch Zufall übertragen wurde. Ebenso spielt die Variation in der Anonymität des Austauschs bzw. der Form der Kommunikation eine wichtige Rolle.

Sind derartige Erkenntnisse über Wirkungen von Institutionen bzw. deren Ausgestaltung auf die Menschen für die Ökonomik von Bedeutung? Ein Teil der Ökonomen diskutiert diese Frage in kritischer Absicht (siehe den Beitrag von GERECKE in diesem Band). Das wesentliche zugrundeliegende Argument ist dabei das der methodologischen Sparsamkeit *(parsimony)*. Den Herausgebern - einem Schwaben und einem Alemannen - ist dieses Argument durchaus nahe und vertraut. Ist es aber auch in diesem Themenzusammenhang relevant?

Es könne sein, so das Argument, daß von Institutionen auf die Internalisierung von Normen und intrinsische Motivation Wirkungen ausgingen. Diese seien für die ökonomische Theoriebildung solange zu vernachlässigen, wie es gelänge, das Verhalten der Wirtschaftsakteure via Anreize und Restriktionen „zu rekonstruieren". Diese Art der Rekonstruktion beansprucht nicht, tatsächliches Verhalten und Prozesse abzubilden. Es handelt sich vielmehr um ein theoretisches Konstrukt, das jedoch ausreichend und aufgrund seiner Einfachheit theoretisch *vorzugswürdig* sei. Zu dieser Argumentation ist zusammenfassend anzumerken:

– Es ist unerheblich, ob sich die Theorie dafür interessiert oder nicht; faktisch können von allen Arten von institutionellen Arrangements Wirkungen auf das Verhalten der Menschen ausgehen; dazu gehören Einflüsse auf intrinsische Motivation, Kontrollorientierung, Sicherheitsstreben, Verläßlichkeit, Fairneß, Gerechtigkeitsvorstellungen und andere internalisierte Normen. Die Reichweite dieser Wirkungen kann nicht *a priori* postuliert werden. Sie ist vielmehr von einer Vielzahl von Faktoren abhängig und dementsprechend zu untersuchen.

– Sofern theoretisches Wissen eingesetzt wird, um bei der Ausgestaltung von Institutionen zu beraten, ist das Verständnis der tatsächlichen Zusammenhänge und Prozesse unabdingbar.

– Unabhängig davon sind grundlegende Zusammenhänge des Wirtschaftens nicht verständlich, wenn nicht die Wechselwirkungen zwischen Institutionen und Menschen einbezogen werden. Wenn der Schritt zur Einbeziehung von Institutionen - Geld, Eigentum, Markt, Unternehmung, Sozialsicherung etc. - in die Ökonomik vollzogen ist, da in realer Welt konstituierend, dann gibt es keine methodologisch plausible Grenze, sich auf limitierende Wirkungen und äußere Anreize von Institutionen zu beschränken.

– Das Argument, daß dieser Zugang „zu weich" und nicht angemessen operationalisierbar sei, ist methodologisch nicht auf der Höhe der Zeit. Die vergleichbaren Auseinandersetzungen in der Physik als *science* etwa zum Feldbegriff liegen mittlerweile bereits Jahrzehnte zurück. Pfadabhängigkeiten gibt es in den vom Menschen nicht beeinflußten Naturzusammenhängen ebenso wie im Bereich der kulturellen Evolution.

– Zusammenfassend: Die Wechselwirkungen von Institutionen und Menschen sind nicht einfach „Komplikationen" der vereinfachenden Ausgangsannahme, daß Präferenzen, Werte, intrinsische Motivation etc. zunächst *ceteris paribus* konstant zu halten sind. Sie sind vielmehr grundlegend für das Verständnis von Institutionen. Wichtige Märkte wären beispielsweise gar nicht existent, wenn die Legitimität der Marktgesellschaft und ihrer Institutionen nicht hinreichend in das Bewußtsein der wirtschaftlichen Akteure eingegangen wäre.

– Dies bedeutet selbstverständlich nicht, daß für alle Fragestellungen sämtliche Wirkungsrichtungen zu untersuchen sind. Es kann in Teilbereichen zu bestimmten Fragestellungen vorteilhaft sein, einen Teil der Wirkungsmechanismen auszublenden und Präferenzen, Motivation etc. als gegeben zu unterstellen.

Damit haben wir einen Punkt gestreift, der zum Verständnis der freiwilligen Begrenzung der neuen Institutionenökonomik auf einen Teil des Zugangs zu Institutionen wichtig ist. Geradezu mit Vehemenz und Leidenschaft - so etwa STIGLER/BECKER (1977) - wird von vielen Ökonomen von der Konstanz der Präferenzen ausgegangen. Damit bleiben, obgleich etwa „Nutzen" weiterhin als grundlegendes Konzept beibehalten wird (nicht minder

„weich" wie intrinsische Motivation etc.), die Analysen auf die Welt der relativen Preise beschränkt, berechenbar in einer einzigen Einheit. Daß die Analysen damit, gemessen an der Ausdifferenziertheit der modernen Wirtschaft, unterkomplex bleiben, wird in Kauf genommen. Anders formuliert: Stillschweigend wird die Wirkungsmächtigkeit der Geldwerte im modernen Wirtschaften vorausgesetzt (siehe dazu oben Abschnitt 4.). Und stillschweigend werden die *hidden costs* übergangen, die das Ausblenden dieses Teils des Wirtschaftens für die Erkenntniskraft der Ökonomik mit sich bringt. Wie FREY et al. in ihren Beiträgen zutreffend ausführen, hat diese „freiwillige Selbstbeschränkung" Auswirkungen auf die Verwendung der theoretischen Erkenntnisse in Form von Politikempfehlungen zur Gestaltung von Institutionen.

Diese Art der methodologischen Sparsamkeit ist ganz offenkundig unangemessen sparsam. Wichtige andere Probleme dieses noch vergleichsweise jungen Zugangs der Institutionenökonomik werden dagegen bisher eher ausgeblendet. Um voranzukommen, sollten wir unser Augenmerk darauf lenken.

(1) So bleibt in vielen Arbeiten angesichts ihrer Bedeutung für den Zugang merkwürdig blaß, was eigentlich Institutionen sind. Ein Beispiel: FREY/ BOHNET erwähnen „drei Typen von Institutionen", die Fairneß beeinflussen: Eigentumsrechte, Ausmaß der Interaktion von Spielern, Set von Alternativen der Spieler. Nur das erste ist direkt als Ausgestaltung einer wichtigen Institution, des Eigentums, erkennbar. Auch im Übersichtsband der neuen Institutionenökonomik von RICHTER/FURUBOTN (1996) ebenso wie in vielen anderen Arbeiten dieser Richtung wird das Konzept Institutionen nicht genügend klar und operational eingeführt.

Es gibt *grundlegende Institutionen* wie Familie, Eigentum, Geld, Markt und Unternehmung. Davon zu unterscheiden ist die *konkrete Ausgestaltung* dieser Institutionen in den institutionellen Arrangements und Regeln sowie deren Evolution über die Zeit hinweg. Vielfach beziehen sich die Aussagen von Institutionenökonomen auf sehr spezifische Ausformungen in bestimmten Situationen allgemeiner Institutionen, um alsbald wiederum auf einer anderen Abstraktionsebene anzusetzen. Wichtig ist es, das Verhältnis der durch Gewohnheiten und Selbstorganisationsprozesse evolvierenden *customs* zu grundlegenden Institutionen und deren formeller Ausgestaltung genauer zu untersuchen (siehe dazu SCHLICHT 1998) und in einer allgemeinen Institutionenökonomik zu integrieren. Die Vorstellung, daß *customs* etwas für traditionale Wirtschaften sind, was in modernen Marktwirtschaften ausdünnt, um dann ganz abzusterben, ist verbreitet (dazu a.a.O., S. 22 ff.). Dies geht aber völlig an den realen Zusammenhängen gerade des Wirtschaftens in ausdifferenzierten Gesellschaften vorbei. Sitten und Gebräuche verändern sich, verschwinden, es entstehen aber auch fortlaufend neuartige, entsprechend der sich ändernden technischen Möglichkeiten und gesellschaftlichen Austauschformen.

(2) Ebenso sind auch andere Grundkategorien dieser Forschungsrichtung bisher nicht genügend klar gefaßt. So übernimmt beispielsweise FREY (1994, S. 336) die Definition der *intrinsischen Motivation* von DECI. Nach dieser Definition ist eine Person dann intrinsisch motiviert, wenn sie keinerlei Belohnung bekommt, außer derjenigen, die in der Tätigkeit selbst liegt. Wie oben anhand der Studie von TITMUSS gezeigt wurde, ist in der Realität altruistisch motiviertes Verhalten nahezu nie in Reinform ohne jeden Anteil eigenmotivierten Verhaltens anzutreffen. Wir sind als Individuen soziale Wesen. Autismus ist eine Krankheit, aber nicht als Grundlage für das Wirtschaften verwendbar. Dies gilt für traditionelle Formen des Wirtschaftens, bei denen Reziprozität und Redistribution vorrangig sind ebenso wie in modernen, sehr ausdifferenzierten Wirtschaften (siehe allgemein den Beitrag von SCHMID in diesem Band). Vergleichbar ist Verhalten selten ausschließlich intrinsisch motiviert, sondern äußere Anreize und intrinsische Motivation gehen in ein Motivbündel ein. Typisch dafür sind viele Formen der Erwerbsarbeit (BRANDES/WEISE 1995).

Zudem verwendet FREY - ebenso wie viele andere Autoren - das Konzept der intrinsischen Motivation als eine Art *catch all*-Kategorie für alle inneren Einflußgrößen, d.h. allen außer den externen „Interventionen". Seine Beispiele umfassen beispielsweise Kategorien wie Pflichtgefühl, Status, Selbstwertgefühl neben genuin intrinsischer Motivation. Der Grund für seine Zusammenfassung ist ein methodologischer: Er ist sich bewußt, daß der Auftakt seines Beitrags im ersten Satz *"A theory of preference change is both desirable and possible in economics"* (FREY 1994, S. 334) in wichtigen Teilen der Ökonomik, einschließlich von Teilen der neuen Institutionenökonomik kritisch gesehen wird. Er postuliert deshalb, daß Effekte des *crowding out* und *crowding in* nicht direkt in Form veränderter „intrinsischer Präferenzen" zu messen sind, sondern indirekt über die Wirkungen auf das Verhalten (S. 339). Wenn dem Verhalten gleichzeitig unterschiedliche Einflußgrößen zugrunde liegen, können diese nicht mehr eindeutig in der von FREY vorgeschlagenen Art zugeordnet werden. Obgleich er den Untersuchungsbereich in Richtung einer allgemeinen Institutionenökonomik ausdehnt, kann er mit der Zusammenfassung aller inneren Größen auf diesen indirekten Zugang setzen.

Die Ökonomik sollte sich durch die Befürchtung hinsichtlich der schweren Operationalisierbarkeit dieser Größen nicht behindern lassen. Sie ist gut beraten, statt dessen ihren eigenen Wertvorstellungen gemäß zu handeln, die sie im Bereich der Wirtschaft und deren Weiterentwicklung immer wieder fordert: Kreativität und Mut zu Neuem. Wenn die in diesem Kapitel diskutierten Größen in der Realität wichtig sind und man durch ihre Analyse zu gehaltvollen Aussagen bezüglich Institutionen bzw. ihrer Ausgestaltung kommt, dann sollte das genügend Ansporn sein. Die Evidenz dafür, daß die Wechselwirkungen von Institutionen und Menschen in der realen Welt des Wirtschaftens wichtig sind, ist unstrittig groß genug, um den vorgezeichneten Weg zu einer allgemeinen Institutionenökonomik voranzugehen. Weit über die Fragen hinausgehend, die in den „türöffnenden" Laborexperimenten bisher untersucht werden, ist es beispielsweise von entscheidender Bedeutung, die Internalisierung von Normen und Regeln bezüglich der Legitimität der grundlegenden Institutionen empirisch zu untersuchen und nicht etwa die Akzeptanz der Eigentumsordnung implizit - stillschweigend - vorauszusetzen (dazu KUBON-GILKE 1997, 1998).

6. Auf dem Weg zu einer Allgemeinen Institutionenökonomik

Institutionen prägen Menschen - Menschen prägen Institutionen. Die damit aufgeworfenen Fragen weisen den Weg zu einer allgemeinen Institutionenökonomik. Dabei geht es nicht um einige Spezialgebiete mit ganz spezifischen Bedingungen, wie etwa das Blutspende- bzw. Blutmarktsystem. Vielmehr betreffen diese Fragen alle Bereiche des Wirtschaftens: den Faktor Arbeit ebenso wie Verhalten, das den Faktor Naturkapital betrifft, die Entwicklung neuer Finanzdienstleistungen ebenso wie die traditionellen Markttransaktionen. Vertrauen ist bei Bluttransfusionen lebenswichtig, über die TITMUSS schrieb. Vertrauen ist aber auch in allen anderen Bereichen des Wirtschaftens von entscheidender Bedeutung: Ohne Vertrauen können die Kontrollkosten so exorbitant hoch werden, daß wesentliche Märkte nicht entstehen können oder zusammenbrechen.

Auch die Hervorhebung der Reziprozität als wichtigen Koordinationsmechanismus trifft einen generellen Aspekt des heutigen Wirtschaftens. In modernen Gesellschaften „verschwinden" nicht einfach die Einflüsse von Sitten und Gebräuchen, um völlig abstrakten, von allen sozialen Bindungen losgelösten Transaktionen Platz zu machen, die ausschließlich durch externe, monetäre Anreize gesteuert werden. Begründetes Vertrauen in die Regeltreue und Akzeptanz der institutionellen Arrangements durch die anderen Wirtschaftsakteure wird *gerade* in einer zunehmend ausdifferenzierteren Welt, mit Austauschbeziehungen zwischen unterschiedlichsten Kulturen und Milieus, wichtiger. In dieser Welt kommt der Reziprozität in neu entwickelten Formen eine große Bedeutung zu. Daß in der Realität nicht ein Koordinationsmechanismus „in Reinform" die Fülle der Austauschbeziehungen regeln kann, erscheint vielleicht als trivial, ist aber bisher noch nicht theoretisch zureichend analysiert. Deshalb ist es wichtig, für den geeigneten Mix von Koordinationsformen die Internalisierungen ebenso zu verstehen wie die Rückwirkungen, die internalisierte Normen, intrinsische Motivation, Sicherheitsstreben, Freiheit / *locus of control* und dergleichen auf die angemessene Ausgestaltung der institutionellen Arrangements ausüben.

Internalisierungen sind, wie NORTH und mit sowie nach ihm viele andere betonen, bereits in instrumenteller Betrachtung für die Funktionsfähigkeit von Institutionen wichtig. Die Kontrollkosten können ohne genügende Internalisierung zu hoch werden. Kontrollkosten haben aber über diese funktionale Betrachtung hinaus noch eine grundsätzlichere Bedeutung: Kontrollen können zugleich Freiheitsspielräume und Möglichkeiten zur autonomen, selbstbestimmten Arbeit und Lebensweise beschneiden. Wie am Beispiel der Studie von TITMUSS für einen Bereich ausgeführt wird, ist es wichtig, die externen monetären Anreizsysteme so auszugestalten, daß sie entsprechende Freiräume belassen und sich vorteilhaft mit internalisierten Normen und intrinsischer Motivation kombinieren.[12]

Bei der Weiterentwicklung zu einer allgemeinen Institutionenökonomik vertieft sich zugleich das Verständnis von Institutionen. Dies sei zumindest beispielhaft angedeutet:

- Institutionen begrenzen einerseits den Raum der Handlungsalternativen. Diese *constraint*-Funktion steht in der neuen Institutionenökonomik üblicherweise im Vordergrund. Genauso wichtig ist, daß durch sie vielfach Optionsräume erst eröffnet werden (KUBON-GILKE 1997). Dies gilt auf individueller Ebene - „Gute Bindungen machen selbständig" -, dies gilt ebenso für die gesamte Gesellschaft. Die Transformationsländer bieten dazu derzeit eine sehr aktuelle Anschauung.
- Da im allgemeinen den Beteiligten bei der Wahrnehmung von Handlungsalternativen unterschiedliche Kosten in Abhängigkeit vom Spektrum und der Zugänglichkeit von Optionen entstehen, kommt das Phänomen der Macht in Form asymmetrisch verteilter Alternativkosten in den Blick (siehe den Beitrag von WEISE in diesem Band).
- Institutionen wirken nicht für sich allein genommen. Vielmehr ist deren Zusammenspiel und die spezifische Bedingungskonstellation relevant. Ein Beispiel dafür sind Kleinkostensituationen (siehe den Beitrag von KIRCHGÄSSNER in diesem Band).
- Institutionen entwickeln sich, um Unsicherheit zu reduzieren. Je stärker sie das Wirtschaften prägen, um so mehr werden sie im Zeitablauf zur Voraussetzung des Wirtschaftens. Dadurch können neue Unsicherheiten erwachsen, und künftige Entwicklungen werden pfadabhängig.
- Typischerweise wird in der neuen Institutionenökonomik der Aspekt der Transaktionskosten und der Risiken betont. Die reale Welt mit ihren Unsicherheiten und ihrer Zukunftsoffenheit ist gleichermaßen die Ursache

dafür, daß Freiheit möglich ist; oder anders formuliert: daß die Menschen wahrhafte Wirtschafts*akteurinnen* und *-akteure* sind und sein können, nicht eine Art mechanisch funktionierender Automaten. Die *Chancen*, die sich aus Unsicherheit und Zukunftsoffenheit ergeben, sind ebenso bedeutsam wie die daraus entstehenden Risiken.

Wir haben eingangs betont, daß es noch keine ausgearbeitete allgemeine Institutionenökonomik gibt. In den vergangenen Jahren mehrten sich jedoch die Anzeichen dafür, daß zunehmend frühere Trennungslinien zwischen verschiedenen Denkrichtungen aufweichen, etwa zwischen „altem Institutionalismus" und „neuer Institutionenökonomik",[13] die den Erkenntnisfortschritt behindert hatten. In unterschiedlichen Bereichen der Ökonomik werden dafür wichtige Bausteine erarbeitet. Einige davon werden im vorliegenden Band präsentiert und zur Diskussion gestellt.

Die Beiträge des vorliegenden Bandes belegen bei aller Verschiedenheit: Die allgemeine Institutionenökonomik betrifft nicht „nur" Fragen einer Spezialdisziplin Institutionenökonomik, die an den Kern der bestehenden Modelle der Ökonomik angefügt wird, diesen aber unverändert läßt. Sie ist vielmehr zentraler Bestandteil einer *Ökonomik der realen Welt*.

Anmerkungen

1 Siehe etwa eine entsprechende Andeutung bei FREY und EICHENBERGER 1994 in der Eingangspassage S. 215. Im folgenden behalten sie dennoch diese wertende Kennzeichnung der Anomalie bei. Zur Deutung als Anomalien siehe den Beitrag von KUBON-GILKE in diesem Band.
2 So bereits frühzeitig ein häufig übersehener Vertreter der Institutionenökonomik, HUTCHISON 1937.
3 Zugleich versuchte sich COASE in seinem Frühwerk entschieden von KNIGHT abzusetzen, vergleichbar etwa ADAM SMITH, der den Anteil der Physiokraten an seinem Herangehen abzuwerten suchte.
4 Die Beiträge gehen auf die Fachtagung der Evangelischen Akademie Tutzing zurück, die vom 16. bis 18. März 1998 zum Thema „Institutionen prägen Menschen. Menschenbilder der Ökonomik" in der Reihe „Normative Grundfragen der ökonomischen Theoriebildung" stattfand. Es handelt sich um Originalbeiträge, in die die Ergebnisse der Diskussionen dieser Veranstaltung eingearbeitet wurden. Dieser Band schließt unmittelbar an eine ganze Reihe von Beiträgen zu Institutionen in den vorangehenden Bänden der Reihe an. Insbesondere ist thematisch der Band „Das Menschenbild der ökonomischen Theorie. Zur Natur des Menschen", BIERVERT/HELD 1991, relevant.
5 Interessant ist, daß gemäß der in Japan vorherrschenden Werthaltungen die körperliche Unversehrtheit über den Tod hinaus grundlegend ist. Dies bringt beispielsweise eine abwehrende Grundhaltung bezüglich der Organentnahme mit sich.
6 In der Fußnote zitiert HUTCHISON hier den Aufsatz von HICKS und eine Arbeit von ROSENSTEIN-RODAN, der vergleichbar zu KNIGHT zu den grundlegenden Folgen der Unsicherheit sowie darüber hinaus von *timing*, Fristigkeiten etc. publizierte.
7 Siehe hierzu die Beiträge im Band „Die Dynamik des Geldes" in dieser Reihe.
8 Siehe dazu ausführlicher HELD 1997, S. 31 ff.
9 Siehe hierzu die Beiträge im Band „Eigentumsrechte verpflichten. Individuum, Gesellschaft und die Institution Eigentum" in dieser Reihe.
10 Siehe hierzu die Beiträge von KUBON-GILKE, SCHERHORN, GERECKE, EICHENBERGER/OBERHOLZER-GEE sowie WEISE in diesem Band.
11 Zu methodologischen Fragen von Laborexperimenten und der Einbeziehung der Kontexte in die Untersuchungen siehe ORTMANN/GIGERENZER 1997. Interessant sind beispielsweise Ergebnisse der Begleitforschung zu einem Standort für Endlager radioaktiven Mülls in der Schweiz, siehe Beitrag von EICHENBERGER/OBERHOLZER-GEE in diesem Band.
12 Zum fragilen Zusammenspiel externer Anreize und intrinsischer Motivation in der Erwerbsarbeit siehe BRANDES/WEISE 1995.
13 Siehe etwa den bereits erwähnten Aufsatz von HUTCHISON 1991 sowie verschiedene Beiträge dazu im Heft 2/1995 des *Journal of Economic Issues*, etwa den Beitrag von RUTHERFORD 1995 sowie REUTER 1996.

Für wertvolle Hilfe bei der Fertigstellung eines elektronischen Manuskripts sind wir Margarete Korn, Kassel, sehr dankbar, ebenso Andreas Beschorner, Kassel, für den Umbruch.

Literaturverzeichnis

ARROW, K.J. und HAHN, F.H. (1971). *General Competitive Analysis.* San Francisco/Edinburgh: Holden-Day und Oliver & Boy.
ARROW, K.J. (1975). Gifts and Exchanges. In: PHELPS, E.S. (Hg.). *Altruism, Morality, and Economic Theory.* New York: Russell SAGE Foundation, 11-28.
BIERVERT, B. und HELD, M. (Hg.) (1991). *Das Menschenbild der ökonomischen Theorie. Zur Natur des Menschen.* Frankfurt/New York: Campus.
BRANDES, W. und WEISE, P. (1995). Motivation, Moral und Arbeitsleistung. In: GERLACH, K. und SCHETTKAT, R. (Hg.). *Determinanten der Lohnbildung. Theoretische und empirische Untersuchungen.* Berlin: edition sigma, 233-254.
COASE, R.H. (1937). The Nature of the Firm. *Economica* 4, 386-405 (abgedruckt in COASE *The Firm, the Market and the Law.* 1988).
COMMONS, J.R. (1931). Institutional Economics. *American Economic Review* 21, 648-657.
DASGUPTA, P. (1988). Trust as a Commodity. In: GAMBETTA, D. (Hg.) (1988). *Trust. Making and Breaking Cooperative Relations.* New York/Oxford: Basil Blackwell, 49-72.
FREY, B.S. (1994). How Intrinsic Motivation Is Crowded Out and In. *Rationality and Society* 6 (3), 334-352.
FREY, B.S. und BOHNET, I. (1995). Institutions Affect Fairness: Experimental Investigations. *Journal of Institutional and Theoretical Economics (JITE)* 151/2, 286-303.
FREY, B.S. und EICHENBERGER, R. (1994). Economic incentives transform psychological anomalies. *Journal of Economic Behavior and Organization* 23, 215-234.
HELD, M. (1991). „Die Ökonomik hat kein Menschenbild" - Institutionen, Normen, Menschenbild. In: BIERVERT, B. und HELD, M. (Hg.). *Das Menschenbild der ökonomischen Theorie. Zur Natur des Menschen.* Frankfurt/New York: Campus, 10-41.
-"- (1997). Norms matter - Folgerungen für die ökonomische Theoriebildung. In: HELD, M. (Hg.). *Normative Grundfragen der Ökonomik. Folgen für die Theoriebildung.* Frankfurt/New York: Campus, 11-40.
HIRSCHMAN, E.C. (1991). Babies for Sale: Market Ethics and the New Reproductive Technologies. *The Journal of Consumer Affairs* 25 (2), 358-390.
HUTCHISON, T.W. (1937). Expectation and Rational Conduct. *Zeitschrift für Nationalökonomie* 7, 636-653.
-"- (1991). Institutionalist Economics Old and New. In: FURUBOTN, E.G. and RICHTER, R. (Hg.). *The New Institutional Economics.* Tübingen: Mohr (Paul Siebeck), 35-44 (Erstdruck *Journal of Institutional and Theoretical Economics* 140, 1984, 20-29).
KANT, I. (1975). *Grundlegung zur Metaphysik der Sitten.* In: WEISCHEDEL, W. (Hg.). *Immanuel Kant Werke in 10 Bänden, Band 6.* Darmstadt: Wissenschaftliche Buchgesellschaft, 11-102 (Original 1785).
KUBON-GILKE, G. (1997). *Verhaltensbindung und die Evolution ökonomischer Institutionen.* Marburg: Metropolis.
-"- (1998). Eigentumsrechte als soziale Regeln - Zum Verpflichtungscharakter von Eigentumsrechten. In: HELD, M. und NUTZINGER, H.G. (Hg.). *Eigentumsrechte verpflich-*

ten. Individuum, Gesellschaft und die Institution Eigentum. Frankfurt/New York: Campus, 241-258.
MARSHALL, A. (1922). *Principles of Economics.* Eigth Edition. London: Macmillan (1. Auflage 1890).
NORTH, D.C. (1988). *Theorie des institutionellen Wandels. Eine neue Sicht der Wirtschaftsgeschichte.* Tübingen: Mohr (Paul Siebeck) (Orig. *Structure and Change in Economic History.* New York 1981).
NUTZINGER, H.G. (1993). Philanthropie und Altruismus. In: RAMB, B.-TH. und TIETZEL, M. (Hg.). *Ökonomische Verhaltenstheorie.* München: Franz Vahlen, 365-386.
-"- (1999). Was bleibt von Marx' ökonomischer Theorie? In: HELMEDAG, F. und REUTER, N. (Hg.). *Festschrift für Karl Georg Zinn.* Marburg: Metropolis.
ORTMANN, A. und GIGERENZER, G. (1997). Reasoning: Why Social Context Matters. *Journal of Institutional and Theoretical Economics (JITE)* 153 (4), 700-710.
POLANYI, K. (1990²). *The Great Transformation. Politische und ökonomische Ursprünge von Gesellschaften und Wirtschaftssystemen.* Frankfurt/Main: Suhrkamp (Original 1944).
REUTER, N. (1996). Zur Bedeutung von Institutionen für die ökonomische Theorie. In: PRIDDAT, B.P. und WEGNER, G. (Hg.). *Zwischen Evolution und Institution. Neue Ansätze in der ökonomischen Theorie.* Marburg: Metropolis, 113-144.
RICHTER, R. und FURUBOTN, E. (1996). *Neue Institutionenökonomik. Eine Einführung und kritische Würdigung.* Tübingen: Mohr (Paul Siebeck) (Englische Ausgabe 1997 *Institutions and Economic Theory: An Introduction to and Assessment of the New Institutional Economics).*
RUTHERFORD, M. (1995). The Old and the New Institutionalism: Can Bridges Be Built? *Journal of Economic Issues* 24 (2), 443-451.
SCHLICHT, E. (1998). *On Custom in the Economy.* Oxford: Clarendon Press.
SMITH, A. (1970). *The Wealth of Nations.* Ed. by A. SKINNER. Harmondsworth: Penguin (Orig. 1776).
STIGLER, G.J. und BECKER, G.S. (1977). De Gustibus Non Est Disputandum. *American Economic Review* 67 (2), 76-90.
STREIT, M.E. et al. (1997). Views and Comments on Cognition, Rationality, and Institutions. Editorial Preface. *Journal of Institutional and Theoretical Economics (JITE)* 153 (4), 688-692.
TIEMANN, G. (1991). Reziprozität und Redistribution: Der Mensch zwischen sozialer Bindung und individueller Entfaltung in nicht-industrialisierten Gesellschaften. In: BIERVERT, B. und HELD, M. (Hg.). *Das Menschenbild der ökonomischen Theorie. Zur Natur des Menschen.* Frankfurt/New York: Campus, 173-191.
TITMUSS, R.M. (1971). *The Gift Relationship. From Human Blood to Social Policy.* Edition Sept. 1972. New York: Vintage Books.

Ekkehart Schlicht

Institutionen prägen Menschen

1. Einleitung

Institutionen, verstanden im weitesten Sinne, sind von entscheidender Bedeutung für das wirtschaftliche und soziale Geschehen. Die rechtlichen, sittlichen und gewohnheitsmäßigen Formationen, die das Handeln der Individuen in einer Gesellschaft kanalisieren, bilden die Grundlage wirtschaftlicher Abläufe. Diese Einsicht ist in der wissenschaftlichen Diskussion während des Interregnums der sechziger bis achtziger Jahre zu sehr aus dem Blickfeld geraten und sie wird noch bis heute, zumal in Kreisen der deutschen Ökonomen, nicht hinreichend beachtet. Allzu oft werden Institutionen allein mit staatlich geschaffenen Strukturen, wie etwa dem Sozialversicherungssystem, identifiziert. Die wesentlich wichtigeren historisch gewachsenen Strukturen werden demgegenüber oft vernachlässigt, mit der Konsequenz, daß wesentliche Fragen ungestellt bleiben - und die Theorie dümpelt an der Oberfläche dahin. Neuerdings ist aber, angesichts der wirtschaftlichen Schwierigkeiten in den Ländern des ehemaligen Ostblocks, die Bedeutung institutionellen Denkens wiederum eindringlich klar geworden.[1]

Im folgenden soll zunächst in knappen Strichen die historische Entwicklung institutionellen Denkens in der Ökonomie skizziert werden, ausgehend vom Historismus, bis hin zur Neuen Institutionenökonomik. Die in diesem Band im Mittelpunkt stehende Frage nach der Art und Weise, wie Institutionen menschliches Verhalten beeinflussen, berührt einen blinden Fleck dieser Neuen Institutionenökonomik - einen blinden Fleck in dem Sinne, daß dieser Problemkreis bisher weitgehend aus der Betrachtung ausgespart geblieben ist. Das ist nicht verwunderlich. Mit der Frage nach der Wirkung von Institutionalisierungen auf menschliches Verhalten wird ja zugleich das Problem der Endogenisierung von Präferenzen gestellt, und Pandora läßt grüßen. Um der theoretischen Schlüssigkeit und Abgeschlossenheit willen mag es zwar verlockend sein, die Augen vor der Realität zu verschließen und die Frage nach der Wirkung von Institutionen auf menschliches Verhalten aus der Betrachtung auszuklammern, ein Verständnis einer wesentlichen Wirkung von Institutionen bleibt dabei aber systematisch ausgeblendet. Ein Verständnis der Wirkung von Institutionalisierungen auf menschliches Verhalten ist aber ein notwendiger nächster Schritt zu einem besseren Verständnis der sozialen Wirklichkeit. Dabei sind die Institutionalisierungen selbst natürlich ihrerseits Ergebnis historischer Prozesse, also Ergebnis menschlichen Handelns, aber oft nicht Ergebnis menschlichen Entwurfs (HAYEK 1967).

Nach einer Skizzierung der allgemeinen Problematik werde ich an ausgesuchten Problemstellungen einige Überlegungen dazu vorstellen, wie konkret die Wirkung von Institutionen auf die in ihnen wirkenden Menschen analysiert werden kann. Abschließend werde ich kurz auf die ethische Problematik hinweisen, die mit der Thematik „Institutionen prägen Menschen" aufgeworfen wird.

2. Der Historismus

Mit „Historismus" möchte ich eine gedankliche Strömung bezeichnen, die das historisch-kontingente Element ökonomischer Formationen besonders betont. Besonders ist hier an die historische Schule der deutschen Nationalökonomie und an die neuere ökonomische Soziologie[2] zu denken. Mit Abstrichen finden sich aber verwandte Positionen auch bei MARSHALL. Der Historismus kann durch zwei Thesen charakterisiert werden:

– (1) *Einbettungsthese:* Institutionen aller Art - die Rechts- und Eigentumsordnung, Sitten, Gewohnheiten, politische und organisatorische Strukturen - bilden das Substrat für ökonomische und soziale Strukturen und Prozesse. Ökonomische Prozesse vollziehen sich nicht im institutionenfreien Vakuum. Selbst der einfachste Tausch setzt eine Eigentumsordnung voraus. Dies zu vernachlässigen heißt gewissermaßen, den Blutkreislauf unter Absehung von allem Körperlichen erforschen zu wollen (COASE 1984, S. 230).[3] Bei der Analyse ökonomischer Erscheinungen kann von deren institutionellen Einbettung nicht abgesehen werden, weil die ökonomischen Phänomene direkt von dieser Einbettung abhängen und entscheidend von ihr geprägt und kanalisiert werden.
– (2) *Nichtreduzierbarkeitsthese:* Die institutionellen Bedingungen ökonomischer Prozesse haben sich im Zuge der historischen und sozialen Evolution herausgebildet. Sie sind deshalb nur historisch zu begreifen und nicht sinnvoll auf Marktprozesse reduzierbar. Allenfalls lassen sich, ähnlich wie in der Geschichte sonst, allgemeine Muster der wirtschaftlichen Entwicklung, etwa Stadientheorien, formulieren, die aber selbst nicht sinnvoll aus Markt- und Wettbewerbsgesichtspunkten her entwik-

kelt werden können. Ökonomische Triebkräfte sind nur ein Moment unter vielen anderen Einflußfaktoren, die die Entwicklung der Institutionen formen. Indem wir zu verstehen suchen, wie die Institutionen, die wir vorfinden, sich gebildet haben, können wir besser die wirtschaftlichen Phänomene verstehen, zu denen sie Anlaß geben und sie in ihrer historischen und institutionellen Relativität angemessen analysieren.

Die Kombination aus Einbettungsthese und Nichtreduzierbarkeitsthese ist charakteristisch für das Denken der Ökonomen der historischen Schule. Die oft bemerkte Theoriefeindlichkeit der „Historiker" folgt direkt aus ihrer Überzeugung, daß alle ökonomischen Prozesse institutionell gebunden seien. Damit müssen sie als historisch kontingent begriffen werden und können sinnvollerweise nicht absolute überzeitliche Gültigkeit beanspruchen. Die überzeitlichen Wahrheiten in der Ökonomie, wenn es denn solche gibt, reduzieren sich auf Trivialitäten und Tautologien.

Der Historismus in der Ökonomie steht in engem Zusammenhang mit dem Historismus in der Rechts- und Gesellschaftswissenschaft. So wird in der historischen Rechtsauffassung betont, daß sich das Recht historisch gebildet habe und Zwecken diene, die wir nicht verstehen. Die Tradition verkörpert eine überindividuelle Weisheit, die dem Einzelnen nicht unmittelbar zugänglich ist, vergleichbar wie in der evolutorischen Theorie der Unternehmung betont wird, daß die bestehenden Usancen und Routinen das in der Unternehmung gebundene Wissen verkörpern, welches keinem einzelnen Firmenmitglied bewußt oder unmittelbar zugänglich ist (NELSON/WINTER 1982, Kapitel 5). Damit wird natürlich jeder Eingriff in gewachsene Strukturen problematisch. Letztlich bleibt der historische Ansatz insofern unfruchtbar, als er sich gezwungenermaßen auf ex-post Rationalisierungen beobachteter Entwicklungen reduziert und Fragen der Prognose und Gestaltung von Wirtschaftsprozessen gegenüber hilflos bleiben muß.

3. Der Ordoliberalismus

Die Gegenposition zum Historismus ist im Bereich der Jurisprudenz vom Rechtspositivismus eingenommen worden. Die Frage nach der Entstehung von Recht wird von der Frage getrennt, wie Recht wirkt, und es wird betont, daß das Recht *gesetzt* wird, und nicht *gewachsen* sei. Ganz ähnlich, und wohl dem Zeitgeist des Machtdenkens und der Machtillusionen zu Beginn des zwanzigsten Jahrhunderts folgend, hat der Ordoliberalismus eine dezisionistische Position gegenüber Fragen der Institutionalisierung eingenommen. Zwar wurde, wie im Historismus, die Bedeutung der Wirtschaftsordnung - also des institutionellen Rahmens - für die Wirtschaftsprozesse hervorgehoben, aber die Frage der Bildung einer Wirtschaftsordnung wurde konzeptionell von der Analyse von Wirtschaftsprozessen getrennt, wie sie sich in einer gegebenen Wirtschaftsordnung ergeben. Die Wirtschaftsordnung wurde nicht primär als historisch gewachsen, sondern als politisch gesetzt gesehen, ganz ähnlich wie im Rechtspositivismus das Recht nicht als gewachsen sondern als gesetzt aufgefaßt wurde. Die Wahl der Wirtschaftsordnung bestimmt dann den Charakter der Wirtschaftsprozesse.

Im Ordoliberalismus wird sowohl die Einbettungsthese als auch die Nichtreduzierbarkeitsthese akzeptiert. Die wesentliche Änderung ist eine dezisionistische Wendung, gekoppelt mit der Überzeugung, daß es nur wenige „reine" Typen von Wirtschaftsordnungen gäbe, die mit wenigen theoretischen Idealtypen (im Sinne kognitiver Schemata) identifiziert werden.

Obwohl von großer politischer Bedeutung, führt das Ordnungsdenken theoretisch in eine Sackgasse, generiert es doch theoretische Beliebigkeit: Im Grunde werden Eigenschaften ausgedachter Idealtypen - eben Wirtschaftsordnungen - untersucht, mit einer nur relativ vagen Fundierung in Hypothesen über menschliches Verhalten. Man untersucht also die Eigenschaft von hypothetischen Gedankenbildern und kann so natürlich nur zu hypothetischen Schlußfolgerungen gelangen. Politisch wird dies dann so gewendet, daß die reale Wirtschaft und das reale menschliche Verhalten dem postulierten Idealverhalten anzugleichen sei, um eine „reine" Wirtschaftsordnung zu realisieren: *Shape the world according to your textbook, textbook economics.* Reale Institutionalisierungen, wie etwa im Extremfall die Bildung einer Mafia, entziehen sich diesem Denken und widersetzen sich zugleich der Kanalisierung durch ordnungspolitische Setzung. Eine Analyse der endogenen Kräfte der Institutionenbildung ist erforderlich, um Möglichkeiten zu finden, derartige spontane Institutionalisierungen zu verstehen und zu kontrollieren.

4. Die Neue Institutionenökonomik

In der Neuen Institutionenökonomik wird hervorgehoben, daß Institutionen selbst Ergebnisse eines Wettbewerbsprozesses seien. Man stellt sich vor, daß eine bestehende institutionelle Struktur ständigem Wandel und ständigen Modifikationen unterworfen ist. Zum Teil entstehen diese Veränderungen aus bewußter Vorteilssuche der wirtschaftlichen Akteure, zum Teil entstehen sie aber auch rein zufällig oder aus ideologischen oder irrational motiviertem Handeln. Im Ergebnis wirken alle diese Einflüsse wie Zufallsvariationen. Der Institutionenwettbewerb wählt die erfolgreichen Variationen und Mutationen bestehender institutioneller Strukturen aus. Diese setzen sich im Wettbewerbsprozeß durch und verdrängen die weniger erfolgreichen Formen.[4]

Der Gedanke des Institutionenwettbewerbs bildet die Grundlage für die Erklärung des Aufkommens heutiger Unternehmensformen und des Zurückdrängens älterer Organisationsformen, etwa des Zunft- und Verlagswesens.

Wesentlich ist hier - wie auch schon früher bei MARX - daß sowohl die Einbettungsthese als auch die Nichtreduzierbarkeitsthese nicht völlig akzeptiert werden. Der institutionelle Rahmen wird selbst der Analyse unterworfen: Der Erfolg im Institutionenwettbewerb erklärt, warum sich bestimmte Institutionen bilden. Dabei bleibt offen, wo die Grenzen der ökonomischen Analysierbarkeit liegen, es ist nur klar, daß in vielen konkreten Problemstellungen eine Erklärung von Institutionalisierungen aus Wettbewerbsprozessen durchaus sinnvoll ist. Viele ökonomisch relevante Bereiche etwa des Rechts und der Bildung von Märkten und Unternehmungen selbst können in dieser Weise der ökonomischen Analyse unterzogen werden. Insofern bedingen sich ökonomische und institutionelle Formationen gegenseitig. Beispielsweise bilden sich Unternehmungen in Märkten, wo sie bessere Koordinationsleistungen erbringen als ein entsprechendes Netzwerk von Märkten. Umgekehrt setzen sich dezentrale Formen der Marktkoordination gegenüber integrierten Produktionsprozessen durch, wo sie wettbewerbsmäßig im Vorteil sind (SCHLICHT 1998, Kapitel 14). Marktprozesse und Institutionalisierungsprozesse vollziehen sich simultan und steuern sich wechselseitig. Das eine ist dem anderen weder eingebettet noch vorgelagert.[5]

5. Institutionelle Analogien

Die Theoretiker der Neuen Institutionenökonomie halten typischerweise an der individualistischen Sichtweise fest, wie sie für die Wirtschaftstheorie insgesamt charakteristisch ist.[6] Das Bemühen ist, die wirtschaftlichen Erscheinungen als Konsequenz individuellen Verhaltens zu deuten. Das individuelle Verhalten wird aus dem Zusammenspiel von den Präferenzen der Akteure und den vorliegenden Restriktionen heraus verstanden. Entsprechend werden Institutionen als Systeme von Verhaltensrestriktionen aufgefaßt.[7] Die Wirkung von Institutionen auf menschliches Verhalten wird damit auf die Wirkung alternativer Systeme von Verhaltensrestriktionen zurückgeführt, die eben bei gegebenen individuellen Präferenzen zu unterschiedlichem Verhalten führen, ganz so, wie unterschiedliche Preise den Konsumenten zu unterschiedlichen Kaufentscheidungen veranlassen.

Ein Problem ist dabei, daß die Institutionen, als von Menschen geschaffene Restriktionen, selbst aus menschlichem Verhalten hervorgehen. Insofern kann es sich nur um Restriktionen handeln, die freiwillig beachtet werden. Wenn Institutionen in dieser Weise auf Wahlhandlungen der Individuen zurückgeführt werden, verlieren sie aber ihr Eigengewicht und ihre kanalisierende Wirkung auf das menschliche Verhalten. Sie reduzieren sich zu koordinierenden Konventionen, die in allseitigem Interesse beachtet werden, wie Verkehrsregeln.

Ferner werden, ausgehend von einem bestehenden institutionellen Arrangement, durch unablässige Variationen, durch Versuch und Irrtum, immer neue Verbesserungen erzielt, und es wird ganz unklar, warum sich letztlich nicht doch bei ganz unterschiedlichen institutionellen Ausgangslagen für die gleichen Probleme ganz analoge Lösungen ergeben, mit nur unwesentlichen Reminiszenzen an den jeweils unterschiedlichen institutionellen Hintergrund. In der Biologie spricht man von analogen Organen, wenn es sich um Organe unterschiedlicher stammesgeschichtlicher Herkunft handelt, die aber die gleiche Funktion erfüllen. Ähnlich kann man sich denken, daß gewisse Probleme der ökonomischen Koordination im Rahmen unterschiedlicher institutioneller Arrangements ganz gleichartig gelöst werden können. Damit ergibt sich dann so etwas ähnliches wie ein „COASE Theorem" für Institutionen. ALCHIAN formuliert diese These in der Frage: „Was kann es denn für einen Unterschied machen, ob Individuen innerhalb bestehender Unternehmungen miteinander konkurrieren oder sie dies mittels neuer kleiner Unternehmungen tun?"[8] Tatsächlich wird es schwierig, einen nennenswerten Unterschied zwischen diesen verschiedenen Institutionalisierungen festzustellen, wenn einerseits die Unternehmensleitungen die Lenkungsfunktionen von Märkten übernehmen können und wenn andererseits Märkte die Lenkungsfunktionen des Managements wahrnehmen können.

Letztlich ergibt sich also für die Institutionenökonomik das Paradoxon, daß eine individualistische Interpretation der Institutionen die Bedeutung von Institutionen für Wirtschaftsprozesse unsichtbar macht.

6. Direkte Verhaltenswirkungen

Das Paradox der institutionellen Analogien löst sich aber auf, wenn man die direkte Verhaltenswirkung von Institutionen mit in Rechnung stellt. Dann haben alternative Institutionen unmittelbar und offensichtlich unterschiedliche Verhaltenswirkungen.

Mit *direkten Verhaltenswirkungen* meine ich Verhaltensdifferenzen, wie sie durch unterschiedliche Institutionalisierungen hervorgebracht werden, aber nicht auf unterschiedliche Anreizlagen zurückgeführt werden können. Diese Ausdrucksweise mag für den Ökonomen etwas rätselhaft erscheinen, sieht er doch alles Handeln allein durch das Wechselspiel von Präferenzen und Beschränkungen bestimmt. Will man diese Sprechweise (die ich für oft irreführend halte) in diesem Zusammenhang beibehalten, so könnte man sagen, daß sich direkte Verhaltenswirkungen von unterschiedlichen Institutionalisierungen auf unterschiedliche Präferenzen beziehen, wie sie durch unterschiedliche Institutionalisierungen *erzeugt werden.*

Beispielsweise ist die Wirkung der Zuweisung von Eigentumsrechten nicht allein auf die Anreizwirkungen reduzierbar, die damit einhergehen, daß der Eigentümer einen Anspruch auf die Erträge aus seinem Eigentum hat. Diese Erträge könnten auch per Vertrag an jemanden fallen, ohne daß er Eigentümer ist. Gewinnbeteiligungsregelungen gehen in diese Richtung. Darüber hinaus ist der Eigentümer einer Sache aber stärker an der Sache interessiert, als wenn er nur nutzungsberechtigt wäre. Dieser Eigentumseffekt *(ownership effect)* ist sehr deutlich bei Menschen und vielen Tieren nachweisbar. Er ist eingehend von Psychologen und Biologen studiert worden und von großer Bedeutung für wirtschaftliches Handeln (SCHLICHT 1998, S. 111 f. und S. 172-175). Ohne einen solchen Effekt wäre kaum verständlich, warum Franchise-Unternehmungen sich organisatorisch und anreizmäßig von analogen Kettenläden zu unterscheiden scheinen (S. 236-238).

Ein vielversprechender Ansatz zur Analyse von direkten Verhaltenswirkungen von Institutionalisierungen findet sich in der Selbstkategorisierungstheorie von TURNER (1987), die auf der Gruppentheorie von ASCH (1952) aufbaut.[9] Wenn aus einer Anzahl von Menschen eine Gruppe gebildet wird, wirkt dies direkt auf das Verhalten der Beteiligten. Verhaltensweisen, Attitüden, Präferenzen und Überzeugungen verstärken sich so, daß das, was als charakteristisch für die Gruppe wahrgenommen wird, in jedem einzelnen Gruppenmitglied verstärkt wird. Diese (vielfältig empirisch nachgewiesene) direkte Gruppenwirkung bildet die Grundlage der Selbstkategorisierungstheorie von TURNER (1987). Hier haben wir also ein sehr klares Beispiel für eine direkte Verhaltenswirkung von Institutionalisierungen. Wenn beispielsweise ein Arbeiter sich als Mitarbeiter einer bestimmten Unternehmung sieht, wird er durch die *corporate culture,* wie sie von ihm wahrgenommen wird, direkt in seiner Selbstwahrnehmung beeinflußt. Es macht dann einen Unterschied, ob man in einer großen Unternehmung arbeitet, oder ob diese große Unternehmung in viele kleine Unternehmungen aufgesplittert wird.

Eine weitere wichtige direkte Verhaltenswirkung von Institutionalisierungen ergibt sich aus den Prozessen der Attribution, der Selbstattribution und den damit zusammenhängenden Motivationseffekten. Wenn etwas beispielsweise für Geld getan wird, hat diese Tätigkeit einen anderen Charakter, als wenn sie aus Pflicht getan wird, und wieder einen anderen Charakter, wenn sie aus Freude getan wird. Diese Unterschiede erzeugen unterschiedliche Motivationslagen. Die gleiche Tätigkeit kann aus ganz verschiedenen Gründen erfolgen. Die Motive sind aber nicht unabhängig vom institutionellen Rahmen. Vielmehr werden sie durch Attributionsprozesse - vor allem auch durch Prozesse der Selbstattribution - gesteuert und auf diese Weise direkt mit dem institutionellen Rahmen verkoppelt, in dem sie stattfinden.

Es würde zu weit führen, dies hier im einzelnen auszuführen (Überblick siehe SCHLICHT 1998, S. 106-128). Das allgemeine Argumentationsmuster ist jedoch aus der Diskussion um intrinsische und extrinsische Motivation bekannt: Wenn jemand etwas tut, wird er eine Erklärung für sein Verhalten suchen, seiner Handlung also ein Motiv attribuieren. Die Art und Weise dieser Selbstattribution erfolgt ganz analog zu der Art und Weise, wie jemand anderen Menschen Motivationen unterstellt, wenn er sie handeln sieht. Man sucht die naheliegendste Begründung. Unternimmt jemand bestimmte Handlungen in verschiedenen Situationen ohne äußeren Anlaß - wählt er zum Beispiel häufig bestimmtes Essen, wenn er die freie Wahl hat, - so wird man annehmen, daß diese Person eine Vorliebe für dieses Essen hat. Wählt eine Person stets besonders gesundes Essen, so wird man schließen, daß dies aus einer besonderen Besorgnis um gesunde Ernährung geschieht. Wählt eine Person stets preisgünstiges Essen, so wird man schließen, daß diese Person sehr preisbewußt orientiert ist. In gleicher Weise erfolgen Selbstattributionen: Wenn ich selbst - aus welchen Gründen auch immer, vielleicht nur aus Zufall - wiederholt besonders gesundes Essen gewählt habe, wird sich meine Selbstinterpretation in Richtung größerer Bewußtheit für gesunde Ernährung ändern. Auf diese Weise wird sich, selbst für den Fall, daß ursprünglich der Gesundheitsaspekt gar nicht wichtig war, eine Präferenz für gesundes Essen bei mir bilden.

Bezogen auf direkte Verhaltenswirkungen von Institutionalisierungen ergibt sich aus diesen Regelmäßigkeiten, daß die Anreize, die in einer Institution betont werden, selbst eine entsprechende Motivation und ein entsprechendes Verhalten schaffen:

− Wird alles mit Geld belohnt, so werden sich die Mitarbeiter im wesentlichen monetär motiviert verhalten;
− spielt der Leistungsaufstieg eine große Rolle, so werden sich die Mitarbeiter als Konkurrenten sehen;
− sind Gerechtigkeit und Pflichterfüllung von großer Bedeutung (und sind entsprechend monetäre und sonstige extrinsische Anreize hinreichend diffus), so kann Pflichterfüllung und ein aktives Engagement für die jeweilige Unternehmung das Handeln der Mitarbeiter bestimmen.

Diese verschiedenen Motivationslagen haben auch, wie die moderne Kreativitätsforschung gezeigt hat, wichtige Konsequenzen für die Kreativität der Mitarbeiter (AMABILE 1983).

7. Verkümmerung von Fähigkeiten durch Arbeitsteilung

Die klassische Diskussion der Wirkung von Institutionalisierungen auf die Menschen bezieht sich auf einen recht engen Aspekt: auf die Wirkungen der Arbeitsteilung auf die Menschen. Dieser Problemkreis ist bei den ökonomischen Klassikern in seiner Wichtigkeit betont worden, aber kaum aus einer individualistischen Perspektive erfaßbar, denn es geht hierbei wiederum genuin um unser Thema, die prägende Wirkung von Institutionen auf die Menschen. Ich möchte diese Diskussion in groben Zügen zusammenfassen.

Die Wirkung der Arbeitsteilung (und damit der institutionellen Formen, die Arbeitsteilung organisieren) wird anfangs, etwa bei ADAM SMITH, sehr negativ gesehen, wenn er schreibt:

„Der Unterschied in den Begabungen der einzelnen Menschen ist in Wirklichkeit weit geringer, als uns bewußt ist, und die verschiedensten Talente, welche erwachsene Menschen unterschiedlicher Berufe auszuzeichnen scheinen, sind meist mehr Folge als Ursache der Arbeitsteilung. So scheint zum Beispiel die Verschiedenheit zwischen zwei auffallend unähnlichen Berufen, einem Philosophen und einem gewöhnlichen Lastenträger, weniger aus Veranlagung als aus Lebensweise, Gewohnheit und Erziehung entstanden. [...] Mit fortschreitender Arbeitsteilung wird die Tätigkeit der überwiegenden Mehrheit derjenigen, die von ihrer Arbeit leben, also der Masse des Volkes, nach und nach auf einige wenige Arbeitsgänge eingeengt, oftmals nur auf einen oder zwei. Nun formt aber die Alltagsbeschäftigung ganz zwangsläufig das Verständnis der meisten Menschen. Jemand, der tagtäglich nur wenige einfache Handgriffe ausführt, die zudem immer das gleiche oder ein ähnliches Ergebnis haben, hat keinerlei Gelegenheit, seinen Verstand zu üben. Denn da Hindernisse nicht auftreten, braucht er sich auch um deren Beseitigung keine Gedanken zu machen. So ist es ganz natürlich, daß er verlernt, seinen Verstand zu gebrauchen, und so stumpfsinnig und einfältig wird, wie ein menschliches Wesen eben nur werden kann." (SMITH 1776/1974, S. 18 und 662)

Die Arbeit formt also die Menschen, und die Spezialisierung läßt die Menschen verkümmern. Dies wird, mit direktem Bezug auf SMITH, von KARL MARX noch schärfer formuliert. Er schreibt über die Wirkungen der Arbeitsteilung:

„Sie verkrüppelt den Arbeiter in eine Abnormität, indem sie sein Detailgeschick treibhausmäßig fördert durch Unterdrückung einer Welt von produktiven Trieben und Anlagen, wie man in den La-Plata-Staaten ein ganzes Tier abschlachtet, um sein Fell oder seinen Talg zu erbeuten." (MARX 1867/1974, S. 381)

Die Arbeitsteilung wird dabei in zweifacher Richtung gesehen: Zum einen ermöglicht sie eine geradezu schrankenlose Entfaltung der Produktivkräfte menschlicher Arbeit, zum anderen läßt sie die Menschen in ihren Fähigkeiten verkümmern.

8. Entfaltung von Fähigkeiten durch Arbeitsteilung

Bei SMITH und MARX hat es den Anschein, als wenn die Entfaltung der Produktivkräfte menschlicher Arbeit, wie sie durch die Arbeitsteilung ermöglicht wird, durch eine Verarmung der arbeitenden Menschen erkauft würde. So einfach ist dies aber nicht, und tatsächlich ist diese Sicht der Dinge ziemlich irreführend. Wenn jeder, wie KANT sich ausgedrückt hat, ein Tausendkünstler ist, wird er gezwungenermaßen auf allen Feldern dilettieren müssen. Seinen Plänen und Bemühungen werden durch die Tücke des Objekts enge Schranken gesetzt. Weit davon entfernt, seine Fähigkeiten zu entfalten, wird er an allen Enden und Ecken mit Widerständen zu kämpfen haben, die ihn hindern, seine Vorstellungen zur Entfaltung zu bringen. Die Resultate seines Bemühens werden ihn stets an seine Unzulänglichkeiten gemahnen, und selbst dort, wo er etwas halbwegs zuwege gebracht hat, muß er dies eher dem Glück als seinem Können zuschreiben.

Erst mit einer Spezialisierung wird eine Beherrschung des Gegenstandes möglich, die dem Arbeiter erlaubt, sowohl seine eigenen Fähigkeiten als auch die Möglichkeiten, die in dem Gegenstand liegen, zu voller Entfaltung zu bringen:

„Der Ungeschickte bringt immer etwas Anderes heraus, als er will, weil er nicht Herr über sein eigenes Thun ist, während der Arbeiter geschickt genannt werden kann, der die Sache hervorbringt, wie sie seyn soll, und der keine Sprödigkeit in seinem subjektiven Thun gegen den Zweck findet." (HEGEL 1821/1964, S. 277)

Es wäre aber irreführend, zu sagen, daß diese Entfaltung von gewissen Fähigkeiten mit der notwendigen Verkümmerung anderer Fähigkeiten erkauft wird, denn Verkümmerung (oder, wie MARX sagt, Verstümmelung) setzt voraus, daß das, was verkümmert, oder was verstümmelt wird, vorher vorhanden ist, aber zunächst ist nichts vorhanden. Alle Fähigkeiten müssen erst entwickelt werden, und die einzige Alternative liegt in der Wahl zwischen größerer Breite und größerer Tiefe. Die Formulierungen von MARX vom treibhausmäßigen Züchten einzelner Fähigkeiten und dem Abschlachten eines Tieres allein um seines Felles willen - so brillant sie auf den ersten Blick erscheinen mögen - erzeugen ein Moment der Falschheit, welches die weiteren Betrachtungen in entscheidender Weise formt, aber oft selbst unter der Oberfläche bleibt.[10]

Noch in einer anderen Hinsicht ist die Kritik von SMITH und MARX an den einengenden Wirkungen der durch Arbeitsteilung bedingten Spezialisierung irreführend. Oft sind nämlich bestimmte Fertigkeiten in einem höheren Sinne lediglich instrumentell. Ein Gedanke läßt sich in verschiedenen Sprachen ausdrücken. Wenn man darauf bestünde, daß jemand alle Sprachen ein wenig und keine richtig beherrsche, würde man ihm die Möglichkeit nehmen, diesen Gedanken überhaupt auszudrücken. Die gute Beherrschung einer einzigen Sprache ist notwendig und hinreichend, um einen solchen Gedanken auszudrücken. (Diese Überlegung steht im übrigen oft im Hintergrund, wenn manche Kulturkritiker die moderne Sprachvermengung und den angeblichen Verfall von Sprachkultur bedauern.) Ähnlich geht es bei einem musikalischen Gedanken nicht zentral darum, daß er mit einem bestimmten Instrument zu Gehör gebracht werden müßte. Es bedarf aber der Fähigkeit, *irgendein* Instrument mit hinreichender Kompetenz zu spielen, um diesen musikalischen Gedanken zu Gehör zu bringen. Das musikalische Verständnis für *alle* Musik wird besser geweckt, wenn man *ein* Instrument *richtig* lernt, als viele ein wenig.

Was das Berufsleben betrifft, läßt sich oft ganz ähnlich argumentieren. Viele spezialisierte Fähigkeiten und Fertigkeiten, die hier eine Rolle spielen, helfen zugleich, das ganze Projekt, an dem man mitarbeitet, in tieferer Weise zu erfassen und zu verstehen. Welch Erlebnis, als Spezialist, oder auch nur als Statist, an einem Satellitenprojekt oder an einem Symphoniekonzert mitzuwirken! Spezialisierung bedeutet nicht notwendigerweise Verarmung, sondern oft auch Bereicherung. Man sollte ferner bedenken, daß die großen kulturellen und technischen Leistungen entscheidend auf Arbeitsteilung und Spezialisierung beruhen. Was wäre die Welt ohne MOZART, ohne GUTENBERG - und zwar für alle Menschen, und für viele Generationen! In vieler Hinsicht trägt die Arbeitsteilung eher zur Entfaltung menschlicher Möglichkeiten bei, als daß sie sie beschränkt.[11]

Was aber bleibt, ist, daß Institutionen auch über die Form der Arbeitsteilung, die in ihnen organisiert ist, die Entfaltung der Menschen in ihren Möglichkeiten beeinflussen. Aus moderner Sicht kann hinzugefügt werden, daß es sich bei den Wirkungen der Arbeitsteilung auf die Menschen zwar um einen wichtigen Aspekt der Wirkung von Institutionen auf die Menschen handelt, aber doch nur um einen Spezialfall. Dieser sollte besser systematisch als ein Unterfall der allgemeinen Attributions-, Motivations- und Lernprozesse begriffen werden, die insgesamt dazu beitragen, daß Institutionen in vielfältiger Weise prägend auf die Menschen wirken.

9. Ethische Aspekte

Sobald man die Wirkung von Institutionalisierungen auf die Menschen ernst nimmt, führt dies zu einer grundsätzlichen Schwierigkeit für die Volkswirtschaftslehre. Wir müssen uns nämlich fragen, welches die richtigen Institutionen sind - welche Institutionen in dem Sinne die besten sind, daß sie die Möglichkeiten, die Menschen haben, am besten zur Entfaltung bringen. Hier stellt sich die Frage nach einem ethischen Standard, der nicht einfach an den vorliegenden Präferenzen der Menschen festgemacht werden kann, denn diese werden ja von Institutionen erzeugt. MARX hat dies folgendermaßen formuliert:

> „Wir finden bei den Alten nie eine Untersuchung, welche Form des Grundeigentums etc. die produktivste, den größten Reichtum schafft? Der Reichtum erscheint nicht als Zweck der Produktion, obgleich sehrwohl CATO untersuchen kann, welche Bestellung des Feldes die einträglichste, oder gar BRUTO sein Geld zu den besten Zinsen ausborgen kann. Die Untersuchung ist immer, welche Weise des Eigentums die besten Staatsbürger schafft." (MARX 1858/1974, S. 387)

Letztlich erfordert die Einbeziehung der Wirkungen von Institutionalisierungen auf die Menschen eine universalistische Ethik. Man kann einer solchen Forderung mit Skepsis begegnen, vor allem wegen der drohenden ethischen Bevormundung durch diejenigen, die sich unweigerlich als Hohepriester einer solchen Ethik gebärden werden (und dabei wesentlich ihr Herrschafts- und Geltungsinteresse verfolgen). Es hilft aber nicht, aus dieser Besorgnis heraus das Problem zu leugnen. Das Problem stellt sich unmittelbar, wenn die Frage aufgeworfen wird, wie Menschen durch Institutionen geprägt werden. Man kann diese Prägung verneinen, aber empirisch ist sie wohl hinreichend deutlich. Es ist sogar fraglich, ob man sich Menschen außerhalb jedes sozialen Zusammenhangs sinnvoll vorstellen kann, denn, mit den Worten eines Soziologen: "individuals come out of relations" - Individuen sind durch die Beziehungen geformt, die sie miteinander bilden (WHITE 1992, S. 298). Wir müssen das Problem ernst nehmen, so wie es sich stellt, und selbst wenn wir das bedauern. Wenn wir es nicht ignorieren können, müssen wir es verantwortungsvoll behandeln.

Anmerkungen

1 "Recent events in Eastern Europe have made it crystal-clear that an economic theory which does not incorporate institutions is for many purposes largely useless. The people in Eastern Europe are told to allow market forces to operate. But without the appropriate institutions, no markets, other than the most primitive, are possible and one shudders to think what society the forces of freedom will produce unless these institutions can be established." COASE 1993, S. 360
2 Siehe hierzu den Beitrag von SCHMID in diesem Band.
3 Siehe auch das Parallelzitat von SCHMOLLER in RICHTER/FURUBOTN 1996, S. 39.
4 Zur Problematik dieser Sicht, siehe auch SCHLICHT 1997.
5 Dies gilt natürlich nur prinzipiell, nicht in jedem Einzelfall. Für bestimmte Fragen kann durchaus der institutionelle Rahmen unter einer *ceteris paribus*-Klausel fixiert werden, etwa für kurzfristige Analysen. Umgekehrt werden institutionelle Veränderungen oft im Rahmen eines vorgegebenen Marktkontextes analysiert. Dies illustriert den allgemeinen Sachverhalt, daß die Richtung von Kausalität und Einbettung völlig von der Fragestellung der jeweiligen Analyse abhängt; siehe dazu SCHLICHT 1985.
6 Für eine gute Einführung in die Neue Institutionenökonomik sei auf RICHTER/ FURUBOTN 1996 verwiesen.
7 So formuliert etwa NORTH 1990, S. 3, Institutionen seien "the humanly devised constraints that shape human interaction".
8 "How much difference does it make when people compete within an existing firm rather than via new, small companies?" ALCHIAN 1984, S. 47. Siehe auch CHEUNG 1969 und SCHLICHT 1989, 1998, S. 183 f.
9 Eine Reihe von weiterführenden Überlegungen zu dieser Thematik finden sich bei KUBON-GILKE 1997 und SCHLICHT 1998.
10 Es ist interessant, daß MARX selbst in seiner Kritik anderer Ökonomen bezüglich solcher Verzerrungen der Darstellungen und Einordnungen ein außerordentlich scharfsichtiger Kritiker war. Eigentlich hätte er deshalb SMITHs etwas nachlässige Einseitigkeit in diesem Punkt erkennen müssen, statt sie zuzuspitzen. Man kann das nur bedauern. Wir bleiben also gezwungen, wichtige marxsche Einsichten aus Zerrbildern zu entziffern.
11 Möglicherweise hängt der Wunsch vieler Frauen heute nach Berufstätigkeit mit der Entprofessionalisierung der Hausarbeit zusammen. Man möchte eben gerade *kein* Tausendkünstler sein. Zu den segensreichen Wirkungen einer Vertiefung der Arbeitsteilung auf die menschliche Natur, siehe auch MARSHALL 1890/1905, S. 280 f. und S. 283.

Literaturverzeichnis

ALCHIAN, A.A. (1984). Specificity, Specialization, and Coalitions. *Journal of Institutional and Theoretical Economics* 140 (1), 34-49.
AMABILE, T. (1983). *The Social Psychology of Creativity.* New York: Springer-Verlag.
ASCH, S. (1952). *Social Psychology.* New York: Prentice Hall (reprint New York: Oxford University Press 1987).
CHEUNG, S.N.S. (1969). *The Theory of Share Tenancy.* Chicago: Chicago University Press.
COASE, R. (1984). The New Institutional Economics. *Journal of Institutional and Theoretical Economics* 140 (1), 229-31.
-"- (1993). Concluding Comment. *Journal of Institutional and Theoretical Economics* 149 (1), 360-61.
HAYEK, F.A. (1967). The Results of Human Action but not of Human Design. In: F.A. HAYEK. *Studies in Philosophy, Politics, and Economics.* London.
HEGEL, G.F. (1964). *Grundlinien der Philosophie des Rechts.* Mit einem Vorwort von E. GANS, 4. Auflage, Stuttgart-Bad Cannstatt: Friedrich Frommann (Orig. 1821).
KANT, I. (1975). *Grundlegung der Metaphysik der Sitten.* Riga: Johann Friedrich Hartkoch, zitiert nach *Immanuel Kant Werkausgabe,* herausgegeben von W. WEISCHEDEL, Frankfurt/Main: Suhrkamp, Bd. vii, 7-102 (Orig. 1785).
KUBON-GILKE, G. (1997). *Verhaltensbindung und die Evolution ökonomischer Institutionen.* Marburg: Metropolis.
MARSHALL, A. (1905). *Handbuch der Volkswirtschaftslehre.* Aus dem Englischen von H. EPHRAIM und A. SALZ. Stuttgart: Cotta (Orig 1899).
MARX, K. (1974). *Grundrisse der Kritik der politischen Ökonomie (Rohentwurf).* Berlin: Dietz (Orig. 1858).
-"- (1962). *Das Kapital. Kritik der politischen Ökonomie.* Berlin: Dietz (Orig 1867).
NELSON, R.R. und WINTER, S.G. (1982). *An Evolutionary Theory of Economic Change.* Cambridge/Mass.: Harvard University Press.
NORTH, D. (1990). *Institutions, Institutional Change and Economic Performance.* Cambridge: Cambridge University Press.
RICHTER, R. und FURUBOTN, E.G. (1996). *Neue Institutionenökonomik.* Tübingen: Mohr.
SCHLICHT, E. (1985). *Isolation and Aggregation in Economics.* Berlin u.a.: Springer.
-"- (1989). Codetermination, Collective Bargaining, and Sequential Games: Comment on McCain. In: NUTZINGER, H.G. und BACKHAUS, J. (Hg.). *Codetermination.* Berlin: u.a.: Springer 129-134.
-"- (1997). Patterned Variation: The Role of Psychological Dispositions in Social and Economic Evolution. *Journal of Institutional and Theoretical Economics* 153 (4), 722-736.
-"- (1998). *On Custom in the Economy.* Oxford: Clarendon Press.
SMITH, A. (1974). *Der Wohlstand der Nationen.* Aus dem Englischen von H.C. RECKTENWALD. München: Beck (Orig. 1776).
TURNER, J.C. (1987). *Rediscovering the Social Group.* Oxford: Blackwell.
WHITE, H. (1992). *Identity and Control.* Princeton: Princeton University Press.

Gisela Kubon-Gilke

Intrinsisch motiviertes Verhalten - nicht Anomalie sondern Normalfall?

In den traditionellen ökonomischen Modellwelten spielen unterschiedliche Motivationsformen und die psychologische Grundlegung menschlichen Denkens, Fühlens und Handelns keine wesentliche Rolle. Das hat nur bedingt etwas damit zu tun, daß in der Neoklassik und daran angelehnten Ansätzen implizit eine ganz spezielle, enge Motivations*theorie* unterstellt würde. Vielmehr wird häufig zunächst auf einer ganz anderen Ebene argumentiert, daß es für die Fragestellungen der Ökonomik gar nicht notwendig sei, die konkreten Motive des Handelns zu kennen - es ginge nur darum, eine möglichst einfache und generalisierbare Verhaltenshypothese zu finden, um die Ergebnisse von Wettbewerbsprozessen darstellen zu können. Dazu eigne sich die Rationalitätsannahme besonders gut (vgl. ALCHIAN 1950). Die Folge ist dann zwar, daß sich die Analyse in erster Linie um die Wirkungen externer Anreize dreht, aber dadurch wird nicht prinzipiell unterstellt, daß es nicht auch andere Gründe für bestimmte Handlungen der Individuen geben könne. Die Beschränkung auf das Konzept des Homo Oeconomicus basiert also eher darauf, die explizite Beachtung psychologischer Zusammenhänge bei der Herausbildung individueller Motive als überflüssig für die Analyse einzustufen.

Diese Grundposition ist wiederholt und fundiert kritisiert worden (vgl. zu einer Zusammenfassung KUBON-GILKE 1996). Durch die Kritik wird u.a. deutlich, daß das Argument ALCHIANs nicht für jede Frage der ökonomischen Analyse zutrifft, weil die Rationalitätsannahme beispielsweise nur bei sehr speziellen Formen des Wettbewerbs sinnvoll verwendet werden kann. In den Fällen, in denen Fragen der Bestimmungsgründe für Emotionen, Motivationen und Verhaltensweisen nicht so ohne weiteres umgangen werden können, werden psychologische Theorien für die ökonomische Analyse relevant. Dabei spielt das Konzept der *intrinsischen Motivation* eine wichtige Rolle. Trotz seiner Bedeutung für viele ökonomische Fragen - des Arbeitsmarktes, der Umweltökonomie, der Theorie der Unternehmung, der Ökonomie der Kriminalität oder der Ökonomie der Verfassung - wird dieses Konzept häufig als analytische Ausnahme interpretiert und das auf intrinsischer Motivation basierende Verhalten entsprechend als *Anomalie* behandelt (z.B. FREY 1997). Nachfolgend soll gezeigt werden, daß diese Charakterisierung einerseits unangemessen ist und ein Indiz für einige konzeptionelle Probleme der traditionellen ökonomischen Analyse darstellt. Andererseits ist aber auch der Versuch problematisch, dem Phänomen der intrinsischen Motivation eine zentrale Bedeutung für die Ökonomik zuzugestehen, weil dies viele Probleme falsch fokussiert. Intrinsische Motivation ist weder tatsächlich noch analytisch als Anomalie einzustufen. Dennoch stellt sie nur eine unter mehreren Motivationsformen dar. Andere Möglichkeiten, das eigene Verhalten und das Verhalten anderer wahrzunehmen - u.a. als eine Austauschbeziehung, als Beitrag zu einem Gruppenziel, als Ausdruck eines Hierarchieverhältnisses -, sind ebenso relevant und jeweils mit speziellen Konsequenzen für die Emotionen, Motivationen und Handlungsweisen eines Individuums verknüpft. Um die Bedeutung der psychologischen Grundlagen für die ökonomische Analyse zu erkennen, reicht es nicht aus, auf Einzeleffekten basierende psychologische Konzepte heranzuziehen. In meinem Beitrag möchte ich zeigen, daß die Grundlegung auf der vorgelagerten Ebene erfolgen muß, in der die Gesetzmäßigkeiten der Wahrnehmung und der daraus erwachsenden Konsequenzen für Emotionen, Motivationen und Verhalten thematisiert werden. Um diese Zusammenhänge zu diskutieren, werden nachfolgend folgende Fragen angesprochen:

- Welche Rolle spielt intrinsische Motivation - bei der gegebenen methodologischen Begründung der Nutzenmaximierungshypothese - in der traditionellen ökonomischen Analyse?
- Unter welchen Umständen ist die Unterscheidung zwischen intrinsischer und extrinsischer Motivation analytisch nicht irrelevant?
- Welche ökonomischen Fragen werden explizit oder implizit mit Hilfe motivationstheoretischer Ansätze betrachtet, und in welcher Form fließen Gesetzmäßigkeiten bei der Bildung oder Zerstörung intrinsischer Motivation in die Analyse ein?
- Ist intrinsische Motivation eine tatsächliche oder analytische „Anomalie"?
- Welche ökonomischen Phänomene passen nicht in das Erklärungsschema „extrinsische vs. intrinsische Motivation"?
- Ist die Frage nach intrinsischer oder extrinsischer Motivation ein Spezialfall eines psychologischen Basiskonzeptes?

1. Intrinsische und extrinsische Motivation in der traditionellen Ökonomik

Wenn in der ökonomischen und psychologischen Literatur eine erste grobe Unterscheidung zwischen intrinsischer und extrinsischer Motivation gegeben wird, wird häufig auf zwei mögliche Ursachen des menschlichen Handelns Bezug genommen. Als intrinsisch motiviert wird solches Verhalten bezeichnet, das „aus der Freude an der Sache" resultiert, d.h. bei dem keine andere Belohnung als die Aktivität selbst die Ursache bestimmten Handelns darstellt (z.B. FREY 1997, S. 5 und S. 20 ff.). Im Gegensatz dazu deutet der Begriff der extrinsischen Motivation darauf hin, daß Verhalten auch durch Androhung von Strafen oder durch monetäre Belohnungen hervorgerufen werden kann. Wenn bei dieser Charakterisierung der Begriff der Belohnung verwendet wird, so wird damit zwar meistens auf monetäre Anreize abgestellt, teilweise wird der Begriff aber auch etwas umfassender definiert, indem Wohlwollen, Anerkennung oder Respekt ebenfalls als Belohnungsformen diskutiert werden oder das gesamte institutionelle Design als Anreizschema verstanden wird. Allerdings wird in diesem Zusammenhang wenig darüber diskutiert, inwieweit diese verschiedenen Ausprägungen des so definierten Belohnungsbegriffes motivational äquivalent sind.

Es wird auf keinen großen Widerspruch stoßen, wenn man behauptet, daß Individuen viele Dinge um ihrer selbst willen unternehmen: Kreuzworträtsel lösen, Bücher lesen, einen Spaziergang machen, Patiencen legen, im Gesangsverein ein Repertoire einstudieren, vielleicht sogar einen Aufsatz über intrinsische Motivation schreiben. Es handelt sich auch um kein Phänomen, welches in den Wirtschaftswissenschaften gänzlich geleugnet würde. Die Freude an bestimmten Dingen und Tätigkeiten findet beispielsweise in der ökonomischen Modellierung ihren Niederschlag in der Vorstellung von Präferenzordnungen und Nutzenfunktionen. Die traditionelle Ökonomik ist mit ihrer Nutzenvorstellung jedoch einerseits so offen, daß in der Regel nicht formuliert wird, *welche* Tätigkeiten oder Konsumgüter *unter welchen Umständen* uns derart erfreuen, so daß wir keinerlei monetäre Anreize benötigen, um diese Güter zu nutzen oder die entsprechenden Aktivitäten zu entfalten. Verhaltensänderungen werden andererseits aus den bereits angedeuteten methodologischen Gründen heraus in der Ökonomik üblicherweise auf Veränderungen der Nebenbedingungen und nicht auf Veränderungen der Präferenzen oder der Motivation zurückgeführt. Wenn unsere Vorlieben und Wünsche sich nur langsam oder gar nicht änderten und deshalb exogen betrachtet werden könnten, gäbe es auch wenig Einwände gegen diese Vorgehensweise (vgl. KUBON-GILKE 1997, S. 285 ff.).

In einem speziellen theoretischen Ansatz scheint die Offenheit der Nutzenformulierung jedoch durchbrochen worden zu sein. Wenn es um Arbeitsmarktzusammenhänge geht, findet man in den entsprechenden Modellen die Vorstellung, Arbeit sei stets mit *Arbeitsleid* verbunden, verursache also einen Disnutzen, der mit einer hinreichend hohen Entlohnung kompensiert werden müsse, um die Arbeitnehmer dazu zu veranlassen, die gewünschten Tätigkeiten auszuführen. Allgemein geht es um Anreize und Anreizsysteme, die ein entsprechendes Verhalten der Mitarbeiter generieren sollen, wobei diese Anreize üblicherweise im Sinne monetärer Strafen und Belohnungen interpretiert werden. Die gesamte Principal-Agent-Literatur zu Beziehungen auf dem Arbeitsmarkt nutzt diese Vorstellung und leitet daraus optimale Lohnhöhen und -formen unter verschiedenen Grundkonstellationen asymmetrischer Informationen ab (vgl. z.B. LAZEAR 1991). Obwohl diese Modelle oberflächlich den Eindruck vermitteln, als ob nur extrinsische Motivation als relevant erachtet würde, impliziert selbst dieses Vorgehen nicht, daß die traditionelle ökonomische Theorie die Existenz intrinsisch motivierten Verhaltens im Erwerbsleben etwa völlig leugnen würde.

Die Begründung für die Arbeitsleidformulierung ist fast trivial, auch wenn sie in den entsprechenden Ansätzen kaum ausdrücklich formuliert wird, sondern eher implizit auf der Grundlage methodologischer Vorüberlegungen die Vorgehensweise bestimmt: Bei Fragen der Entlohnung sind diejenigen Aktivitätsbereiche aus Sicht der Principal-Agent-Theorie irrelevant, die von gemeinsamen Interessen von Arbeitgebern und Arbeitnehmern bestimmt sind, bei denen also die Unternehmung ein Interesse an der Tätigkeit hat, der Arbeitnehmer diese aufgrund seiner intrinsischen Motivation selbst aber auch als wünschenswert und nutzenstiftend einstuft. Intrinsische Motivation kann also durchaus dazu führen, daß ein bestimmtes Tätigkeitsniveau spontan gewählt wird und keine „Belohnungen" dafür nötig sind. Wenn das Maß an intrinsischer Motivation und damit das Volumen spontaner Leistungserbringung gegeben ist, kann es normiert werden - typischerweise wird es zur Vereinfachung Null gesetzt - und die weitere Analyse beschränkt sich dann auf die Frage, wie die Arbeit über die spontane Leistungserbringung hinaus im Bereich widerstrebender Interessen von Principals und Agents generiert werden kann. In der Principal-Agent-Theorie wird entsprechend nur noch der Aktivitätsbereich betrachtet, der von Zielkonflikten zwischen Arbeitgebern und Arbeitnehmern gekennzeichnet ist.

Nur in sehr speziellen Konstellationen der Principal-Agent-Probleme wird dieses Grundverständnis der Arbeitsbeziehungen überhaupt explizit erwähnt. In einem Aufsatz von HOLMSTRÖM und MILGROM (1991) wird argumentiert, daß es unter Umständen auch sinnvoll sein kann, wenn eine Unternehmung vollständig auf explizite Leistungsanreize verzichtet und nur die spontane Leistungsbereitschaft der Mitarbeiter ausnutzt. Das wird sich - in der Interpretation der Principal-Agent-Theorie - dann als vorteilhaft herausstellen, wenn Agenten mehrere Aufgaben erfüllen sollen, von denen einige aber sehr schlecht oder gar nicht beobachtbar sind. Sofern es für den

Unternehmenserfolg essentiell ist, daß beide Tätigkeiten ausgeführt werden, kann es nachteilig sein, die beobachtbare Aufgabe durch Leistungsanreize zu fördern, weil dies dazu führen kann, daß die Agenten dann auf die Ausübung der nicht beobachtbaren Arbeitskomponenten völlig verzichten. Ohne explizite Arbeitsanreize, so die HOLMSTRÖM/MILGROM-These, könne der Principal immerhin die Verteilung der spontanen Leistungsbereitschaft auf verschiedene Tätigkeitsbereiche bestimmen.

In einer engen neoklassischen Interpretation könnte man vielleicht davon sprechen, daß intrinsische Motivation zwar möglicherweise keine psychologische Anomalie ist, aber für die ökonomische Analyse keiner weiteren Beachtung bedarf und in dem Sinne höchstens eine *analytische Anomalie* darstellt. Es kann dann allerdings nicht ganz ausgeschlossen werden, daß sich die Form der Modellierung in gewisser Weise verselbständigt und die Verhaltensannahmen letztlich doch als Ausdruck einer psychologischen Vorstellung interpretiert werden, die allein auf extrinsischer Motivation aufbaut. Das könnte sich u.a. dann als ein besonderes Problem herausstellen, wenn es nicht nur um die Erklärung vorhandener Unternehmens- und Lohnformen geht, sondern wenn daraus zusätzlich noch Handlungsempfehlungen zur Ausgestaltung von Lohnsystemen abgeleitet würden. Wenn es allerdings keine weiteren Kritikpunkte an der Vorgehensweise der traditionellen Analyse gäbe, ginge es dennoch nur darum, die methodologische Basis der Überlegungen hinreichend gut zu verdeutlichen.

2. Anreize und intrinsische Motivation

Die traditionelle ökonomische Analyse ist von der Annahme exogen gegebener Präferenzen und Motive geprägt. Das mag für viele ökonomische Fragen auch eine sinnvolle Vereinfachung sein, was aber nicht heißt, daß dies für *sämtliche* Ansätze der Ökonomik zutrifft. Abgesehen von der Diskussion der Frage, welche Formen des Wettbewerbs überhaupt die Nutzenmaximierungshypothese als eine generalisierte Annahme über Ergebnisse, die das „System erzwingt", zulassen, ist zu überprüfen, inwieweit die Annahme exogener Präferenzen gerechtfertigt werden kann. Diese Frage berührt das grundsätzliche Problem der Ökonomik, endogene und exogene Größen für die Analyse zu unterscheiden. Nach dem Isolationsprinzip (SCHLICHT 1985, S. 19 ff.) können solche Größen als Daten für die Analyse betrachtet werden, die sich hinreichend langsam ändern. Dazu ist einerseits zu klären, ob die Anpassung der Variablen an die von den Daten beschriebene Konstellation so schnell erfolgt, daß im Modell von Datenänderungen abstrahiert werden kann, und andererseits ist zu fragen, ob es eventuell Rückwirkungen der Variablen auf die Daten des Modells gibt. Diese grundsätzliche Frage nach der Unterscheidung in exogene und endogene Größen ist nicht von vornherein gelöst, sondern muß konkret für den jeweiligen ökonomischen Untersuchungsgegenstand geklärt werden (vgl. BASU/JONES/SCHLICHT 1987).

Dies gilt auch für die Frage der Präferenzen. Wenn sich Präferenzänderungen langsam entfalten und wenn sie unabhängig von den untersuchten ökonomischen Prozessen sind, können exogene Präferenzen eine zulässige analytische Vereinfachung darstellen. Im Zusammenhang mit intrinsischer und extrinsischer Motivation bedeutet dies nun aber, daß die *generelle* Annahme, Präferenzen als exogene Größe anzusehen, nur bei einer sehr speziellen Motivationstheorie abgeleitet werden kann, bei der nämlich beide Motivationsformen *additiv* wirken und extrinsische Motivation stets nur als die zusätzliche, ergänzende Motivationswirkung ökonomischer Anreize zu verstehen ist. Wenn es hingegen ökonomische Phänomene gibt, bei denen das Ausmaß der intrinsischen Motivation nicht unabhängig von der Art und vom Umfang externer Anreize ist, führt die Annahme exogener Präferenzen und Motive entsprechender Modelle zu falschen Schlußfolgerungen.

Die Ökonomen, die dem Konzept der intrinsischen Motivation einen höheren Stellenwert für die ökonomische Analyse zubilligen, argumentieren entsprechend, daß die Unterscheidung von extrinsischer und intrinsischer Motivation auch analytisch notwendig sei, weil intrinsische Motivation durch Anreizsysteme systematisch verändert werden kann (vgl. z.B. FREY 1997). Die Einführung von Belohnungen, von leistungsabhängiger Bezahlung oder von ausgeprägten Leistungskontrollen kann beispielsweise intrinsische Motivation verdrängen, was durch die Ergebnisse einer Vielzahl von Experimenten von der Belohnung von Kinderspielen bis hin zu Situationen des Arbeitslebens belegt wird (vgl. DECI 1975; LEPPER/GREENE 1978; vgl. auch die Zusammenfassungen bei FREY 1997 oder bei SCHLICHT 1998, Kap. 9.5). Anreize wirken in diesen Fällen nicht motivationsergänzend, sondern ändern die individuellen Motive grundlegend. LEPPER und GREENE (1978) sprechen in diesem Zusammenhang von versteckten Kosten der Entlohnung (*hidden costs of reward*), wenn die intrinsische Motivation durch die Einführung bestimmter Lohnformen zerstört wird. Neben der Zerstörung der intrinsischen Motivation ist es aber auch möglich, daß bestimmte Anreizsysteme die intrinsische Motivation erhöhen können. Das zeigt sich besonders gut in der eng mit Motivationsfragen verknüpften Kreativitätsforschung, in der diskutiert wird, daß bestimmte institutionelle Strukturen in Unternehmungen - Lohnformen, hierarchische Gliederungen u.a.m. - nicht nur geeignet sind, die Kreativität der Mitarbeiter zu erhalten, sondern die Kreativität sogar erst zu entfalten bzw. zu erhöhen (vgl. AMABILE 1983).

Immer dann, wenn Änderungen im Design externer Anreize - wie beispielsweise der Entlohnungsschemata - die intrinsische Motivation systematisch und deutlich verändern, wird es notwendig, diese Phänomene auch in der ökonomischen Analyse zu beachten. In Principal-Agent-Modellen wird dies durch die Unterstellung einer *gegebenen* intrinsischen Motivation vernachlässigt, aber implizit spielen die psychologischen Gesetzmäßigkeiten doch sowohl in der Theorie asymmetrischer Informationen als auch in der gesamten Neuen Institutionenökonomik eine gewisse Rolle. Das kommt dadurch zum Ausdruck, daß bei der Diskussion nach der relativen Vorteilhaftigkeit bestimmter institutioneller Strukturen (Verteilung der Eigentumsrechte, Größe und Struktur von Unternehmungen, Lohnregeln) stets eine bestimmte Vorauswahl an potentiellen Institutionen getroffen wird und im Anschluß daran diskutiert wird, welche Lösung aus der vorgegeben Grundgesamtheit die höchste ökonomische Rente hervorbringt. Dabei werden, wie beispielsweise in der Theorie der Unternehmung, Lösungen *nicht* berücksichtigt, die von der formalen Anreizstruktur völlig identisch zu den zugelassenen Institutionen sind, die aber - um bei dem Beispiel der Theorie der Unternehmung zu bleiben - keine Begründung für eine bestimmte Verteilung von Gewinn- und Kontrollrechten via der Verteilung von Eigentumsrechten beinhalten.

Die impliziten Gründe für die Vorauswahl an potentiellen institutionellen Lösungen für ein bestimmtes ökonomisches Problem müssen auf einer psychologischen Ebene liegen, weil einige Anreizprobleme in der Neuen Institutionenökonomik ausgeblendet werden und damit gleichzeitig unterstellt sein muß, daß Individuen freiwillig, möglicherweise intrinsisch motiviert, bestimmte Verhaltensweisen entfalten, die nicht zur strengen Rationalitätsannahme passen. So wird beispielsweise die Verteilung von Eigentumsrechten als *glaubhafte Spielregel* bei der Verteilung von Überschüssen oder bei der Ausübung von Kontrollrechten interpretiert. Diese Spielregeln können u.a. den konkreten Verhandlungsprozeß der Beteiligten oder die Aufteilung eines Überschusses bestimmen. Da die Ergebnisse der Verteilung antizipiert werden, bestimmen sie die ex-ante-Anreize und damit die Höhe des Überschusses, der später verteilt wird. Solche Spielregeln müssen jedoch im betrachteten Fall nicht notwendigerweise mit einer bestimmten Verteilung der Eigentumsrechte einher gehen. Optionsfixiererverträge generieren vielfach identische Anreize, werden aber in der Theorie der Unternehmung von vornherein nicht als zulässige Lösungen betrachtet. Das kann an der impliziten Unterstellung liegen, daß auf der *Vorstufe* der Mechanismussuche bei der Verteilung von Eigentumsrechten einige strategische Probleme - wie das frühzeitige Ausschalten von Kommunikationsmöglichkeiten, das strategische Aufspalten der Verhandlungen in Teilspiele u.a.m. - im Gegensatz zu anderen, vertraglichen Lösungen als nicht relevant angesehen werden. Das ist jedoch deshalb problematisch, weil die strategischen Möglichkeiten bei der Einigung auf Verhandlungsmechanismen so gravierend sein können, daß eine Kooperationslösung verhindert wird. Wenn nun aber unterstellt wird, bei einigen Mechanismen oder institutionellen Arrangements würden die Individuen weniger strategisch agieren als bei anderen, dann impliziert das, daß es Effekte auf einer psychologischen Ebene geben muß, die nicht mit der ansonsten verwendeten Rationalitätsannahme konform gehen und die wesentlich das Ergebnis der Analyse beeinflussen (vgl. zu einer ausführlicheren Diskussion dieser Probleme KUBON-GILKE 1997, Kap. 3).

Dieses Vorgehen offenbart ein gewisses konzeptionelles Problem der traditionellen ökonomischen Analyse. Es wird versucht, alle Phänomene durch die Nutzenmaximierungshypothese mit exogen gegebenen Präferenzen zu erklären. Dadurch werden aber entscheidende (psychologische) Mechanismen in die Randannahmen verdrängt, was die *ad hoc*-Formulierung der potentiellen Lösungsmenge in der Neuen Institutionenökonomik andeutet. Wie es auch bei den anderen Beiträgen zu diesem Tagungsband deutlich wird, können Institutionen systematisch individuelle Bewertungen, Motive und Handlungsweisen beeinflussen. Dies ist weder eine psychologische noch eine analytische Anomalie und ist zumindest in der Institutionenökonomik von zentraler Bedeutung für die Erklärung der Entstehung, Stabilisierung und Veränderung ökonomischer Institutionen.

Während in typischen Principal-Agent-Ansätzen relevante Präferenz- und Motivationsänderungen explizit nicht einmal erwähnt werden, gibt es in anderen Theoriebereichen zumindest Andeutungen zu diesen Phänomenen. Um nur ein einziges Beispiel dazu herauszugreifen: NORTH (1984) argumentiert, daß Individuen ihr Verhalten danach ausrichten, ob sie Institutionen als *fair* empfinden und welche gesellschaftlichen *Ideologien* vorliegen. Ideologien übernehmen dabei die Funktion „interner Restriktionen", so daß keine weiteren externen Anreize nötig seien, um bestimmte Verhaltensweisen zu stimulieren. In der „älteren" Institutionenökonomik oder auch in der Historischen Schule spielen Vorstellungen über institutionenabhängige Bewertungen, Vorlieben und Motive eine größere Rolle, allerdings fehlt den Modellen häufig ein psychologisch-theoretisches Fundament, so daß etwa in der Historischen Schule der schmollerschen Prägung die Entwicklung von Präferenzen und Verhaltensweisen nur als orts- und zeitgebunden thematisiert wird, aber systematische Zusammenhänge wie die Zerstörung oder Verstärkung intrinsischer Motivation durch Anreizsysteme nicht in die Argumentation einfließen. Deshalb kann der Vorwurf der Beliebigkeit, der diesen Ansätzen anhaftet, auch nicht ganz entkräftet werden.

In einigen Theoriebereichen wurden Motivationszusammenhänge und damit psychologische Gesetzmäßigkeiten explizit in die ökonomische Analyse integriert. Von den älteren Ansätzen sei hier nur SIMONDE DE SISMONDI (1991/1828) erwähnt, der im Zusammenhang mit unterschiedlichen Organisationsformen der landwirtschaftlichen Produktion konkret die Entstehung von Verpflichtungs- und Verantwortlichkeitsgefühlen in Abhängigkeit der institutionellen Struktur betont. Auch HUMEs (1964/1886) Theorie der Eigentumsrechte basiert in der psychologischen Erklärungsvariante, die er neben den Nützlichkeitsaspekten der Eigentumsrechte skizziert, auf der Entwicklung von Verpflichtungsgefühlen, also der systematischen *Herausbildung* bestimmter Motive (vgl. KUBON-GILKE 1997, S. 384 ff. oder SCHLICHT 1998, S. 151 ff.).

Mit der Entwicklung des psychologischen Theorie- und Begriffsapparates wurden die nun konkret benannten Effekte wie der Zusammenhang zwischen intrinsischer und extrinsischer Motivation oder die eng damit verbundene Theorie der kognitiven Dissonanz (FESTINGER 1957) auch für ökonomische Fragen aufgegriffen. AKERLOF (1984) diskutiert z.B. die Motivationswirkungen verschiedener Strafformen und kritisiert über diesen Weg die traditionelle Ökonomik der Kriminalität. FREY (1997) zeigt für eine ganze Reihe von Theoriebereichen auf, daß die Zerstörung der intrinsischen Motivation durch externe Anreize, was er als *Verdrängungseffekt* bezeichnet, analytisch nicht vernachlässigt werden darf. Neben der Arbeitsmarktanalyse sieht FREY insbesondere in den Bereichen der Umweltökonomie, der Verfassungsökonomik und bei Fragen der Sozialpolitik die Notwendigkeit zu thematisieren, unter welchen Umständen es zu solchen Verdrängungen bzw. auch zu Verstärkungseffekten kommt. *Verstärkung* deutet darauf hin, daß es - wie bereits erwähnt - durch eine bestimmte Struktur der externen Anreize u.U. auch zu einer Erhöhung der intrinsischen Motivation kommen könne.

Obwohl FREY eindrucksvoll aufzeigt, welche Bedeutung der Zusammenhang von intrinsischer und extrinsischer Motivation für die ökonomische Analyse hat, bleibt auch er bei der Charakterisierung dieser Phänomene als *Anomalie*. Damit kann nicht gemeint sein, daß es um tatsächliche Ausnahmeerscheinungen des menschlichen Verhaltens im statistischen Sinne ginge. Statt dessen entspringt diese Interpretation wiederum methodologischen Überlegungen. FREY ist der Ansicht, es sei sinnvoll, das traditionelle Instrumentarium der ökonomischen Analyse im Prinzip beizubehalten, die Nutzenmaximierungshypothese aber um die Effekte der Veränderung der intrinsischen Motivation - durch Variationen der externen Anreize - zu ergänzen. Sein Konzept des *Homo Oeconomicus Maturus* ist in diesem Sinne offen für Verhaltensanomalien eines reinen Homo Oeconomicus.

Trotz aller Verdienste der freyschen Überlegungen zeigen sich bei diesem Versuch, die Motivationseffekte innerhalb der üblichen ökonomischen Modelle zu analysieren, einige Probleme, die auf zwei Ebenen angesiedelt sind. Das erste Problem hat mit der Frage zu tun, wie der Zusammenhang zwischen extrinsischer und intrinsischer Motivation genauer beschrieben werden kann. Es reicht nicht aus, nur davon zu sprechen, intrinsische Motivation werde durch Anreize verändert. Selbst wenn - wie dies bei FREY der Fall ist - die psychologischen Theorien sorgfältig beschrieben werden, ist doch nicht zu verkennen, daß diese Motivationszusammenhänge aus konzeptionellen Gründen leicht zu mechanistisch in die Modelle eingehen, wenn weiterhin die übliche Nutzenformulierung gewählt wird. Die Analyse wird schnell sehr komplex, wenn die psychologischen Gesetzmäßigkeiten in die Rationalitätsannahme „gepreßt" werden müssen. Es stellt sich die Frage, inwiefern dies tatsächlich notwendig und sinnvoll ist, zumal die Nutzenmaximierungshypothese vor dem Hintergrund der Isolationsproblematik selbst nur unter speziellen Wettbewerbsumgebungen als sinnvolle Modellvereinfachung abgeleitet werden kann.

Das zweite Problem hat mit der Frage zu tun, ob die Unterscheidung in genau die beiden Motivationsklassen „extrinsisch" und „intrinsisch" nicht zu kurz greift. Das sieht zunächst wie eine einfache Definitionsfrage aus, hat aber auch wiederum konzeptionelle Konsequenzen. So wie man prinzipiell jedes Verhalten als extrinsisch motiviert deuten könnte, wird bei der Diskussion um die Herausbildung und Zerstörung der extrinsischen Motivation *jedes* Verhalten, das nicht durch externe Anreize verursacht wird, als intrinsisch motiviert angesehen. Dabei wird der Begriff der „Freude" an der Tätigkeit, der intrinsischer Motivation zugeordnet wird, sehr weit gefaßt, auch Verpflichtungsgefühle gegenüber Mitmenschen oder der Umwelt, Geld für Katastrophenopfer zu spenden oder zu einer nichtkommerziellen Blutspendeaktion zu gehen, werden als Spezialfälle intrinsischer Motivation gedeutet.

Nachfolgend soll gezeigt werden, daß die beiden skizzierten Problembereiche - die Unterscheidung in die erwähnten beiden Motivationsklassen und die Einbeziehung der Zerstörung der intrinsischen Motivation in die traditionelle Nutzenmaximierungsformulierung - in gewisser Weise zu „sparsam" mit Motivationskategorien und psychologischen Gesetzmäßigkeiten umgehen. Es ist demgegenüber vorteilhaft, die Basis der Überlegungen noch auf einer anderen Ebene anzusetzen, auf der die grundsätzlichen Zusammenhänge zwischen menschlicher Wahrnehmung, Emotionen, Motivationen und Verhaltensweisen diskutiert werden. Dazu ist es jedoch zunächst notwendig, noch einmal kurz einige psychologische Zusammenhänge zu rekapitulieren, um die Gesetzmäßigkeiten bei der Bildung bestimmter Motive zu verdeutlichen.

3. Gestalt- und attributionstheoretische Grundlagen

Die Diskussion um intrinsische und extrinsische Motivation deutet bereits an, daß Motive und Verhaltensweisen davon abhängen, welche *Ursachen* - „Freude" an der Tätigkeit oder Belohnungen - dem eigenen Verhalten oder dem Verhalten anderer zugeschrieben werden. In der Attributionstheorie

(KELLEY 1973; HEIDER 1977) wird analysiert, nach welchen Gesetzmäßigkeiten diese Ursachen wahrgenommen werden und wie dies nachhaltig die Einstellung zu bestimmten Tätigkeiten sowie Vorlieben und Wünsche formt. Die Wahrnehmungsgesetze, die dafür verantwortlich sind, ob wir unser Verhalten externen Anreizen zuordnen oder z.B. einem Eigeninteresse an der Tätigkeit selbst, basieren wiederum auf gestalttheoretischen Überlegungen über die Strukturierung der Wahrnehmung und damit verbundener emotionaler und motivationaler Konsequenzen.

Insbesondere durch Arbeiten über die visuelle Wahrnehmung konnte gezeigt werden, daß Wahrnehmungsinhalte über Eigenschaften wie Einfachheit, Klarheit, Symmetrie etc. (Gestaltgesetze) bestimmt sind und die Elemente so geordnet werden, daß eine *prägnante* Struktur entsteht. Das gilt für jede Wahrnehmungsform, beschränkt sich also nicht auf den visuellen Bereich. Um nur ein Beispiel für diese Strukturierungsphänomene zu nennen: Wenn in Gedächtnisexperimenten Versuchspersonen eine Geschichte erzählt wird, die eigentlich aus zwei Geschichten besteht und sich immer der eine Satz der einen Geschichte mit einem Satz der anderen Geschichte abwechselt, dann haben die Versuchspersonen in der Regel keine Schwierigkeiten, beide Geschichten nachzuerzählen. Es ist aber so gut wie unmöglich, die Mischgeschichte wiederzugeben.

Ohne auf die Basis der Gestalttheorie im Detail einzugehen (vgl. dazu KUBON-GILKE 1997, S. 348 ff.), sollen nachfolgend nur einige wesentliche Elemente kurz skizziert werden, die für das Verständnis der attributionstheoretischen Aussagen wichtig sind. Das generelle Organisationsprinzip der Wahrnehmung zeigt sich besonders deutlich in der Verwendung von *Schemata*. Komplexe Phänomene werden Schemata zugeordnet, die selbst wiederum prägnante Strukturierungen aufweisen. In der visuellen Wahrnehmung sind beispielsweise Kreise, Quadrate oder gleichseitige Dreiecke prägnante geometrische Figuren. Eine spezielle Figur, wie etwa ein sehr „spitzes" Trapez wird nicht als diese Figur abgespeichert, sondern als eine Modifikation einer prägnanten Standardfigur, hier als eine Dreiecksmodifikation. Nach den gleichen Prinzipien erfolgt auch die Wahrnehmung der natürlichen und sozialen Umwelt, wobei die Bildung von Schemata in diesen Fällen auch als Kategorisierung bezeichnet wird. Konkrete soziale Phänomene werden genauso sozialen Schemata zugeordnet wie ein spitzes Trapez dem Dreiecksschema in der visuellen Wahrnehmung. Diese sozialen Schemata sind stark von Erwartungen über ein Rollenverhalten geprägt. Solche Rollen sind über bestimmte Interaktionen definiert und stellen selbst wiederum abstrakte Schemata dar.

Für Motivationsfragen ist es nun besonders relevant, daß auch das eigene Verhalten und das Verhalten anderer anhand prägnanter Schemata beurteilt wird. Es werden jeweils *prominente* Gründe für das Verhalten gesucht. Nach KELLEY (1973, S. 114) werden Ursache-Wirkungs-Zusammenhänge über entsprechende Kausalschemata wahrgenommen. In der Attributionstheorie wird besonders klar deutlich, daß die Entstehung individueller Motive sehr eng mit der Wahrnehmung solcher Kausalschemata verknüpft ist. Das eigene Verhalten kann häufig verschiedenen Ursachen zugeschrieben werden. Im Zuge der Strukturierung der Wahrnehmungseindrücke werden dann aber solche Gründe, die als entscheidend angesehen werden, hervorgehoben und die anderen möglichen Begründungen abgewertet, was KELLEY als *discounting principle* beschrieb.

Im Zusammenhang mit der Diskussion um die Zerstörung intrinsischer Motivation durch externe Anreize ist weiterhin noch von Bedeutung, daß es zu einem Umschlagen der Wahrnehmung bestimmter Sachverhalte kommen kann. Was geschieht, wenn ein Individuum neue Informationen erhält? Sofern es der Prägnanztendenz entspricht, können sie - begleitet durch systematische Strukturierungseffekte - dem aktuell wahrnehmungsleitenden Schema zugeordnet werden. Sollten die „Ausnahmen" aber immer offensichtlicher werden und die Gesamtheit der Informationen immer schlechter zu dem Schema passen, dann können sich Phänomene, die sukzessiven Änderungen ausgesetzt sind, in der Wahrnehmung abrupt und nachhaltig ändern und auch zu entsprechenden Veränderungen in der Motivation führen. Genau dieser Zusammenhang wird bei der Zerstörung der intrinsischen Motivation diskutiert. In den bereits erwähnten Experimenten wurde jeweils überprüft, welche Folgen es hat, wenn bei gegebener interner Attribuierung, bei der die *entscheidenden* Gründe für eine Tätigkeit in dem eigenen Interesse daran gesehen werden, eine zusätzliche potentielle Begründung für das Verhalten eingeführt wird, die dieser Attribution tendenziell widerspricht. Wenn dies zu einer massiven Abweichung vom aktuell gegebenen Schema führt, z.B. wenn Belohnungen für die Tätigkeit eingeführt werden, die nicht zu der internen Attribution passen, dann kann das zur Konsequenz haben, daß dem eigenen Verhalten ein anderer Ursache-Wirkungs-Zusammenhang zugeschrieben wird. Das impliziert entsprechende Motivations- und Verhaltenskonsequenzen. DECI (1975, S. 139), der zwar einen weiten, allerdings nicht sehr scharfen Begriff der intrinsischen Motivation verwendet und nicht nur den Aspekt der „Freude" betont, gibt in diesem Sinne eine attributionstheoretische Erklärung seiner experimentellen Ergebnisse:

"Initially, subjects were intrinsically motivated and the perceived locus of causality was internal. They engaged in behavior because it provided them with internal rewards, that is, they did it in order to feel competent and self-determining. Then, when they were performing the activity in order to make money, so the perceived locus of causality became external, leaving them with less intrinsic motivation."

Für die Frage, wie diese Erkenntnisse in ökonomische Modelle einfließen können, sollen nur zwei spezielle Probleme angesprochen werden. Erstens zeigen die Gesetzmäßigkeiten der Wahrnehmung, daß Schemawechsel abrupt stattfinden und typischerweise nicht zusätzliche Anreize stetig die intrinsische Motivation zerstören. Dazu kommt noch, daß der Wechsel eines Attributionsschemas durch starke Hysteresis-Effekte gekennzeichnet sein kann. Wenn also bei zunächst intrinsischer Motivation der Mitarbeiter z.B. in einem Lohnsystem einer Unternehmung immer mehr Leistungslohnkomponenten eingeführt werden, die eine interne Attribuierung immer weniger prägnant erscheinen lassen, so daß es letztlich zu einem Wahrnehmungsumschlag mit externer Attribuierung kommt, dann muß die sukzessive Rücknahme der Leistungskomponenten nicht an der vorherigen „Umschlagsstelle" wiederum intrinsische Motivation hervorrufen. Die Strukturierungseffekte im Zusammenhang mit dem gegebenen neuen Attributionsmuster können dazu führen, daß erst wieder ganz massive Änderungen in der Lohnstruktur den Wechsel in der Rechtfertigung des eigenen Verhaltens rückgängig machen können.

Zweitens ist für die ökonomische Modellierung zu beachten, daß die Schemata nicht unabhängig voneinander sind, da sie auch als Ganzes wiederum durch eine Art von Gleichgewichtsprozeß eine sinnhafte, prägnante Struktur ergeben müssen. Das kann beispielsweise bedeuten, daß ein Wahrnehmungsumschlag auf einer bestimmten Ebene eine Reihe anderer Schemata tangiert, weil das Gleichgewicht der Schemata durch den Umschlag zerstört wurde und sich ein neues konsistentes Ganzes bildet. Ein Beispiel für diese Zusammenhänge bietet ein Experiment von BEM und McCONNELL (1970):

"Bem and McConnell [...] asked students who believed in increased student control over their university´s curriculum to write an essay advocating precisely the opposite. The typical result occurred: students shifted their opinion toward the attitude in the essay." (ARKES/ GARSKE 1982, S. 312)

Bis dahin entsprechen die Erkenntnisse vielen Phänomenen der Reduzierung kognitiver Dissonanz. Wenn Versuchspersonen nur überredet oder durch Minimalanreize dazu gebracht werden, eine völlig konträre Sichtweise zu ihrer vorherigen Einschätzung aufzuschreiben, ergeben sich individuelle Rechtfertigungsprobleme. Auf externe Anreize kann das Verhalten nicht zurückgeführt werden, also wird die Dissonanz typischerweise dadurch reduziert, daß die eigenen Ansichten den aufgeschriebenen Stellungnahmen angepaßt werden. Bei FREY könnte dies ein Beispiel für die Möglichkeit der Verstärkungseffekte sein. Aber das Experiment zeigt noch mehr, weil es einen deutlichen Hinweis auf die Interdependenz der Schemata erlaubt. Die

Studenten wurden nach dem Experiment gefragt, welche *ursprüngliche* Meinung sie vertreten haben, die sie alle schriftlich mit Namensnennung zu Beginn des Experimentes dem Versuchsleiter übermittelt hatten:

> "Nevertheless, students falsely recalled that they had been initially been much more in favor of decreased student control than they really were! Students misremembered their initial opinion by claiming that they really remained consistent with their present opinion all along." (ARKES/GARSKE 1982, S. 313)

Das Umschlagen einer Begründungskategorie kann zu Umstrukturierungen des Gesamtbildes führen, bei dem im Beispiel des Experimentes auch die Erinnerung an vorherige Einstellungen betroffen ist. FREY (1997, S. 41 ff.) diskutiert ähnliche Phänomene unter dem Stichwort „Übertragungseffekt", wobei er darauf verweist, daß sich Änderungen in der intrinsischen Motivation nach Änderungen von Anreizsystemen in einem Bereich auch in anderen Bereichen auswirken können, bei denen sich bei den ökonomischen Anreizen nichts verändert hat.

Nach der kurzen Erläuterung der psychologischen Grundlagen der Attributionstheorie zur Klärung des systematischen Zusammenhangs zwischen intrinsischer und extrinsischer Motivation können jetzt die beiden Fragen aus dem letzten Abschnitt beantwortet werden, inwieweit erstens ein ergänztes Homo-Oeconomicus-Konzept besonders geeignet ist, diese Phänomene zu diskutieren und ob zweitens die Unterscheidung von intrinsischer und extrinsischer Motivation für die ökonomische Analyse ausreichend und zweckmäßig ist.

4. Motivation und das Streben nach Konsistenz

Die erste Frage kann natürlich so beantwortet werden, daß keineswegs eine *prinzipielle* Unmöglichkeit vorliegt, die teilweise recht stabilen, dann wieder sprunghaft geänderten Motivationsformen unter Beachtung der Hysteresis-Probleme und der Interdependenz der Schemata mit ihren Übertragungseffekten in einem erweiterten Homo-Oeconomicus-Konzept zu erfassen und diese Erweiterung „Anomalie" im Vergleich zum traditionellen Homo Oeconomicus zu nennen. Allerdings heißt dies nicht, daß es auch zweckmäßig ist, in dieser Weise vorzugehen. Bei den vorliegenden Modellvorstellungen FREYs geht zumindest - wohl aufgrund der analytischen Vereinfachung - viel von der psychologischen Grundlegung in der Nutzenformulierung verloren. Die Motivationszusammenhänge geraten wieder stark in die Nähe der Vorstellung additiver Wirkungszusammenhänge oder vermitteln zumindest den Eindruck einer einfachen Austauschbeziehung zwischen intrinsischer und extrinsischer Motivation, die aus den psychologischen Grundlagen nicht abgeleitet werden kann. Durch ein komplexeres Modell in der Nutzenmaximierungstradition könnte man zwar das eher hydraulische Entstehen von Motivationen sicherlich erfassen, aber ähnlich wie bei den Wahrnehmungsschemata selbst gilt, daß das ständige Anpassen an ein vorhandenes Schema – hier einer wissenschaftlichen Modellwelt – nicht immer prägnant ist und andere Formen, die Motivationszusammenhänge zu diskutieren, einen einfacheren Zugang zu solchen Phänomenen wie die „Prägung" menschlicher Motive und Verhaltensweisen durch institutionelle Strukturen bieten können. In diesem Sinne scheint es nicht sehr sinnvoll zu sein - auch im rein analytischen Sinne -, alle anderen Motivationsformen im Vergleich zu extrinsischer Motivation als Anomalie zu kennzeichnen, weil dadurch erstens verdeckt wird, daß die Nutzenmaximierungshypothese selbst nur unter bestimmten Voraussetzungen als einfache Verhaltenshypothese jenseits psychologischer Gesetzmäßigkeiten abgeleitet werden kann und zweitens der Weg verschlossen wird, durch andere Erklärungs- und Modellierungsformen einen unmittelbaren Zugang zum Phänomen der Abhängigkeit individueller Präferenzen und Motive vom institutionellen Gefüge zu erhalten.

Die Kritik an der Erweiterung der Homo-Oeconomicus-Annahme bezieht sich auch auf die generelle Frage, inwieweit nicht ein spezielles Prinzip der „Sparsamkeit" in der Modellierung anzuwenden und die übliche Rationalitätsannahme beizubehalten sei. Dabei wird argumentiert, daß es ausreiche, ökonomische Sachverhalte im traditionellen Analyserahmen zu rekonstruieren. Die Einbeziehung methodologisch schwer faßbarer Größen - wie Änderungen der Motivation - könne so umgangen werden. Tatsächlich können diese Motivationsfragen allerdings nicht vernachlässigt werden, da es aus den angesprochenen Isolationsgründen heraus kaum möglich erscheint, auf psychologische Theorien zu verzichten, da ansonsten die Fragen nicht zu klären sind, *wie* reale Phänomene im Modell geeignet erfaßt werden können, welches die exogenen und die endogenen Größen der Analyse sind und welche Formen der Rekonstruktion im Rahmen der Nutzenmaximierungshypothese keine falschen Schlußfolgerungen nach sich zieht. Auch wenn man alle Effekte prinzipiell der Nutzenmaximierungshypothese zuordnen kann, muß das keine besondere Sparsamkeit implizieren. Ganz im Gegenteil kann argumentiert werden, daß die Modelle unnötig komplex werden und erst ein Perspektivenwechsel einfachere und spontane Zugänge zu realen ökonomischen Phänomenen erlaubt.

Wenn nun - um auf den Anomaliebegriff zurückzukommen - dieser Begriff sowohl für tatsächliches Verhalten als auch für die Modellierung wenig angemessen ist, so kann daraus noch nicht der Schluß gezogen werden, als müsse intrinsische Motivation deshalb in das Zentrum des theoretischen Interesses rücken. Die Diskussion des zweiten angesprochenen Problems - der geeigneten Wahl von Motivationskategorien - wird zeigen, daß intrinsische Motivation wiederum sowohl psychologisch als auch für die ökonomische Analyse nur einen Fall unter mehreren darstellt und die Unterscheidung zwischen intrinsischer und extrinsischer Motivation nicht ausreicht.

An früherer Stelle wurde schon kurz darauf hingewiesen, daß die Vorstellung, intrinsische Motivation sei mit Freude an Tätigkeiten verbunden, zu vielen Handlungsweisen nicht paßt, die auch nicht - in einem engen Sinne verstanden - durch externe Anreize hervorgerufen werden. Jemanden aus einer Lebensgefahr zu retten oder sich freiwillig an einem Bürgerkrieg zu beteiligen, hat wenig mit „Freude" zu tun. Ganz extrem unpassend scheint die Unterscheidung in extrinsische und intrinsische Motivation zu sein, wenn es um Handlungsweisen in einem Autoritätskontext geht. Die Versuchsteilnehmer in dem nach MILGRAM benannten Experiment, die bei einer angeblichen Untersuchung von Lehrmethoden den vermeintlichen Schülern Stromstöße verabreichten (so wurde es von den Versuchspersonen wahrgenommen), haben dies nicht wegen monetärer Anreize gemacht, da die Versuchsteilnehmer in vielen Versuchsreihen kein oder nur sehr wenig Geld erhielten. Sadistische Freude ist auch keine gute Erklärung, weil viele der Versuchsteilnehmer noch lange Zeit nach diesem Experiment unter Schlafstörungen u.a.m. litten und über ihr eigenes Verhalten zutiefst irritiert waren (vgl. MILGRAM 1974). Um die Einordnung solcher Phänomene entweder zur Kategorie der intrinsischen oder der extrinsischen Motivation zu kritisieren, reicht es jedoch nicht aus, darauf zu verweisen, daß es noch etwas anderes als diese beiden Motivationsformen gibt. Darüber hinaus ist zu fragen, ob es nicht doch eine analytisch sinnvolle Vereinfachung sein kann, alle Motive, die nicht externen Kontrollen oder Anreizen zugeordnet werden, in einer zweiten Motivationsgruppe zusammenzufassen, wie man diese dann auch immer nennen mag.

Die Problematik einer solchen Definition zeigt sich am einfachsten anhand konkreter Modelle, die auf dieser Unterscheidung aufbauen. Dazu sei wieder auf FREY (1997) verwiesen, der sehr klar verdeutlicht, daß nicht nur monetäre Anreize, sondern auch bestimmte staatliche Regulierungen und Vorschriften intrinsische Motivation zerstören können. Diese These wird durch psychologische Erkenntnisse durchaus gestützt, wenn auch jeweils sehr sorgfältig diskutiert werden muß, welche Art von Eingriffen auf welche Weise Attributionsschemata und damit individuelle Motive beeinflußt. Schwierig wird die Unterscheidung in die beiden Motivationsarten aber dann, wenn nicht mehr diskutiert wird, welche *Folgen* die Zerstörung der intrinsischen Motivation nach sich ziehen kann, weil nur noch die Kategorie „extrinsische Motivation" vorhanden ist, die keine weitere sinnvolle Unterscheidung zuläßt. Wenn die Ursache des eigenen Handelns nicht intern attribuiert wird, ist das jedoch nicht gleichbedeutend mit der Zuordnung des eigenen Verhaltens zu einem typischen Lohn- und Austauschschema. Das Milgram-Experiment zeigt dies deutlich.

Bei der Diskussion der gestalttheoretischen Grundlagen wurde argumentiert, daß das eigene Verhalten und das Verhalten anderer anhand prägnanter Kausalschemata wahrgenommen wird. Diese sind zwar jeweils durch prominente, klar voneinander abgegrenzte Strukturen gekennzeichnet, aber es gibt mehr als *zwei* denkbare Begründungsschemata für das eigene Verhalten. Interne Attribuierungen und Begründungen über die Entlohnung sind nur zwei Varianten. Darüber hinaus kann das Verhalten beispielsweise als Beitrag zu einem Gruppenziel oder als Unterordnung unter ein Hierarchieverhältnis wahrgenommen werden. Dies hat jeweils ganz unterschiedliche Motivations- und Verhaltenskonsequenzen im Vergleich mit den anderen beiden Begründungen des eigenen Verhaltens. Hier darf die Theorie nicht zu sparsam mit den Kategorien umgehen, sonst werden wesentliche Zusammenhänge der Motivationsbildung verdeckt. Dabei entsteht allerdings die Frage, ob es sinnvoll ist, einfach *mehr* Motivationskategorien zu verwenden, nur *andere* Kategorien zu definieren oder ob die theoretische Basis auf einer anderen Ebene als der der konkreten Kausalschemata ansetzen sollte.

Die Aufblähung der Motivationskategorien ohne psychologische Grundlegung wirkt zu schnell beliebig und ist deshalb nicht perspektivenreich. Ein Alternativvorschlag sieht vor, zwischen *ego- und aufgabengeleitetem Verhalten* zu unterscheiden (ASCH 1987, S. 303 ff.). Zur Begründung wird darauf hingewiesen, daß das Ego nicht das Zentrum der Steuerung von Wahrnehmung, Emotionen, Motivationen und Verhalten ist, sondern der Ausgangspunkt der motivationalen Prozesse vielmehr in den wahrgenommenen Strukturen der Umwelt und deren Unvollkommenheiten liegt. Oft sind es Ausnahmen, Unstimmigkeiten, Abweichungen und Inkonsistenzen in den von den Individuen in großer Übereinstimmung wahrgenommenen Ordnungen, die sie zum Handeln veranlassen - und sei es im einfachsten Fall nur, um ein schief an der Wand hängendes Bild gerade zu rücken. In der Gestaltpsychologie wurde in diesem Zusammenhang das Konzept der *Gefordertheit* formuliert (vgl. WERTHEIMER 1991, S. 50 ff.). Damit wird umschrieben, daß Präferenzen und Motive in gesetzmäßiger Weise durch den Kontext, wie ihn Individuen wahrnehmen, *hervorgerufen* werden.

Auch die Unterscheidung in ego- und aufgabengeleitetes Verhalten und die entsprechenden Motive ist letztlich nur sinnvoll, wenn die psychologische Basis über die Gesetzmäßigkeiten der Wahrnehmung, die Bildung von Schemata, das mögliche Umschlagen und die Interdependenz dieser Schemata thematisiert und deutlich gemacht wird, daß sich Individuen konsistent zu den wahrgenommenen Schemata zu verhalten suchen. Auf dieser theoretischen Grundlage erkennt man intrinsische und extrinsische Motivation (im Sinne eines Lohnschemas) als Spezialfälle der allgemeinen Gesetzmäßigkeit, nach der die Individuen ihr eigenes Verhalten über prägnante, prominente Ursachen rechtfertigen und hinsichtlich wahrgenommener Ursache-Wirkungs-Zusammenhänge nach Konsistenz streben. Diese theoretische Basis ist beispielsweise für die Theorie der Unternehmung relevant, denn die institutionelle Ausgestaltung von Unternehmungen kann mehrere Attributionsschemata unterstützen, was sehr unterschiedliche Verhaltensweisen nach sich zieht, je nachdem, ob Individuen in einem wahrgenommenen Autoritäts-, Gruppen-, oder Leistungslohnkontext agieren oder ob sie die Ursache ihres Verhaltens intern attribuieren und tatsächlich „Freude" an der Tätigkeit wahrgenommen wird. Alle damit zusammenhängenden Motivationsformen stellen weder tatsächlich noch analytisch eine Anomalie dar, wenn in der ökonomischen Analyse diese psychologische Basis Beachtung findet. Das schließt nicht aus, daß nicht im Einzelfall aus Isolationsgründen eine analytische Beschränkung auf eine oder zwei Motivationsformen sinnvoll sein kann.

5. Fazit

In den vorangegangenen Ausführungen sollte gezeigt werden, daß die Diskussion um den Zusammenhang von intrinsischer und extrinsischer Motivation in zweierlei Hinsicht von Interesse ist. Zum einen wurde argumentiert, daß intrinsische Motivation weder für die Psychologie noch für die Ökonomik als Anomalie gekennzeichnet werden sollte. Auch wenn die traditionelle ökonomische Analyse nicht leugnet, daß intrinsische Motive existieren, erachtet sie es aus methodologischen Gründen heraus als überflüssig, dies in der Modellwelt des Homo Oeconomicus zu berücksichtigen. Da Motivationsformen jedoch nicht additiv sind, ist diese Sichtweise für eine Reihe von ökonomischen Fragen, insbesondere der Institutionenökonomik, irreführend. Der Anomaliebegriff wird selbst von Autoren benutzt, die explizit auf die Gesetzmäßigkeiten bei der Bildung und Zerstörung intrinsischer Motivation eingehen und zeigen, daß diese Zusammenhänge nicht vernachlässigbar sind. Diese Begriffsverwendung im Zusammenhang mit einem erweiterten Homo-Oeconomicus-Konzept ist dennoch problematisch, weil sie den Weg zu einer einfacheren Diskussion der Gesetzmäßigkeiten der Motivationsbildung vorschnell verbauen kann. Darüber hinaus sollte auch bedacht werden, daß die Verwendung des Anomaliebegriffes leicht eine normative Deutung und eine Wertung bestimmter Verhaltensweisen nahelegt, die eigentlich nicht intendiert ist.

Zum anderen wurde herausgearbeitet, daß intrinsische Motivation - auch wenn es sich um ein tatsächlich relevantes Phänomen handelt - als Unterscheidung zu den üblicherweise diskutierten Anreizeffekten nicht ausreicht. Die Beschränkung auf zwei Motivationsklassen - extrinsisch und intrinsisch

- führt dazu, daß andere Begründungen des Verhaltens nicht genügend beachtet werden, obwohl sie für viele ökonomische Fragen relevant sind. Diese Schwierigkeiten können umgangen werden, wenn die attributionstheoretischen Grundlagen, die auch für die Fragen nach der Zerstörung der intrinsischen Motivation herangezogen werden, stärkere Beachtung finden. Dabei zeigt sich insbesondere, daß es in der analytisch relevanten Diskussion um verschiedene Motivationsformen nicht nur um die Zerstörung bereits vorhandener intrinsischer Motivation durch externe Anreize geht. Über den Aspekt der *Gefordertheit* wurde verdeutlicht, daß die Wahrnehmung einer interessanten, herausfordernden Tätigkeit, die Wahrnehmung von Anrechten und Verpflichtungen und die Interpretation einer Situation als Autoritätsbeziehung oder als ein Gruppenkontext jeweils verschiedene Motive und Verhaltensweisen hervorrufen können und letztlich das gesamte institutionelle Design den Wahrnehmungskontext und damit Motivationen, Emotionen und Handlungsweisen beeinflußt.

Literaturverzeichnis

AKERLOF, G.A. (1984). *An Economic Theorist's Book of Tales.* Cambridge: Cambridge University Press.
ALCHIAN, A.A. (1950). Uncertainty, Evolution and Economic Theory. *Journal of Political Economy* 58, 211-222.
AMABILE, TH.M. (1983). *The Social Psychology of Creativity.* Heidelberg u.a.: Springer.
ARKES, H.R. und GARSKE, J.P. (1982). *Psychological Theories of Motivation.* Monterey: Brooks/Cole.
ASCH, S.E. (1987). *Social Psychology.* Oxford/New York: Oxford University Press.
BASU, K., JONES, E. und SCHLICHT, E. (1987). The Growth and Decay of Custom. The Role of the New Institutional Economics in Economic History. *Explorations in Economic History* 24, 1-21.
BEM, D.J. und MCCONNELL, H.K. (1970). Testing the Self-Perception Explanation of the Dissonance Phenomenon: On the Salience of Premanipulation Attitudes. *Journal of Personality and Social Psychology* 14, 23-31.
DECI, E.L. (1975). *Intrinsic Motivation.* New York/London: Plenum Press.
FESTINGER, L. (1957). *A Theory of Cognitive Dissonance.* Stanford: Stanford University Press.
FREY, B.S. (1997). *Markt und Motivation. Wie ökonomische Anreize die (Arbeits-)Moral verdrängen.* München: Vahlen.
HEIDER, F. (1977). *Psychologie der interpersonalen Beziehungen.* Stuttgart: Klett.
HOLMSTRÖM, B. und MILGROM, P. (1991). Multitask Principal-Agent-Analyses: Incentive Contracts, Asset Ownership and Job Design. *Journal of Law, Economics and Organization*, Special Issue, 24-52.
HUME, D. (1964). *A Treatise in Human Nature.* Reprint of the New Edition London 1886. Aalen: Scientia (Orig. 1886).
KELLEY, H.H. (1973). The Process of Causal Attribution. *American Psychologist* 28, 107-128.
KUBON-GILKE, G. (1996). Institutional Economics and the Evolutionary Metaphor. *Journal of Institutional and Theoretical Economics* 152 (4), 723-738.
-"- (1997). *Verhaltensbindung und die Evolution ökonomischer Institutionen.* Marburg: Metropolis.
LAZEAR, E.P. (1991). Labor Economics and the Psychology of Organizations. *Journal of Economic Perspectives* 5 (2), 89-110.
LEPPER, M.R. und GREENE, D. (1978). *The Hidden Costs of Reward: New Perspectives on Psychology of Human Motivation.* Hillsdale: Erlbaum.
MILGRAM, S. (1974). *Das Milgram-Experiment. Zur Gehorsamkeitsbereitschaft gegenüber Autorität.* Reinbek: Rowohlt.
NORTH, D.C. (1984). Transaction Costs, Institutions, and Economic History. *Zeitschrift für die gesamte Staatswissenschaft* 140 (1), 7-17.
SCHLICHT, E. (1985). *Isolation and Aggregation in Economics.* Heidelberg u.a.: Springer.
-"- (1998). *On Custom in the Economy.* Oxford/New York: Oxford University Press.

SISMONDI, J.C.L.S. de (1991). *Political Economy.* Neuausgabe. Fairfield: Augustus M. Kelley (Orig. 1828).
WERTHEIMER, M. (1991). *Zur Gestaltpsychologie menschlicher Werte, Aufsätze 1934-1940.* Herausgegeben von H. J. Walter. Opladen: Westdeutscher Verlag.

Ulrich Krause

Im Inneren des rationalen Egoisten - Individuelle Akteure und gesellschaftliche Institutionen

1. Einleitung

Eine Erfolgsgeschichte, die dieser Tage wieder Furore macht - und zwar in der Wirklichkeit wie in der Theorie - ist die von den rationalen Egoisten, aus deren wiederholter Interaktion gesellschaftliche Institutionen herauswachsen, einschließlich von Normen und Moral. Auf der Ebene der Theorie werden dabei in den unterschiedlichsten Bereichen der Sozialwissenschaften neben Methoden des traditionellen Rational-Choice-Ansatzes auch solche der Spieltheorie, der Evolutionsbiologie und der statistischen Thermodynamik angewandt. Ziel ist die Rekonstruktion und Erklärung von *Institutionen* als sinnvolle Bauten auf der gesellschaftlichen Makro-Ebene, die aus der Interaktion vieler *rationaler Agenten* auf der Mikro-Ebene resultieren. Da dieses sehr ambitionierte Unterfangen große analytische Schwierigkeiten bereitet, spielen zunehmend Computersimulationen eine wichtige Rolle:

> "These properties of complex systems - a medium-sized number of intelligent adaptive agents acting on the basis of local information - differs so greatly from the simple systems that science has studied up to now that I feel it's safe to say their representation represents an entirely new chapter in the pursuit of scientific knowledge of the world around us." (CASTI 1997, S. X)

Eine Brutstätte in dieser Hinsicht ist das Santa Fé Institute in den USA, aus dessen Umkreis zentrale Beiträge zum Entwurf und zur Analyse von "artificial societies" auf der Basis von "intelligent adaptive agents" hervorgegangen sind.[1] Meiner Ansicht nach handelt es sich um eine vielversprechende Entwicklung, die bereits wertvolle Einsichten und interessante theoretische Werkzeuge hervorgebracht hat. Allerdings meine ich auch, daß den meisten Ansätzen eine zu wenig analysierte *black box-Vorstellung* von rationalen Agenten zugrunde liegt.[2] Eine Konsequenz davon ist, daß das Verhältnis von Individuen und Gesellschaft zu sehr als eine Einbahnstraße gesehen wird, die von den rationalen Interakteuren zu den Institutionen führt, ohne daß Rückkopplungen der Institutionen auf die Individuen hinreichend thematisiert werden. Im folgenden werde ich die Box des rationalen Agenten öffnen und nachschauen, wie sich angesichts von *inneren (intrapersonalen) Konflikten* überhaupt so etwas wie rationales Verhalten herausbilden kann (Abschnitt 2). Innere Konflikte sind ein allgegenwärtiges Phänomen und individuelle Entscheidungen sind, denke ich, erst dann wirklich interessant, wenn sie angesichts von inneren Konflikten getroffen werden müssen. Es wird sich herausstellen, daß anstelle eines einheitlichen Rationalitätskonzepts eine breite Vielfalt von Entscheidungsprozeduren beim Umgang mit inneren Konflikten zu betrachten ist (Abschnitt 3). Eine solche Entscheidungsprozedur porträtiert, wie ich argumentieren werde, in gewisser Hinsicht den *Charakter* eines Akteures. Wenn man so will: Die Thematisierung von intrapersonalen Konflikten macht die Formulierung eines spezifischen Menschenbildes im Hinblick auf Entscheidungsfindung erforderlich.

Daraus ergeben sich Konsequenzen, die in Abschnitt 4 erörtert werden. Löst sich nämlich der einheitliche rationale Egoist in eine Mannigfaltigkeit unterschiedlicher Charaktere auf, so wird es auf der einen Seite schwieriger, Institutionen in rationalen Akteuren zu verankern, und auf der anderen Seite leichter, den *Einfluß* gesellschaftlicher *Institutionen* auf die Individuen zu thematisieren. Eine solche Rückkopplung von Institutionen auf Individuen kann bei der black box-Konzeption rationaler Akteure nicht greifen, ergibt sich aber unmittelbar, sobald nach Öffnung der black box-Charaktere sichtbar werden, die durch *Normen* und *Moral* weiter formbar sind.

Die Öffnung der *black box* des rationalen Agenten zusammen mit der dann möglichen Prägung durch Institutionen führt notgedrungen zur Frage nach der *Einheit der Person* (Abschnitt 5). Das kann man als einen Nachteil oder als einen Vorteil ansehen. Als Nachteil, weil (anscheinend) einfache Fragen der Entscheidungsfindung in ein bekanntermaßen schwieriges philosophisches Problem münden. Als Vorteil, weil ein schwieriges philosophisches Problem sich anhand einer einfachen Fragestellung thematisieren läßt. Die Frage nach der Einheit der Person stellt sich natürlich nicht im Rahmen der traditionellen Rational-Choice-Theorie, da dort die Agenten keine innere Struktur besitzen und einfach durchnumeriert oder nach äußeren Merkmalen unterschieden werden können. Für einen rationalen Egoisten mit inneren Konflikten ist aber die Frage, was denn das „Ich" ausmacht von Bedeutung, da *er*, der Egoist, *seine* Interessen verfolgt.[3] Für ein detailliertes Konzept von „Egoismus" wären sowohl Selbsterkenntnis als auch *Selbstbewußtsein* zu thematisieren. Diese Selbstreferentialität zu modellieren ist ein schwieriges theoretisches Unterfangen, weswegen ich hierzu nur einige Anmerkungen zu machen habe. Der theoretischen entspricht eine praktische Schwierigkeit. Selbst wenn es gelingt, gewisse Ziele rational zu verfolgen, bleibt die Frage: Sind es die Eigenen?

2. Elementare innere Konflikte

Innere menschliche Konflikte - das ist ein weites und dramatisches Feld, im Alltag wie in der großen Literatur. Innere (intrapersonale) Konflikte sind auch Gegenstand der Psychologie und angrenzender Disziplinen und dort weidlich untersucht worden. Bemerkenswerterweise spielen innere Konflikte für das Konzept des homo oeconomicus in den Wirtschaftswissenschaften keine Rolle, ja, innere Konflikte werden in der axiomatischen Formulierung des rationalen Agenten geradezu ausgeblendet.[4] Dieser Gegensatz zwischen Psychologie und Ökonomie hinsichtlich der Modellierung individueller Handlungen hat eine lange Tradition.[5] Sicher, die axiomatische Formulierung des rationalen Agenten ist, gerade durch ihren Minimalismus, eine nützliche Abstraktion, die viele Einsichten erst ermöglicht hat. Sie ist jedoch wenig geeignet, um die soziale Interaktion von Individuen zu untersuchen. KENNETH ARROW, dem die axiomatische Theorie des rationalen Agenten viele Einsichten verdankt, schreibt:

> "In particular, I want to stress that rationality is not a property of the individual alone, although it is usually presented this way. Rather, it gathers not only its force but also its very meaning from the social context in which it is embedded. It is most plausible under very ideal conditions. When these conditions cease to hold, the rationality assumptions become strained and possibly even self-contradictory. [...] The lesson is that the rationality hypothesis is by itself weak. To make it useful, the researcher is tempted into some strong assumptions. In particular, the homogeneity assumption seems to me to be especially dangerous." (ARROW 1987, S. 201 und 206)

Mit der "homogeneity assumption" meint ARROW hier die in vielen, theoretischen wie empirischen, Untersuchungen gemachte Annahme gleichartiger Agenten, speziell gleicher Nutzenfunktionen. ARROW plädiert sodann für ein reichhaltigeres Konzept des individuellen Agenten, das insbesondere die Suche nach Verarbeitung von Informationen beschreibt. In beinahe allen Analysen der Allgemeinen Gleichgewichtstheorie besitzen Individuen keine innere Struktur, die sie zu unterschiedlichen Individuen machen könnte:

> „Die Gleichgewichtstheorie läßt uns [...] im Unklaren, [...] darüber, wodurch ein Wirtschaftsobjekt überhaupt charakterisiert ist." (HASLINGER 1997, S. 156)[6]

In meinem Vorschlag zur Öffnung der *black box* des rationalen Agenten, den ich im folgenden skizzieren möchte, beabsichtige ich weder die Psychologie noch die Soziologie von Individuen im Detail zu diskutieren. Stattdessen will ich, dies wieder auf eine minimale Weise, das Modell des rationalen Agenten um ein Element anreichern, das sowohl eine Thematisierung der psychischen als auch der sozialen Seite erlaubt. Dieses Element sind innere Konflikte eines Agenten, die meines Erachtens einfach unabweisbare Fakten sind. In inneren Konflikten mag sich sowohl eine gewisse Reichhaltigkeit der individuellen Psyche ausdrücken als auch die soziale Interaktion mit anderen Individuen. Dabei geht es mir, wie gesagt, nicht um inhaltliche Details von Konflikten, sondern um deren formale Möglichkeit und zwar in ihrer einfachsten Form.

Was macht, entscheidungstheoretisch gesehen, einen Konflikt in seiner einfachsten Form aus? Ich stelle mir ein Individuum vor, das sich zwischen zwei Alternativen a und b zu entscheiden hat, wobei es diese Alternativen unter zwei verschiedenen Gesichtspunkten beurteilt. Erscheint dem Individuum unter dem einen Gesichtspunkt die Alternative b besser zu sein als a, kurz: $a \prec b$, und unter dem anderen Gesichtspunkt umgekehrt die Alternative a besser zu sein als b, kurz $b \prec a$, so befindet sich das Individuum hinsichtlich einer Entscheidung zwischen den Alternativen a und b in einem Konflikt. Einen solchen Konflikt nenne ich einen *elementaren (inneren) Konflikt*. Elementare Konflikte in diesem Sinne sind gewiß ein alltägliches Phänomen. Außerdem beschreibt ein elementarer Konflikt sicherlich die einfachste Form eines Konflikts, denn damit man von einem Konflikt sprechen kann, sind wenigstens zwei verschiedene Alternativen und wenigstens zwei verschiedene Gesichtspunkte erforderlich. Mir scheint es sehr wichtig, diese elementare Form von Konflikt zunächst einmal in aller Deutlichkeit als ein Problem zu begreifen, das nicht hinter vorgeblichen „Lösungen", wie etwa einem *trade-off* der beteiligten Gesichtspunkte, versteckt werden sollte. Wie aber entscheiden angesichts eines solchen elementaren Konflikts? Es ist zunächst überhaupt nicht klar, was es heißen soll, einen solchen Konflikt rational zu entscheiden. Das Modell des rationalen Agenten paßt nicht auf eine solche Situation. Ebenso unklar ist, was egoistisches Verhalten in einer solchen Situation bedeuten könnte. Die gewöhnliche Vorstellung vom rationalen Egoisten greift nicht mehr im Falle von elementaren Konflikten, ganz zu schweigen von komplexeren Konfliktformen. Entschieden werden aber muß (in den meisten Fällen), das erfordert das Leben oder die Gesellschaft. So gibt es denn auch eine Fülle ganz unterschiedlicher *Entscheidungsmechanismen*, die in Konflikten zum Zuge kommen können, wie z.B.:

– Entscheidungen aus dem *Bauch* heraus, nach Gefühl und Geschmack;
– *Daumenregeln* oder sonstige erprobte Routinen;
– *tradierte gesellschaftliche Regelungen*, wie Brauchtum, Sitten, Riten oder auch Moden;
– *gesetzliche Regelungen* und Normen aller Art;
– *Weltanschauungen*, Moralkodices, Religionen bis hin zur Astrologie;

- *individuelles rationales Vorgehen*, wie z.B. Abwägen (was spricht dafür, was dagegen) oder die Einschätzung von Prioritäten; sowie
- *Reflexionsprozesse* generell, wie z.B. Reflexionen der Gesichtspunkte als Alternativen zweiter Stufe oder die Reflexion neuerlicher Gesichtspunkte bei der Beurteilung von Gesichtspunkten.

Eine Liste, die sich gewiß noch ergänzen ließe. Ganz grob lassen sich diese Mechanismen einteilen in solche, die sozialer Natur und solche, die individueller Natur sind. Mit den letzteren will ich mich im folgenden näher befassen, und zwar zunächst nicht in grundsätzlicher Hinsicht, sondern anhand eines einfachen, alltäglichen Beispiels.

In dem *Beispiel* geht es darum, daß der Büroleiter Jones eine neue Sekretärin einstellen möchte für Schreibarbeiten (Tippen) und Stenographie. Auf eine Ausschreibung hin gibt es drei Bewerbungen, von Jane, Dolly und Lilly. In einem standardisierten Test erreichen Jane, Dolly und Lilly im Tippen die Punktzahlen 100, 99 und 90 und in Stenographie die Punktzahlen 90, 99 und 100 (dieses Beispiel entnehme ich LEVI 1986, S. 11 ff.). Anhand dieses Beispiels illustriert ISAAC LEVI verschiedene Aspekte der von ihm entwickelten interessanten Theorie über "decision making under unresolved conflict". Aufgrund dieser Daten hat Jones eine der Bewerberinnen als neue Sekretärin auszuwählen. Natürlich, im Tippen ist Jane die beste Kandidatin und hinsichtlich Stenographie ist Lilly die beste Kandidatin. Für Dolly spricht jedoch, daß sie insgesamt, d.h. bei der Summe der Punktzahlen am besten abschneidet. Was tun? (Die Rahmenbedingungen sind dabei als gegeben zu betrachten. Eine Änderung würde nur zu einem veränderten Beispiel führen, aber nicht zu einer Lösung.) Dieses Beispiel eines inneren Konflikts ist instruktiv, u.a. weil "Jones' predicament is not made of the stuff which furnishes the text for moral sermons." (LEVI 1987, S. 12) und weil "This kind of conflict [...] requires inquiry, not therapy." (ebenda, S. 13) Die Situation wird nicht gerade einfacher, wenn man bedenkt, daß Büroleiter Jones viele weitere Entscheidungsregeln zur Verfügung stehen, etwa die in der folgenden Tabelle skizzierten Regeln.

Dabei gibt die fettgedruckte Zahl in einer Zeile die höchste Punktzahl bei Anwendung der entsprechenden Regel an. So ist z.B. bei Anwendung der Regel „Minimum", d.h. für jede Kandidatin wird die kleinere der Punktzahlen in Tippen und Stenographie betrachtet, 99 die höchste Punktzahl, und diese wird von Dolly erreicht. Die Auswahl von Dolly entspräche dann dem berühmten „maximin-Prinzip". Die Abbildung zeigt, daß in Abhängigkeit von der angewandten Entscheidungsregel, jede der Kandidatinnen das Rennen machen kann. Insbesondere kann bei der Regel „Gewichtete Summe" jede der Kandidatinnen die beste sein, je nachdem wie die Gewichte gesetzt werden. (Dolly ist die beste Kandidatin bei gleicher Gewichtung von Tippen und Stenographie.) Man kann sich leicht weitere mögliche Entscheidungsregeln überlegen, z.B. solche, die sich durch Kombination der in Tabelle 1 aufgeführten Regeln ergeben. Wie man sieht, wird das ursprüngliche Problem, nämlich unter drei konkurrierenden Bewerberinnen eine auszuwählen, durch die Einführung von Entscheidungsregeln nicht gelöst, sondern nur auf eine höhere Ebene verschoben, nämlich unter konkurrierenden Entscheidungsregeln eine „angemessene" Regel auszuwählen. Also sind jetzt, statt Jane, Dolly und Lilly, die diversen Regeln Gegenstand der Betrachtung.

Tabelle 1: Beispiel für unterschiedliche Entscheidungsregeln

	Jane	Dolly	Lilly
Tippen (T)	100	99	90
Stenographie (S)	90	99	100
Minimum	90	**99**	90
Maximum	**100**	99	**100**
Summe	190	**198**	190
Gewichtete Summe			
Typ (10T + 1S)	**1090**	1089	1000
Typ (1T + 20S)	1900	2079	**2090**
Produkt	9000	**9801**	9000

Was spricht jeweils für eine Regel, was dagegen? Gibt es Superregeln für die Auswahl von Regeln? Es handelt sich hier um ein Beispiel für den weiter oben erwähnten Reflexionsprozeß. Dies muß nicht notwendigerweise zu einem unendlichen Regreß führen, denn die Verschiebung des ursprünglichen Problems auf eine höhere Ebene kann von Bedeutung sein. Auf einer höheren Ebene könnten nämlich einige der weiter oben erwähnten sozialen Entscheidungsmechanismen greifen - und das ist in der Alltagspraxis auch oft der Fall. Z.B.: Entscheidungen aus dem Bauch heraus und Daumenregeln, auf der ursprünglichen Ebene der Kandidatinnen geächtet und als willkürlich empfunden, können auf höherer Ebene durchaus Praxis sein. Gewohnheiten und tradierte Routinen gelten auf der ursprünglichen Ebene als unsachlich. Sie können auf der sachlichen Ebene der Regelungen aber sehr wohl zur Auswahl einer Regel, etwa der Summenregel, führen. Eine gesetzliche Regelung würde auf der personalen Ebene von Jane, Dolly und Lilly wenig Sinn machen, wohl aber auf der Ebene von Entscheidungsverfahren. Schließlich können religiöse und moralische Dispositionen auf der Ebene von Entscheidungsregeln (oder gar einer noch höheren Ebene) von Einfluß sein, während sie Personen gegenüber als unangemessen gelten oder gar gesetzlich verboten sind.

Bevor ich dieses Beispiel verlasse, möchte ich für die folgenden Erörterungen einige allgemeine Züge dieses Beispiels festhalten. Der Ausgangspunkt ist eine endliche Menge von Alternativen - im Beispiel die drei Alternativen Einstellung von Jane, Dolly und Lilly - zwischen denen sich ein Individuum - im Beispiel Büroleiter Jones - zu entscheiden hat. Das Individuum nimmt eine Einschätzung der Alternativen unter gewissen Aspekten vor, die als relevant gelten - im Beispiel sind das Tippen und Stenographie. Die Situation wird dadurch interessant, daß elementare innere Konflikte für das Individuum entstehen, indem die Alternativen unter den verschiedenen Aspekten vom Individuum gegensätzlich eingeschätzt werden. Im Beispiel besteht ein elementarer Konflikt hinsichtlich Jane und Dolly, da unter dem Aspekt „Tippen" Jane der Dolly vorzuziehen wäre, aber unter dem Aspekt „Stenographie" umgekehrt Dolly gegenüber Jane der Vorzug zu geben wäre. Ein elementarer Konflikt dieser Art besteht auch zwischen Jane und Lilly und zwischen Dolly und Lilly. Schließlich stehen dem Individuum, das zu entscheiden hat, eine Reihe von Entscheidungsregeln zur Verfügung und das Entscheidungsproblem besteht darin, daß diese Regeln einerseits zu verschiedenen Ergebnissen führen, daß aber *prima facie* andererseits keine dieser Regeln vor den anderen ausgezeichnet ist.

Das geschilderte Entscheidungsproblem für ein einzelnes Individuum weist Ähnlichkeiten auf zu Problemen bei kollektiven Entscheidungen ("group decision making", "social choice"), wo eine Gruppe von Individuen gemeinsam Entscheidungen zu fällen hat, die auf den Präferenzen der Gruppenmitglieder basieren (siehe SEN 1970). Ein Konflikt besteht hier darin, daß die Präferenzen zweier Gruppenmitglieder hinsichtlich von zwei Alternativen gegensätzlich sind. Von besonderem Interesse sind kollektive Entscheidungsregeln, die die Mitglieder der Gruppe „gerecht" behandeln. Da es dafür aber mehrere Möglichkeiten gibt, entsteht das Problem auf der höheren Ebene von „gerechten Regeln" als Alternativen zweiter Stufe Auswahlkriterien zu finden (siehe hierzu HELMSTÄDTER 1997).

3. Eine *black box* voller Charaktere

Was tun - angesichts von Konflikten und einer Vielfalt möglicher Lösungen? Als Antwort auf diese entscheidende Frage des vorigen Abschnitts schlage ich vor, nicht nach einem übergreifenden Mechanismus, sei er rational oder nicht, zu fahnden, sondern die Gesamtheit der möglichen Mechanismen systematisch zu untersuchen, so gut es geht (siehe STEEDMAN/ KRAUSE 1986; KRAUSE 1991, 1992). Ausgangspunkt ist eine *Menge von Alternativen A*, die endlich oder auch unendlich sein kann, und deren Elemente mit *a, b, c, ...* bezeichnet seien. Das Individuum, das zwischen diesen

Alternativen zu entscheiden hat, beurteilt diese unter einer *Reihe von Aspekten K*, die mit *1, 2, 3, ..., n* bezeichnet seien. Die Einschätzung der Alternativen durch das Individuum unter dem Aspekt *i* lasse sich, der Einfachheit halber, durch eine *Ordnung R_i* auf der Menge *A* wiedergeben, wobei ich unter einer Ordnung auf *A* eine (binäre) Relation auf *A* verstehe, die reflexiv, transitiv und vollständig ist. (Eine quantifizierende Einschätzung, wie im Beispiel von Büroleiter Jones, ist also zugelassen, aber nicht vorausgesetzt.)

Es besteht ein *elementarer Konflikt* zwischen den Alternativen *a* und *b*, wenn es zwei verschiedene Aspekte *i* und *j* in *K* gibt, derart, daß einerseits *a P_i b* gilt, aber andererseits *b P_j a*. (Dabei ist P_i die strikte Ordnung zu R_i, d.h. *a P_i b* genau dann, wenn *a R_i b* aber nicht b R_i a.) Der *Konfliktbereich D* besteht aus der Menge aller möglichen Konstellationen *(R_1, ..., R_n)* von Einschätzungen (gemäß der Aspekte), die von dem Individuum überhaupt in Betracht gezogen werden. Der Konfliktbereich beschreibt das Ausmaß an Konflikten, denen sich das Individuum gegenübersieht. Um schließlich eine Entscheidung zwischen den Alternativen zu treffen, muß das Individuum die Einschätzungen gemäß den einzelnen Aspekten, also R_1 bis R_n, zu einer Gesamteinschätzung *R* (die nicht unbedingt eine Ordnung sein muß) zusammenführen, d.h., das Individuum muß eine gewisse *Entscheidungsregel F: (R_1, ..., R_n) $\mapsto$ R* anwenden.

Das Tripel *(n, D, F)* bezeichne ich als *Charakter* des Individuums, da durch die Anzahl *n* der berücksichtigten Aspekte, durch den betrachteten Konfliktbereich *D* und die verwendete Entscheidungsregel *F* die für das betreffende Individuum spezifische Art der Entscheidungsfindung beschrieben wird. Genauer sollte man von einer Charakterform sprechen, da sich hinter einem Tripel *(n, D, F)* verschiedene konkrete Charaktere verbergen können. (Auf solche und andere Details werde ich im folgenden nicht eingehen, sondern verweise dazu auf die genannte Literatur.)

Zur Illustration: Ein extremes Beispiel eines Charakters wäre ein solcher, der sich bei gegebenem *n* und *D* für eine Alternative gegenüber einer anderen nur entscheidet, wenn sie hinsichtlich *aller* Aspekte vorzuziehen ist; ein solcher Charakter verhält sich stets konsistent (*R* ist wieder eine Ordnung), wird aber selten Entscheidungen treffen - wie man es etwa dem Prinzen Hamlet nachsagt. Das Extrem auf der anderen Seite wäre ein Charakter, der sich bereits für eine Alternative gegenüber einer anderen entscheidet, wenn sie hinsichtlich *eines* Aspektes vorzuziehen ist; ein solcher Charakter verhält sich selten konsistent, ist aber sehr entscheidungsfreudig - wie man es Bond, James Bond, nachsagen könnte. Zwischen diesen beiden Extremen gibt es eine ganze Reihe von Mischformen.

Von einem *rationalen Charakter* wird man dann sprechen, wenn die Entscheidungsregel stets eine Ordnung *R* auf den Alternativen zur Folge hat. Wünschenswert, aber schwierig, ist es, die genauen Bedingungen zu spezifizieren, unter denen ein Charakter angesichts von Konflikten rational ist. Ein Charakter ist auf *triviale Weise rational*, wenn die Menge der Aspekte degeneriert ist *(n = 1)*, oder wenn der Konfliktbereich degeneriert ist (gleiche Einschätzungen unter allen Aspekten), oder wenn die Entscheidungsregel degeneriert ist; letzteres besagt, daß ein einzelner Aspekt die Gesamteinschätzung bestimmt, was gewissermaßen einem fanatischen Charakter entspricht. Interessanter ist das folgende Ergebnis: Betrachtet man nur Charaktere, die in dem Sinne sensibel sind, daß sie einer starken Pareto-Bedingung genügen, so sind alle diese Charaktere genau dann rational, wenn sie alle harmonisch sind. Dabei ist ein *harmonischer Charakter* ein solcher, der keine Konflikte zuläßt, d.h., für kein Paar von Alternativen und für keine Konstellation im Konfliktbereich gibt es einen Konflikt. Das Konzept des rationalen Charakters läßt sich als ein Versuch ansehen, das Modell des rationalen Agenten innerhalb des allgemeinen Rahmens von Entscheidungscharakteren zu rekonstruieren. Die Rekonstruktion des rationalen Agenten als trivialer, insbesondere fanatischer, Charakter oder als harmonischer Charakter stellen jedoch keinesfalls die einzigen Möglichkeiten dar.

Eine weitere interessante Möglichkeit von Rationalität angesichts von Konflikten stellen die hierarchischen Charaktere dar. Dabei ist ein *hierarchischer Charakter* ein solcher, der die Aspekte hinsichtlich ihrer Wichtigkeit anordnet und sodann, beginnend mit dem wichtigsten Aspekt, im wesentlichen lexikographisch[7] entscheidet. Hierarchische Charaktere zeichnen sich dadurch aus, daß sie eine gewisse Stabilität[8] besitzen gegenüber möglichen Irrtümern in der Einschätzung von Alternativen unter den einzelnen Aspekten. Eine andere Klasse von Charakteren, die *numerischen Charaktere*, die ebenfalls Rationalität ermöglicht, besitzt diese Stabilitätseigenschaft im allgemeinen nicht. Dabei heißt ein Charakter numerisch, wenn die Einschätzung der Alternativen unter einem Aspekt durch eine für diesen Aspekt spezifische Wertfunktion erfolgt und wenn die Entscheidungsregel auf diesen Funktionen, z.B. ihrer Summe, basiert. Im Gegensatz zum hierarchischen Charakter versucht der numerische Charakter *trade-off's* zwischen den Aspekten zu etablieren.[9]

Diese kurze Diskussion möglicher Charakterformen ist natürlich keineswegs erschöpfend. (Mehr dazu enthält die zu Beginn dieses Abschnitts genannte Literatur.) Es ging mir hier nur darum, einen Eindruck davon zu vermitteln, wie sich angesichts des Faktums innerer Konflikte die *black box* des rationalen Agenten für eine systematische Diskussion recht unterschiedlicher Charaktere öffnen läßt.

4. Charaktere, Normen, Institutionen

Durch die Öffnung der *black box* des rationalen Agenten wird der Blick frei für die Beeinflussung der Individuen durch die Gesellschaft, insbesondere via Normen und Institutionen. Wie im ersten Abschnitt erläutert, läßt sich die *Ausbildung* von Institutionen und Normen sehr wohl mit Hilfe des Modells des rationalen Agenten analysieren. Der umgekehrte Prozeß jedoch, der *Einfluß* von Institutionen und Normen auf die Individuen, läßt sich nicht mit dem Modell des rationalen Agenten verstehen, da in diesem Modell das Individuum eine *black box* ohne interne Struktur ist, in dem Institutionen und Normen keine Spuren hinterlassen können. Beispielsweise lassen sich die im zweiten Abschnitt erwähnten Entscheidungsmechanismen wie etwa tradierte gesellschaftliche Regelungen oder individuelle Abwägungsprozesse, die sich auf die interne Entscheidungsstruktur von Individuen beziehen, im Modell des rationalen Agenten nicht einmal thematisieren. Mit dem im vorigen Abschnitt skizzierten Modell der Charaktere steht uns nun ein Rahmen zur Verfügung, die Beeinflussung, oder gar Prägung, der Individuen durch die Gesellschaft genauer zu beschreiben. Anläßlich der Diskussion innerer Konflikte habe ich bereits auf die Bedeutung von Reflexionsprozessen auf seiten des Individuums hingewiesen. Sicher, oft ist ein Individuum auf Gedeih und Verderb zu einer Entscheidung gezwungen. Angesichts von inneren Konflikten ist das Individuum aber auch zur Reflexion gezwungen. Bei konfligierenden Aspekten stellt sich die Frage nach dem Für und Wider der beteiligten Aspekte. Mit anderen Worten, die Aspekte fungieren als Meta-Alternativen, die ihrerseits unter Meta-Aspekten betrachtet werden. Eine angestrebte rationale Entscheidung führt im Falle innerer Konflikte also zunächst einmal dazu, die Alternativen nicht zu entscheiden, sondern die Aspekte zu reflektieren. Es liegt nun in der Natur von Reflexionsprozessen iterierbar zu sein und kein natürliches Ende aufzuweisen. Das heißt nicht notwendigerweise, daß ein Reflexionsprozeß als ein unendlicher Prozeß betrachtet werden muß. Es mag sein, daß ein solcher Prozeß von sich aus auf der Stelle tritt (einen Fixpunkt hat), sich wiederholt (periodisch ist) oder sich einer bestimmten Position nähert (asymptotisch stabil ist), also aus praktischen Gründen als ein endlicher Prozeß gelten kann. Natürlich, die Wirklichkeit erlaubt keine unendlichen Prozesse, und ein Reflexionsprozeß wird, wenn nicht von sich aus, so durch die Lebenspraxis ein Ende finden.

In dieser Hinsicht ist ein Experiment interessant, das REINHARD SELTEN und Mitarbeiter mit den Lesern einer Zeitschrift durchgeführt haben, und das ich kurz schildern will (SELTEN/NAGEL 1998). Die Leser wurden aufgefordert, eine beliebige Zahl (also nicht unbedingt eine ganze Zahl) zwischen 0 und 100 (einschließlich) einzusenden. Wer mit seiner Einsendung zwei Dritteln des Durchschnitts aller genannten Zahlen am nächsten käme, sollte einen Preis erhalten. Ein rationales Vorgehen würde einen fortwährenden Reflexionsprozeß etwa der folgenden Art implizieren. Einmal angenommen, alle Teilnehmer würden die Zahl 100 nennen. Dann wäre der Durchschnitt 100 und die Zielzahl, nämlich zwei Drittel des Durchschnitts, wäre $66\,^2/_3$. Da jeder diese Überlegung anstellen kann, sollte jeder die Zahl $66\,^2/_3$ wählen. Dann wäre aber $66\,^2/_3$ der Durchschnitt und man sollte als Zielzahl zwei Drittel von $66\,^2/_3$ wählen, also rund 44,4. Auch diese Überlegung kann jeder anstellen, usw. Die weitere Fortsetzung dieses Reflexionsprozesses führt schließlich zur Wahl von 0 als Zielzahl. In der Tat ist 0 das einzige Gleichgewicht im spieltheoretischen Sinne. Dieses Argument läßt sich in analoger Weise für den allgemeinen Fall durchführen, bei dem die Teilnehmer irgendwelche Zahlen eingesandt haben. Nach einer Beschreibung der rationalen Agenten in der Spieltheorie schreiben die Autoren:

„Dabei geht man in der Spieltheorie meist zusätzlich davon aus, daß die Rationalität aller Beteiligten gemeinsames Wissen ist. Alle handeln rational; alle wissen, daß alle rational handeln; alle wissen, daß alle wissen, daß alle rational handeln - und so weiter." (SELTEN/ NAGEL 1998, S. 16)

Um so überraschender ist das tatsächliche Ergebnis dieses Zahlenwahlspiels: Der tatsächliche Durchschnitt aller 2728 eingesandten Zahlen betrug 22,08 und die Zielzahl (zwei Drittel des Durchschnitts) mithin 14,72 (gerundet). Wie ist das zu erklären? Offensichtlich wurde der skizzierte Reflexionsprozeß - unabsichtlich oder nicht - nicht sehr weit fortgeführt. Die Autoren kommentieren das Ergebnis ihres Experiments folgendermaßen:

„Offenbar waren die starken Rationalitätsannahmen der klassischen Spieltheorie also nicht erfüllt. Viele Einsender vollzogen nicht einmal die ersten Schritte einer rationalen Analyse nach oder blieben auf halbem Wege stehen. Kluge Teilnehmer haben dies bei der Wahl der eigenen Strategie berücksichtigt. Etliche legten zunächst die rationale Lösung dar und äußerten dann die richtige Vermutung, daß wohl nicht alle so weit dächten; allerdings unterschätzten sie meist das Ausmaß der Abweichung von der vollen Rationalität bei den Mitspielern. [...] Insgesamt bleibt festzustellen, daß es nicht empfehlenswert ist, blindlings abstrakten spieltheoretischen Lösungen zu vertrauen. Man kann eben nicht sicher sein, daß andere die Situation genauso scharf analysieren wie man selbst. Beim menschlichen Verhalten führt ein rein theoretischer Zugang häufig in die Irre." (SELTEN/NAGEL 1998, S. 17 und 21)

Weiter unten werde ich auf dieses Experiment noch einmal zurückkommen. Im Anschluß an das Charakter-Modell des vorigen Abschnitts möchte ich nun diskutieren, welche Rolle Normen und Institutionen bei der individuellen Entscheidungsfindung spielen *können* und spielen *müssen*. Dabei wird auch der eben erörterte Reflexionsprozeß von Bedeutung sein.

Inwiefern *können* Normen eine Rolle spielen? Institutionen können in einer Gesellschaft freier Individuen nur begrenzt an den Alternativen ansetzen und dem Individuum diktieren, welche er vorzuziehen habe.[10] Einen gewissen Einfluß haben Institutionen, wie etwa Elternhaus oder Schule, auf die Aspekte, unter denen ein Individuum Alternativen beurteilt. Neben Aspekten, die sachlich mit der Natur der Alternativen verbunden sind oder Aspekten, die in der Natur des Individuums verankert sind, spielen auch Aspekte eine Rolle, die gesellschaftlicher Natur sind. So kann beispielsweise für einen Gast auf einer Party bei der Auswahl eines Kuchenstücks neben seinem Schmacht auf Süßes auch der Aspekt der Höflichkeit eine Rolle spielen. Beide Aspekte konfligieren, wenn der Partygast aus Schmacht ein größeres Stück einem kleineren, aber aus Gründen der Höflichkeit ein kleineres Stück einem größeren vorzieht.[11]

Bleiben wir bei diesem Beispiel. Vielleicht noch interessanter als die Tatsache, daß ein Aspekt institutionell via „Sitte" generiert sein kann, ist die Frage, welche Rolle Institutionen bei der Lösung eines eventuellen Konfliktes spielen können. Im Falle eines Konfliktes hat der Partygast nicht mehr nur zwischen Kuchenstücken unterschiedlicher Größe, sondern zwischen Schmacht und Höflichkeit abzuwägen. Das nun ist eine Frage grundsätzlicher Natur, zu deren Beantwortung das Individuum so etwas wie „Wertmaßstäbe" benötigt. Denkbar, daß das Individuum aufgrund eines religiösen oder moralischen Prinzips entweder „Schmacht" oder „Höflichkeit" die Priorität gibt. Denkbar aber auch, daß dabei zwei (oder mehr) Prinzipien miteinander in Konflikt geraten. Beispielsweise könnte das Prinzip „Ansehen bei den Mitmenschen" - das „Höflichkeit" über „Schmacht" favorisiert - konfligieren mit dem Prinzip „Jeder ist sich selbst der nächste" - das „Schmacht" über „Höflichkeit" favorisiert. Eine Lösung des Konflikts auf dieser Ebene würde noch weitergehende allgemeinere Sichtweisen erfordern:

> Je größer der Allgemeinheitsgrad der Ebene, auf der der Konflikt angesiedelt ist, desto größer ist meines Erachtens der Einfluß institutioneller Regelungen, wie etwa moralischer Normen, da letztere ihrer Anlage nach allgemeiner Natur sind.

Inwiefern *müssen* institutionelle Regelungen im Hinblick auf die Charaktere handelnder Individuen wirksam werden? Ich habe argumentiert, daß ein wesentlicher Bestandteil eines Charakters die Entscheidungsregel F ist und daß für deren Ausbildung auf seiten des Individuums ein Reflexionsprozeß in Gang gesetzt wird, der im allgemeinen nicht von sich aus ein natürliches

Ende besitzt. In seiner Lebenspraxis ist ein Individuum aber gezwungen, Entscheidungen zu treffen und dazu den Reflexionsprozeß zu beenden. An dieser Stelle müssen informelle und formale Institutionen wirksam werden. Natürlich kann ein Individuum selbst jederzeit seinen Reflexionsprozeß abbrechen - oder ihn erst gar nicht in Gang setzen und stattdessen, beispielsweise, würfeln. In dem weiter oben diskutierten Zahlenwahlspiel, in dem ja offensichtlich der Abbruch von Reflexionsprozessen eine Rolle spielt, haben bei einigen Einsendern Willkür und Zufall eine Rolle gespielt - wie bei jenem Einsender, der als Zahl die Haarlänge seiner Freundin wählte (SELTEN/NAGEL 1998, S. 16). Ein solcher willkürlicher Akt mag ausdrücken, daß ein Individuum sinnvolle Reflexionen in gewissen Situationen für schwierig hält, er wird von dem Individuum aber kaum als angemessen betrachtet werden. Es wird befriedigender für ein Individuum sein, wenn es einen (schwierigen) Reflexionsprozeß abbrechen kann unter Berufung auf eine Rechtsvorschrift oder eine soziale Norm, da institutionelle Regelungen für die Individuen externe Sachverhalte darstellen, die entlastende Wirkung haben. Außerdem können durch institutionelle Regelungen eventuelle Kosten von Reflexionsprozessen reduziert werden.

Im Hinblick auf die *Wirkung* von Institutionen auf die Charaktere lassen sich zwei Extremfälle unterscheiden: Der *homo oeconomicus* und der *homo sociologicus*.[12] Für den *homo oeconomicus*, bei dem innere Konflikte ausgeblendet sind, spielen Institutionen allenfalls als Restriktionen bei der Wahl der besten Alternative eine Rolle. Der *homo sociologicus* dagegen, von inneren Konflikten geplagt, wird in seinen Handlungen direkt durch institutionelle Regelungen determiniert. Die Internalisierung von Normen, die generell für die verschiedenen Komponenten eines Charakters von Bedeutung ist, spielt beim *homo sociologicus* eine besonders wichtige Rolle.[13]

Die bisherige Diskussion der Rolle von Institutionen für die Charaktere soll die folgende Abbildung 1 noch einmal schematisch auf den Punkt bringen:

Für das simple *Beispiel von Büroleiter Jones* läßt sich dies Schema folgendermaßen interpretieren. In diesem Beispiel spielt die Internalisierung von Normen für die Alternativen (die drei Bewerberinnen) und die Aspekte (Tippen und Stenographie) keine Rolle. Hinsichtlich der Maßstäbe (Aspekte von Aspekten) ist vorstellbar, daß Jones eine Konvention internalisiert hat, die ihn etwa die Summenregel anwenden läßt. Denkbar auch, daß Jones eine formale Vorschrift der Firma internalisiert, gemäß der im Zweifelsfalle Stenographie wichtiger einzustufen ist als Tippen. Es könnte aber auch sein, daß auf der Ebene der Maßstäbe direkt keine Norm greift, was Jones zu einer globaleren Sichtweise zwingt. Hier könnte Jones eine Norm internalisiert haben, der gemäß er niemals ein Risiko eingehen sollte. Konkret könnte das heißen, daß Jones die Auswahl einer Sekretärin als riskant ansieht, wenn sie in einer Sparte unter dem entsprechenden Durchschnitt der drei Bewerberinnen liegt. Gemäß dieser Sicht würde er Jane und Lilly als riskant ansehen, nicht aber Dolly. (Würde Jones hier von sich aus gewisse Mindestzahlen vorgeben, könnte dies dazu führen, daß er keine der Bewerberinnen anstellen will.)

Abbildung 1: Individueller Entscheidungsprozeß

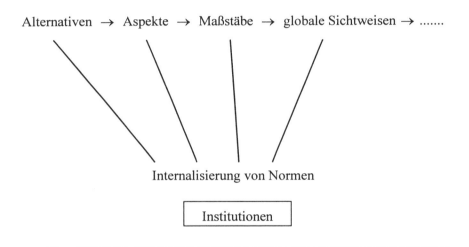

In dem erörterten Modell wird die Prägung von Menschen durch Institutionen auf einer erweiterten Reflexionsstufe angesetzt. Das gilt insbesondere für moralische Normen. Eine moralische Intervention auf der Ebene der täglichen konkreten Alternativen scheint mir unsinnig und auch gefährlich, wenn man an entsprechende historische und auch aktuelle Praktiken denkt. Auf einer höheren Reflexionsstufe ermöglichen moralische Normen jedoch die Ausbildung von Entscheidungsregeln - sie sind gewissermaßen die Bedingung der Möglichkeit vernünftiger Entscheidungen. So gesehen hat Moral mehr mit dem Kopf als mit dem Bauch oder dem Herzen zu tun.

5. Die Einheit der Person und Selbstbewußtsein

Der traditionelle rationale Agent ist gewissermaßen ein Punkt ohne innere Struktur. Fragen nach der Einheit der Person, nach Selbstbewußtsein oder anderen Selbstbezügen stellen sich nicht. Das ist anders nach Öffnung der *black box* des rationalen Agenten und der Thematisierung einer internen Struktur in Gestalt von inneren Konflikten und, darauf aufbauend, eines Charakters. „Innere Konflikte" meint Konflikte innerhalb *einer* Person und bezieht sich nicht etwa auf mehrere Personen. Was aber heißt das, eine Person, eine *einheitliche* Person - angesichts von Konflikten? Was macht diese Einheit aus und worin besteht sie? Eine physisch/leibliche Einheit ist nicht gemeint - wohl aber vorausgesetzt.

Vor einer allzu schnellen Antwort auf die Frage, was die Einheit einer Person denn ausmache, sollte bedacht werden, daß innere Konflikte sehr weit gehen können, bis hin zur *Desintegration* des Individuums. Hier kann man an das Phänomen der multiplen Persönlichkeit denken oder an das Suchtverhalten hinsichtlich diverser Drogen (siehe dazu ELSTER 1986). Es scheint sehr plausibel zu sein, Suchtverhalten mit inneren Konflikten und Formen nicht harmonischer Charaktere in Verbindung zu bringen. Obwohl es gewisse Ähnlichkeiten zwischen dem hier erörterten Charakter-Modell und dem von kollektiven Entscheidungen in der Theorie sozialer Entscheidungen gibt, erwartet man von ersterem doch eine größere Einheitlichkeit, da es sich auf eine Person bezieht. Der „Schlachtplatz" ist eine einzelne Person und ein einzelnes Gehirn - eine soziale Gruppe besitzt kein einheitliches Gehirn. So wirkt es denn einerseits plausibel, doch andererseits überzogen, wenn in der Literatur von "*multiple* self", "several *selves*" oder der "person as a *club*" gesprochen wird.[14]

Das Problem der *personalen Einheit* ist zentral für jeden Begriff des rationalen Egoisten. „Egoistisch sein", d.h., seine eigenen Interessen zu verfolgen, setzt einiges voraus. Zunächst einmal eine abgrenzbare Einheit, ein „Ego", ein „Ich". Sodann, wohl noch wichtiger, eine Vorstellung des „Ego", was „seine eigenen" Interessen sind - nicht etwa die von anderen. „Egoistisch sein" setzt auf seiten des Individuums Selbsterkenntnis und Selbstbewußtsein voraus. Woher könnte ein Individuum denn wissen, was *seine* Interessen sind? Nicht notwendigerweise entsprechen die Handlungen eines Individuums seinen Interessen. Es ist eine bekannte Möglichkeit, daß ein Mensch sich selbst nicht richtig versteht oder sich selbst betrügt. Im Falle von inneren Konflikten macht die Rede von *den* Interessen eines Individuums erst dann einen Sinn, wenn die konfligierenden Einschätzungen zu einer *Gesamt*einschätzung aggregiert sind. Eine solche ist Teil des Charakters wie er in Abschnitt 3 erörtert wurde und impliziert für einen Egoisten Selbstreflexion und Selbstbewußtsein.

Dabei spielt auch hier das grundsätzliche Problem der *unvollständigen Information* eine Rolle, sogar eine doppelte:

- Ein Individuum hat keine vollständige Information über die Außenwelt, zu der die Umgebung gehört, innerhalb derer es agiert. So hat es über die Wirkungsweise seiner Aktionen nur eine unvollständige Information.
- Es liegt eine grundsätzliche Schwierigkeit für ein Individuum darin, über sich selbst informiert zu sein, sich selbst zu kennen. Grund ist die Selbstbezüglichkeit, die bereits auf logisch/analytischer Ebene beträchtliche Schwierigkeiten bereitet.[15]

Letztendlich kann man beim Blick ins Innere des rationalen Egoisten nicht die Augen abwenden von der alten und herausfordernden Frage nach dem Selbstbewußtsein von Individuen (siehe dazu FRANK 1991). Dies ist eine Frage, die in sumpfiges Gelände führt, wo Fuß zu fassen schwierig ist, und selbst wenn das gelingt, ist die Frage begrifflich knifflig (für einen Versuch einer formalen Analyse siehe KRAUSE 1998). Es handelt sich hier aber nicht nur um eine theoretische Angelegenheit, sondern auch um eine von praktischer Bedeutung. Was das Leben angeht, taugt der rationale Egoist zur tragischen Figur - von den rational verfolgten Zielen könnte sich schließlich herausstellen, daß es nicht die eigenen sind.

Anmerkungen

1 Für einen allgemeinverständlichen Überblick siehe CASTI 1997 und die dort angegebene Literatur; zu Computersimulationen im Bereich der Moralphilosophie siehe HEGSELMANN 1998; zu Simulationen in den Sozialwissenschaften allgemein siehe HEGSELMANN/MUELLER/TROITZSCH 1996; siehe auch KRAUSE/STÖCKLER 1997.
2 Unter einem rationalen Agenten verstehe ich hier und im folgenden ein Individuum, das hinsichtlich einer vorgegebenen Menge von Alternativen eine Präferenzrelation besitzt und das aus Teilmengen von Alternativen jeweils eine solche wählt, die maximal im Sinne der Präferenzrelation ist. Eine Präferenzrelation (Ordnung) ist dabei eine binäre Relation, die reflexiv, transitiv und vollständig ist; siehe SEN 1970 für Details.
3 Natürlich gilt diese Aussage, wie andere auch, nicht nur für den Egoisten, sondern entsprechend auch für die Egoistin.
4 Siehe etwa SEN 1970 zur Axiomatik individueller Entscheidungen im Rahmen binärer Relationen. Zur Problematik dieser Axiomatik angesichts von inneren Konflikten siehe STEEDMANN/KRAUSE 1986.
5 Zum Verhältnis von Psychologie und Ökonomie in neuerer Zeit siehe den sehr aufschlußreichen Sammelband HOGARTH/REDER 1987.
6 HASLINGER thematisiert sodann die Konsequenzen, die die Unterschiedlichkeit von Individuen in Form von Informationsasymmetrien haben kann.
7 Für Details siehe KRAUSE 1995.
8 Diese Stabilität besteht in einer Invarianz numerischer Spezifikationen gegenüber gewissen Transformationen; siehe genauer KRAUSE 1995.
9 Bei einem numerischen Charakter werden die Ordnungen $R_1, ..., R_n$ durch reellwertige Funktionen $f_1, ..., f_n$ auf A induziert. Die Gesamteinschätzung ergibt sich, beispielsweise, als die durch die Summe $f_1 + f_2 + ... + f_n$ induzierte Ordnung R. Der dadurch definierte Charakter ist instabil in dem Sinne, daß kleine Irrtümer in den numerischen Spezifikationen f_1 zu einer Änderung von R führen können, obwohl die R_1 unverändert bleiben. Siehe dazu genauer KRAUSE 1995.
10 Natürlich sind die Alternativen zwischen denen ein Individuum eine Auswahl trifft auch durch Institutionen und Normen geformt. Über die Variable n, die Anzahl der Alternativen, können überdies Institutionen und Normen den Charakter von Individuen formen.
11 Siehe zu diesem Beispiel STURN 1997, S. 217, der anhand dieses Beispiel illustriert, wie eine anscheinend irrationale Handlung - Wahl eines kleineren Kuchenstücks - sich bei Erweiterung der Handlungsgründe als vernünftig entpuppen kann.
12 Für eine Analyse dieser beiden Typen siehe den Beitrag von WEISE in diesem Band sowie den Beitrag von SCHMID.
13 Zur Internalisierung von Normen siehe die Beiträge von SCHLICHT und WEISE in diesem Band. Zu der Möglichkeit, Transaktionskosten zu senken durch die Internalisierung von ethisch geprägten Standards, siehe HELD 1997.
14 Für eine Kritik an der Vorstellung, Suchtverhalten durch ein strategisches Spiel mehrerer *homunculi* mit den üblichen Nutzenfunktionen innerhalb einer Person zu modellie-

ren, siehe GÜTH/KLIEMT 1996. Für den Versuch, die Einheit der Person in dem „Lebensprojekt" oder der „rationalen Lebensführung" eines Individuums zu orten siehe PRIDDAT 1997 und SCHEFCZYK 1998.
15 Man denke an die diesbezüglichen Paradoxa. Daß Selbstwahrnehmung, Bewußtsein und Selbstbewußtsein trotz immenser begrifflicher Probleme sich dennoch, partiell zumindest, empirisch untersuchen lassen, zeigen neuere Entwicklungen in der Neurobiologie, der Kognitionsforschung und der künstlichen Intelligenz. Siehe dazu METZINGER 1995.

Mein Dank gilt den Teilnehmern der Tutzinger Tagung für anregende Diskussionen und insbesondere den Herausgebern Martin Held und Hans G. Nutzinger für ihre ausführlichen und hilfreichen Kommentare.

Literaturverzeichnis

ARROW, K.J. (1987). Rationality of Self and Other in an Economic System. In: HOGARTH, R.M. und REDER, M.W. (Hg.). *Rational Choice. The Contrast between Economics and Psychology.* Chicago/London: The University of Chicago Press, 201-215.

CASTI, J.L. (1997). *Would-be Worlds. How Simulation is Changing the Frontiers of Science.* New York u.a.: John Wiley & Sons.

ELSTER, J. (Hg.) (1986). *The Multiple Self.* Cambridge u.a.: Cambridge University Press.

FEHIGE, CH. und WESSELS, U. (Hg.) (1998). *Preferences.* Berlin/New York: de Gruyter.

FRANK, M. (1991). *Selbstbewußtsein und Selbsterkenntnis.* Stuttgart: Reclam.

GÜTH, W. und KLIEMT, H. (1996). One person - many players? On Björn Frank's 'The use of internal games: The case of addiction. *Journal of Economic Psychology* Vol. 17, 661-668.

HASLINGER, F. (1997). Individuum und Verteilung in einer unsicheren Welt - Zur Rolle der Moral in der Ökonomik. In: HELD, M. (Hg.). *Normative Grundfragen der Ökonomik. Folgen für die Theoriebildung.* Frankfurt/New York: Campus, 150-167.

HEGSELMANN, R. (1998). Experimental Ethics: A Computer Simulation of Classes, Cliques, and Solidarity. In: FEHIGE, CH. und WESSELS, U. (Hg.). *Preferences.* Berlin/New York: de Gruyter, 298-320.

HEGSELMANN, R., MUELLER, U. und TROITZSCH, K.G. (Hg.) (1996). *Modelling and Simulation in the Social Sciences from the Philosophy of Science Point of View.* Dordrecht etc.: Kluwer.

HELD, M. (1997). Norms matter - Folgerungen für die ökonomische Theoriebildung. In: HELD, M. (Hg.). *Normative Grundfragen der Ökonomik. Folgen für die Theoriebildung.* Frankfurt/New York: Campus, 11-40.

HELMSTÄDTER, E. (1997). Über die Gerechtigkeit gerechter Regeln. In: HELD, M. (Hg.). *Normative Grundfragen der Ökonomik. Folgen für die Theoriebildung.* Frankfurt/New York: Campus, 41-57.

HOGARTH, R.M. und REDER, M.W. (Hg.) (1987). *Rational Choice. The Contrast between Economics and Psychology.* Chicago/London: The University of Chicago Press.

HOLLIS, M. und VOSSENKUHL, W. (Hg.) (1992). *Moralische Entscheidungen und rationale Wahl.* München: R. Oldenbourg.

KRAUSE, U. (1991). Eigennutz und ethische Gefühle oder Wie wird man ein guter Egoist? In: *Ökonomie und Gesellschaft*, Jahrbuch 9. Frankfurt/New York: Campus, 45-63.

-"- (1992). Rationalität angesichts von Konflikten. In: HOLLIS, M. und VOSSENKUHL, W. (Hg.). *Moralische Entscheidung und rationale Wahl.* München: R. Oldenbourg, 101-114.

-"- (1995). Essentially lexicographic aggregation. *Social Choice and Welfare,* Vol. 12, 233-244.

-"- (1998). Rechenverfahren, Reflexion und Selbstbewußtsein. Manuskript, Universität Bremen. Im Erscheinen.

KRAUSE, U. und STÖCKLER, M. (Hg.) (1997). *Modellierung und Simulation von Dynamiken mit vielen interagierenden Akteuren.* Preprint, Universität Bremen.

LEVI, I. (1986). *Hard Choices. Decision Making Under Unresolved Conflict.* Cambridge u.a.: Cambridge University Press.

LOHMANN, K.R. und PRIDDAT, B.P. (Hg.) (1997). *Ökonomie und Moral. Beiträge zur Theorie ökonomischer Rationalität.* München: R. Oldenbourg.

METZINGER, TH. (Hg.) (1995). *Conscious Experience.* Paderborn: Schöningh.

PRIDDAT, B.P. (1997). Moralischer Konsum. Über das Verhältnis von Rationalität, Präferenzen und Personen. In: LOHMANN, K.R. und PRIDDAT, B.P. (Hg.). *Ökonomie und Moral. Beiträge zur Theorie ökonomischer Rationalität.* München: R. Oldenbourg, 175-193.

SCHEFCZYK, M. (1998). Selbstbindung und die Einheit der Person. Vortragsmanuskript, Universität Witten-Herdecke. Im Erscheinen.

SELTEN, R. und NAGEL, R. (1998). Das Zahlenwahlspiel - Ergebnisse und Hintergrund. *Spektrum der Wissenschaft,* Februar 1998, 16-22.

SEN, A.K. (1970). *Collective Choice and Social Welfare.* San Francisco u.a.: Holden-Day.

STEEDMAN, I. und KRAUSE, U. (1986). Goethe's *Faust,* Arrow's Possibility Theorem and the individual decision taker. In: ELSTER, J. (Hg.). *The Multiple Self.* Cambridge u.a.: Cambridge University Press, 197-231.

STURN, R. (1997). Moral, Normen und ökonomische Rationalität. In: HELD, M. (Hg.). *Normative Grundfragen der Ökonomik. Folgen für die Theoriebildung.* Frankfurt/New York: Campus, 213-237.

Gebhard Kirchgässner

Bedingungen moralischen Handelns

1. Einleitung

Moralisches Handeln gilt allgemein als „gutes" Handeln. Die Frage nach den Bedingungen solch guten Handelns kann verschieden aufgefaßt werden. Zum einen kann man normativ vorgehen und fragen, welches die Bedingungen dafür sind, daß ein Handeln als „gut" einzustufen ist. Die Beantwortung dieser Frage wird gemeinhin als eine Aufgabe der Philosophie bzw. ihrer Teildisziplin, der Ethik betrachtet. Der Sozialwissenschaftler wird zum anderen vor allem nach den (gesellschaftlichen) Bedingungen fragen, die gelten müssen, damit sich Menschen entsprechend verhalten. Dafür muß er aber wissen, welches Verhalten als moralisch (gut) eingestuft werden soll. Auch wenn er nicht begründen kann oder will, warum eine Handlung bzw. ein Verhalten als gut eingestuft werden soll, benötigt er eine Definition moralischen Handelns.

Weshalb aber ist die Frage nach den Bedingungen moralischen Handelns eine Frage, welche das Interesse des Ökonomen wecken sollte? Darauf gibt es (mindestens) zwei Antworten. Zum einen gibt es starke Evidenz dafür, daß moralisches Verhalten nicht nur vorkommt, sondern von hoher gesellschaftlicher Relevanz und für das Funktionieren einer modernen demokratischen Gesellschaft sogar notwendig ist (KIRCHGÄSSNER 1996). So beteiligen sich viele Bürgerinnen und Bürger an Abstimmungen und Wahlen, ohne daß dieses aus reinem Eigeninteresse heraus erklärbar ist. Sie leisten damit freiwillig Beiträge zur Erstellung des öffentlichen Gutes „Funktionsfähigkeit der Demokratie", welches ohne diese Beiträge nicht zustande käme. Die Erklärung, die dafür seit langem angeboten wird, ist, daß die Bürger dies tun, um ihrer Bürgerpflicht zu genügen.[1] Damit wird unterstellt, daß sie moralisch handeln.

Für die Ökonomie ergibt sich zum anderen auch ein methodisches Problem. Üblicherweise wird im Rahmen des ökonomischen Verhaltensmodelles, des *homo oeconomicus*, unterstellt, daß sich die Menschen eigeninteressiert rational, bzw. wie RAWLS (1971, S. 168) es nennt, „gegenseitig desinteressiert vernünftig" verhalten.² In dieser Verhaltensannahme scheint für moralisches Handeln kein Platz zu sein. Ist deshalb der homo oeconomicus (notwendig) un- bzw. nicht-moralisch? Oder gibt es Bedingungen, unter welchen sich (auch) der homo oeconomicus moralisch verhält?

Die Wirtschaftsethik hat dafür unterschiedliche Antworten gefunden.³ Folgt man dem vertragstheoretischen Ansatz, z.B. in der von HOMANN vertretenen Variante der „Ordnungsethik", so kommt es vor allem darauf an, daß die Rahmenordnung so gestaltet ist, daß auch homines oeconomici, die ihren Eigennutz verfolgen, sich so verhalten, daß ihre Handlungen als moralisch gerechtfertigt gelten können (HOMANN/KIRCHNER 1995; HOMANN/PIES 1994). Was dabei letztlich als gute Handlung zu betrachten ist, wird dem Verfassungsgeber anheim gestellt, d.h. denjenigen, die über die Rahmenordnung entscheiden. „Objektive" bzw. „wahre" Grundsätze gibt es dabei nicht, und die Frage des individuellen moralischen Handelns tritt in den Hintergrund.

Ganz anders sieht dies der auf der Diskursethik basierende Ansatz von ULRICH, der letztlich auf der Konsensustheorie der Wahrheit beruht (ULRICH 1989, 1996). In dieser kognitivistischen Variante wird unterstellt, daß auch Normen wahrheitsfähig sind und daß es deshalb darauf ankommt, daß die Individuen die richtigen Normen (z.B. mit Hilfe des herrschaftsfreien Diskurses) erkennen und ihnen folgen. Selbstverständlich geht es auch hier darum, Verfassungsregeln zu finden, die solches Handeln ermöglichen. Aber dieses Handeln soll, damit es als moralisch qualifiziert werden kann, die eigenen Interessen transzendieren und „verallgemeinerbaren" Interessen dienen.

Da sich mit dem Wegfall der Möglichkeit einer Letztbegründung normativer Sätze der Ansatz einer kognitivistischen Ethik als Irrweg erwiesen hat, soll hier im Prinzip dem Ansatz der Ordnungsethik gefolgt werden. Dabei ist jedoch zu berücksichtigen, daß es *auch* um das moralische Handeln einzelner geht. Zum einen dürfte auch bei der Setzung der Rahmenordnung moralisches Handeln einzelner notwendig sein, da der Schleier der Ungewißheit nicht so dicht ist, daß „gegenseitig desinteressierte Vernünftigkeit" im Sinne von RAWLS ausreichend für die Setzung fairer Regeln ist. Zum anderen ist, wie in KIRCHGÄSSNER (1996) ausführlich dargestellt wurde, selbst bei einer optimal ausgestalteten Rahmenordnung moralisches Handeln der Individuen für das (gute) Funktionieren von Marktwirtschaft und Demokratie notwendig. Daher kann nicht alles in die Diskussion der Rahmenordnung verlagert werden, ohne daß das moralische Handeln der einzelnen mitbedacht wird. Wenn in diesem Beitrag nach den Bedingungen moralischen Handelns gefragt werden soll, dann geht es dennoch vor allem um die gesellschaftlichen und weniger um die individuellen Bedingungen, die solches Handeln ermöglichen.

Bevor man die Frage nach solchen Bedingungen sinnvoll stellen kann, muß zunächst einmal angegeben werden, was unter moralischem Handeln verstanden werden soll. Daher wird im folgenden zuerst eine Definition moralischen Handelns vorgeschlagen (*Abschnitt 2*). Der Schwerpunkt liegt dabei auf freiwilligen Beiträgen zur Erstellung öffentlicher Güter, da dies der gesellschaftlich wohl bedeutsamste Fall moralischen Handelns sein dürfte. Dabei wird auch auf die Beziehung zwischen moralischem Handeln und intrinsisch motiviertem Verhalten eingegangen. Im *3. Abschnitt* werden fünf Bedingungen aufgezeigt, welche erfüllt sein müssen, damit moralisches Handeln auftreten bzw. stabil sein kann. Diese Bedingungen werden am Fall des Unternehmerhandelns illustriert. Anschließend fragen wir, ob es überhaupt wünschbar ist, daß Bedingungen für moralisches Handeln geschaffen werden (*Abschnitt 4*). Diese Frage mag manchen überraschen, da moralisches Handeln, wie oben ausgeführt wurde, gemeinhin als „gut" betrachtet wird. Da Bedingungen, welche moralisches Handeln ermöglichen, immer auch dessen Mißbrauch zulassen, ist eine solche Wünschbarkeit jedoch nur begrenzt gegeben. Wir schließen in *Abschnitt 5* mit einigen Bemerkungen zum Beitrag der ökonomischen Theorie zu dieser Diskussion.

2. Zur Definition und Klassifikation moralischen Handelns

Umgangssprachlich kann man von moralischem Handeln immer dann sprechen, wenn eine „in sich gute" Handlung um ihrer selbst willen und nicht zum Erreichen eines bestimmten Zwecks ausgeführt wird.[4] Das Problem hinter dieser Definition moralischen Handelns besteht jedoch darin festzulegen, was eine „in sich gute" Handlung sein soll, die um ihrer selbst willen ausgeübt wird. Und weshalb sollte eine Handlung überhaupt um ihrer selbst willen ausgeführt werden? Geht man von vorgegebenen (göttlichen) Normen aus, die bestimmte Handlungen fordern, so wird eine Handlung nie um ihrer selbst willen ausgeführt, sondern um dieser Norm zu entsprechen. Damit stellt sich die Frage, weshalb man einer solchen Norm folgen sollte. Diese von den einzelnen Religionen unterschiedlich beantwortete Frage transzendiert den wissenschaftlichen Diskurs. Ohne Berufung auf übermenschliche Autoritäten verbleibt als Möglichkeit kaum etwas anderes als der Rekurs auf die Interessen anderer Menschen. Moralisches Handeln wird damit identisch mit altruistischem Verhalten, weshalb diese beiden Begriffe im folgenden synonym verwendet werden.

Von altruistischem Verhalten kann man sprechen, wenn eine mit Kosten verbundene Handlung ausgeführt wird, die zwar den Nutzen anderer, prima facie aber nicht (bzw. allenfalls marginal) den eigenen Nutzen steigert; der eigene Nettonutzen wird - wegen der dem Handelnden entstehenden Kosten

- sogar beeinträchtigt. Es geht also nicht um *kluges* Verhalten, von dem man dann sprechen kann, wenn Handeln gemäß moralischer Normen (auch) im langfristigen Interesse des Handelnden ist, sondern um Handeln, welches auch langfristig für den Handelnden mit Kosten verbunden ist: Ein Individuum i handelt (in einer Gesellschaft von n Individuen) dann altruistisch, wenn es einen positiven Beitrag $z_{ij} > 0$ leistet, welcher den Nutzen eines anderen Individuums j, $i \neq j$, fördert, $\partial U_j/\partial z_{ij} > 0$, und wenn dieser Beitrag für das Individuum i mit Kosten verbunden ist, d.h. wenn er in der Budgetrestriktion wirksam wird. Das Individuum kann aus diesem Beitrag jedoch einen (psychologischen) Nutzen ziehen, wenn es einen bestimmten Betrag an Geld und/oder Zeit für einen „guten Zweck" aufwendet. Unter Einbeziehung dieser psychologischen Komponente läßt sich die Handlungsweise eines altruistischen Individuums damit in Anlehnung an ANDREONI (1990) darstellen als die Maximierung der Nutzenfunktion

(1) $\qquad U_i = U_i(x_{i1}, ..., x_{in}, U_j(z_{ij}), z_{ij})$,

deren erste Ableitungen alle nicht-negativ sind, unter der Nebenbedingung

(2) $\qquad y_i = \Sigma\, x_{ik}\, p_k + z_{ij}$,

mit $z_{ij} > 0$. Dabei sind x_{ik} die zu den Preisen p_k nachgefragten Mengen der einzelnen Güter k = 1, ..., n, die von Individuum i konsumiert werden, und y_i bezeichnet seine gesamten Ausgaben. Während der Beitrag z_{ij} hier wie ein privates Gut in die Nutzenfunktion eingeht, werden die Kosten des altruistischen Verhaltens in der Nebenbedingung (2) berücksichtigt. Dieser Beitrag hat damit neben dem „investiven Effekt" (zur Erhöhung des Nutzens anderer) auch eine „konsumtive Komponente". Diese formale Darstellung altruistischen Verhaltens durch die Maximierung der Nutzenfunktion (1) unter der Nebenbedingung (2) macht deutlich, daß altruistisches Verhalten wie ein positiver externer Effekt (des Konsums) behandelt werden kann.

Diese Darstellung berücksichtigt ausschließlich die individuelle Ebene. Entsprechendes Verhalten dürfte daher vorwiegend im Rahmen „kleiner" Gruppen auftreten. Dabei ist zu beachten, daß, folgt man dieser Definition, Verhalten häufig nur scheinbar altruistisch ist, sei es, daß dieses Verhalten durch gegenseitige soziale Kontrolle erzwungen wird, sei es, daß dieses Verhalten dazu dient, eine bestimmte Reputation zu erwerben.[5] Für unsere Fragestellung sind jedoch vor allem Situationen von Bedeutung, in denen es sich bei altruistischem Verhalten um einen freiwilligen Beitrag zur Erstellung eines öffentlichen Gutes handelt. Soweit sich dies im Rahmen „großer" Gruppen abspielt, ist nicht nur der Beitrag des einzelnen Individuums für das Zustandekommen des öffentlichen Gutes marginal und damit der (direkte) Nutzen, den es selbst aus *seinem eigenen Beitrag* zieht, vernachlässigbar gering. In solch großen Gruppen ist auch direkte soziale Kontrolle nur sehr eingeschränkt möglich. Zudem dürfen Reputationseffekte keine Rolle spielen. Altruistisches Handeln kann dann *nicht* als Verhalten im - verkappten oder aufgeklärten - Eigeninteresse interpretiert werden, und nur dann stellt solches Verhalten eine Herausforderung für die ökonomische Theorie dar. Das Standardbeispiel hierfür, welches in der Literatur ausgiebig diskutiert und oben bereits aufgeführt wurde, ist die Teilnahme an einer Wahl (siehe z.B. MARGOLIS 1982, S. 82 ff.)

Man mag gegen dieses Beispiel einwenden, daß ein Individuum, welches in einer demokratischen Gesellschaft leben möchte und sieht, daß eine hohe Wahlbeteiligung eine Voraussetzung für die Legitimität demokratisch getroffener Entscheidungen und damit für die Funktionsfähigkeit einer demokratischen Gesellschaft ist, seinen eigenen Beitrag nicht als vernachlässigbar gering einstufen dürfe, da es dann davon ausgehen müßte, daß alle anderen dies auch so sehen und entsprechend handeln, wodurch die Demokratie gefährdet würde. Dieses Argument ist aber falsch. Wir befinden uns hier in einem typischen Gefangenendilemma, wobei es sich um ein einmaliges Spiel handelt. Geht der einzelne nicht zur Wahl (oder Abstimmung), während sich sehr viele andere beteiligen, ist die demokratische Legitimität der Entscheidung nicht gefährdet. Beteiligen sich dagegen nur sehr wenige, so trägt auch seine Stimme (bei sehr vielen Wahlberechtigten) nicht zur Erhöhung der Legitimität bei. Da die Wahlbeteiligung mit Kosten verbunden ist, ist die dominante Strategie eindeutig die Enthaltung. Das Argument der Reziprozität, welches in diesem Zusammenhang gerne vorgebracht wird, unterstellt, wenn es gültig sein soll, daß das eigene Verhalten das Verhalten der anderen in entscheidendem Maße beeinflußt. Genau dies ist aber im Beispiel der Wahlbeteiligung (und auch in anderen ähnlich gelagerten Situationen) nicht der Fall. Genau darum braucht es ja moralisches Verhalten, um die Legitimität demokratischer Entscheidungen sicherzustellen; andernfalls könnte man tatsächlich von (aufgeklärtem) Eigeninteresse ausgehen, von individuell moralischem Handeln ganz absehen und der Moral - bestenfalls - noch einen Platz in der Rahmenordnung zuweisen, wie dies HOMANN in seinem Konzept der Ordnungsethik tut.

Formal läßt sich für altruistisches Verhalten bei der Erstellung eines öffentlichen Gutes gemäß ANDREONI (1990) die Situation folgendermaßen darstellen:[6]

(3)   Max: $U(x, Q(Z_- + z), z)$,
              $U_1 > 0, \ U_2 > 0, \ U_3 \geq 0, \ Q' := \partial Q / \partial z \geq 0$,

unter der Nebenbedingung

(4) $x + z = y, \ x, z \geq 0$.

Dabei sind Q das produzierte öffentliche Gut, z der Beitrag, welchen das Individuum leistet, Z_- der Beitrag, welchen alle anderen zusammen leisten, x der Wert der privaten Güter, welche das Individuum konsumiert, und y sein Einkommen. Für ein rationales Individuum im Sinne der ökonomischen Theorie gilt dann, wenn die Gruppe „groß" ist (für $n \to \infty$):

(5) $\qquad U_2 \cdot Q' = 0 \;\wedge\; U_3 = 0 \;\to\; z = 0$,

d.h. es wird sich nicht altruistisch, sondern wie ein Trittbrettfahrer verhalten.[7] Ein altruistisches Individuum zieht dagegen nicht nur (wie alle anderen) aus der Existenz des öffentlichen Gutes einen persönlichen Nutzen, sondern auch daraus, daß es selbst einen Beitrag zur Erstellung dieses Gutes geleistet hat. Der Beitrag des Individuums ist daher zweifach in der Nutzenfunktion enthalten, zum einen als Teil des öffentlichen Gutes und zum anderen als „privates Gut" (ANDREONI 1990, S. 465).

Bei Individuen, die sich entsprechend den Beziehungen (3) und (4) und damit - gemäß der gewählten Definition - „moralisch" verhalten, kann man, je nachdem, wie hoch die Kosten dieses Verhaltens sind und ob das angestrebte öffentliche Gut zustande kommt, vier verschiedene *Idealtypen* unterscheiden:

(i) *Der moralische Durchschnittsmensch*: Er weiß, daß sehr viele einen Beitrag leisten müssen, damit das öffentliche Gut zustande kommt. Wie viele andere leistet auch er seinen Beitrag freiwillig, und das öffentliche Gut kommt zustande. Die Kosten sind dabei für ihn vergleichsweise gering. Sie werden (mehr als) aufgewogen durch die moralische Befriedigung, an der Erstellung dieses Gutes mitgewirkt zu haben. Damit gilt:

$Q > 0, \; Q' \approx 0, \; z > 0$.

(ii) *Der Held*: Für die Erstellung des Gutes genügt es, wenn nur einer oder ganz wenige ihren Beitrag leisten. Dies bedeutet, daß die Kosten für die einzelnen sehr hoch sind. Soweit er selbst in den Genuß des öffentlichen Gutes kommt, zieht der Held aus seiner eigenen Aktivität auch direkt (zurechenbaren) Nutzen. Im Vergleich zum gesamten Nutzen, welcher sich aus seiner Aktion ergibt, ist sein persönlicher Nutzen allerdings gering:

$Q > 0, \; Q' > 0, \; z \gg 0$.

(iii) *Der Idealist*: Er weiß, daß viele einen Beitrag leisten müssen und daß es (fast) alle anderen nicht tun. Das öffentliche Gut kommt daher auch nicht zustande. Dennoch leistet er seinen Beitrag. Dessen Kosten sind allerdings gering:

$Q = 0$, $Q' = 0$, $z > 0$.

(iv) *Der Fanatiker*: Auch er weiß, daß das öffentliche Gut nicht zustande kommt und daß sein großer persönlicher Einsatz vergebens ist. Für Außenstehende erscheint daher sein Einsatz sinnlos. Dennoch handelt er:

$Q = 0$, $Q' = 0$, $z \gg 0$.

Die Konzentration auf freiwillige Beiträge zur Erstellung *öffentlicher* Güter bei der Untersuchung moralischen Handelns ergibt sich aus der gesellschaftlichen Bedeutung dieses Handelns: Da nicht alle öffentlichen Güter, deren Vorhandensein für das Funktionieren einer modernen Demokratie notwendig ist, über Zwangsbeiträge durch den Staat finanziert werden können, muß hier auf moralisches Handeln der bzw. sehr vieler Individuen vertraut werden. Geht man realistischerweise davon aus, daß Individuen sich hauptsächlich eigennützig verhalten, dann wird moralisches Verhalten um so unwahrscheinlicher, je höher die Kosten dieses Verhaltens sind. Dies bedeutet umgekehrt, daß dann, wenn sich sehr viele Menschen moralisch verhalten sollen, die Kosten dieses Verhaltens (bzw. die moralischen Anforderungen) nicht zu hoch sein dürfen: Es kann sich lediglich um eine „*Minimalmoral*" handeln (KIRCHGÄSSNER 1996). Insofern befassen wir uns im folgenden im wesentlichen mit „moralischen Durchschnittsmenschen".

Es gibt in jeder demokratischen Gesellschaft sicher auch einzelne Idealisten und Fanatiker; für deren Funktionsfähigkeit dürften sie jedoch kaum notwendig sein. Wieweit Helden notwendig sind, soll hier nicht erörtert werden. Heldenhaftes Verhalten dürfte weniger bei der Erstellung öffentlicher Güter, als vielmehr im Rahmen von „privatem Altruismus" anzutreffen sein, wie er in den Beziehungen (1) und (2) dargestellt wird. So dient ja die Pflicht, anderen auch unter Einsatz des eigenen Lebens zu helfen, kaum der Erstellung eines öffentlichen Gutes, als vielmehr der Hilfeleistung für ein ganz konkretes Individuum. Auch die Beispiele in FRANK (1988, S. 178 ff.), der im übrigen die Auffassung vertritt, daß Heldentaten ziemlich häufig vollbracht werden (S. 178), beziehen sich auf privaten Altruismus. Und wie DARLEY und LATANÉ (1968) oder PILAVIN, RODIN und PILAVIN (1969) zeigen, nimmt die Bereitschaft zu heldenhaftem Verhalten mit der Größe der Gruppe ab.

Anhand der obigen Formalisierung läßt sich auch die Beziehung zwischen moralischem Handeln und *intrinsisch motiviertem Verhalten* aufzeigen. Von intrinsisch motiviertem Verhalten spricht man üblicherweise dann, wenn eine Handlung um ihrer selbst willen (und damit nicht oder zumindest nicht vorwiegend als Mittel zu einem Zweck) ausgeführt wird, d.h. wenn sie ausschließlich oder zumindest überwiegend konsumtiven und nicht investiven Charakter hat. In unserer Formulierung bedeutet dies, daß dem individuellen Beitrag selbst ein Nutzen zukommt, d.h. daß in den Beziehungen (1) und (3) die erste Ableitung nach z_{ij} positiv ist. Da dies bei moralischem Handeln in aller Regel der Fall sein dürfte, ist solches Handeln im allgemeinen (auch) intrinsisch motiviert. Andererseits spricht ANDREONI (1989, 1990) genau dann von „unreinem" Altruismus. „Reiner" Altruismus ist dagegen nicht intrinsisch motiviert, sondern richtet sich ausschließlich nach dem Ergebnis des Handelns; das Handeln hat hier keine konsumtive Komponente. Umgekehrt gibt es intrinsisch motiviertes Verhalten, bei welchem die individuellen Aufwendungen bzw. die Handlung selbst dem Handelnden Nutzen stiften, aber die Interessen anderer nicht tangiert werden. In diesem Fall liegt kein Altruismus vor. Als typisches Beispiel hierfür wird häufig das Bergsteigen genannt. Intrinsisch motiviertes und moralisches Handeln sind daher nicht deckungsgleich, moralisches Handeln ist jedoch häufig (auch) intrinsisch motiviert.

3. Bedingungen moralischen Handelns

Welche Bedingungen müssen erfüllt sein, damit moralisches Handeln bei moralischen Durchschnittsmenschen zustande kommen und wirksam werden kann? Im folgenden sollen fünf Bedingungen aufgezeigt werden. Dabei handelt es sich um eine unvollständige Liste und (eher) um notwendige Bedingungen; auch wenn alle fünf Bedingungen erfüllt sind, kann es sein, daß sich die Individuen nicht moralisch (sondern z.B. opportunistisch) verhalten. Dagegen kann man dann, wenn auch nur eine dieser Bedingungen nicht erfüllt ist, zumindest nicht mit moralischem Handeln sehr vieler rechnen, und/oder es dürfte auch kaum wirksam sein. Dies schließt nicht aus, daß einzelne, seien es nun Helden, Idealisten oder Fanatiker, sich anders verhalten.

Geht man von der modernen Version des ökonomischen Verhaltensmodells aus, so ist die Nutzenfunktion des „homo oeconomicus" prinzipiell offen: Altruismus hat darin genauso seinen Platz wie Eigennutz. Insofern widerspricht die oben gegebene Definition altruistischen Verhaltens nicht dem Grundmodell des homo oeconomicus. Dies gilt übrigens nicht nur für dessen moderne Version: Schon bei ADAM SMITH finden wir neben der Betonung des Eigennutzes (z.B. in 1759, S. 507, sowie 1776) den Verweis auf die Empathie, die er grundsätzlich allen Menschen zuspricht (1759, S. 1).[8] Die Frage ist freilich, wann welche Motivation wirksam bzw. dominant wird. Die Tatsache, daß die (ausschließlich verwendete) Annahme des Eigennutzes sich bei der Entwicklung von Theorien wirtschaftlichen Handelns, d.h. insbesondere bei der Analyse von Produktion und Konsum, weitgehend bewährt hat, dürfte vor allem darauf zurückzuführen sein, daß

Handlungen, die mit dieser Motivation nicht vereinbar sind, in diesen Situationen zumeist erhebliche Kosten für den Entscheidungsträger verursachen: Eine falsche Investition oder der Kauf eines „schlechten" langlebigen Konsumguts sind für den jeweiligen Entscheidungsträger mit erheblichen Vermögensverlusten verbunden. Dagegen weist genau jene Entscheidung, welche in der Literatur als Beispiel für eine (auch) durch moralische Erwägungen beeinflußte Entscheidung verwendet wird, die Wahlentscheidung, diese Eigenschaft nicht auf: Ist die Zahl der Teilnehmer nicht sehr gering, so ist das Ergebnis unabhängig davon, ob ein(e) einzelne(r) Wähler(in) sich beteiligt und welche Entscheidung er/sie trifft. Damit sind die Opportunitätskosten moralischen Verhaltens gering: Die Entscheidungsträger befinden sich in einer *Kleinkosten-Situation*. Dies ergibt die erste Bedingung für moralisches Handeln:

Bedingung 1: Die Individuen müssen sich in einer Kleinkosten-Situation befinden.

Diese Situation ist nicht auf die Wahlentscheidung begrenzt: Es gibt viele Entscheidungssituationen, bei denen die individuelle Entscheidung kaum Konsequenzen für den Entscheidungsträger hat. Dabei kann man zwei Typen von Situationen unterscheiden (siehe hierzu genauer KIRCHGÄSSNER 1992; KIRCHGÄSSNER/POMMEREHNE 1993):

– Während die kollektive Entscheidung erhebliche Konsequenzen haben kann, hat die individuelle Entscheidung weder für den Entscheidungsträger selbst noch für andere Konsequenzen. Dies gilt z.B. für die Wahlbeteiligung und für die Wahlentscheidung.
– Die individuelle Entscheidung hat keine (direkten) Konsequenzen für den Entscheidungsträger, wohl aber für andere Individuen. Dies gilt z.B. für richterliche Entscheidungen.

Damit sich die Individuen in solchen Situationen „richtig" entscheiden, bedarf es einer Motivation, welche über einfachen Eigennutz hinausgeht: Die Individuen müssen sich entsprechend vorgegebener Normen, d.h. „moralisch" verhalten. Sie können sich in solchen Situationen jedoch auch ohne große Probleme moralisch verhalten, weil die Opportunitätskosten dieses Verhaltens gering sind: Moral ist hier „preisgünstig" zu erhalten. Sind die Kosten moralischen Verhaltens dagegen hoch, ist moralisches Handeln „teuer", d.h. befinden sich die Individuen nicht in einer Kleinkosten-Situation, dann kann, wie oben ausgeführt wurde, nicht mit moralischem Handeln sehr vieler Individuen gerechnet werden. Daher werden nur noch Helden (oder Fanatiker) moralisch handeln; die moralischen Durchschnittsmenschen verhalten sich eigennützig.

Dies zeigt sich deutlich bei Problemen der Umverteilung. Wenn die moralische Regel eine Umverteilung von Einkommen und/oder Vermögen verlangt, werden im Rahmen eines Referendums auch (zumindest einige) Bürgerinnen und Bürger für solche Maßnahmen stimmen, die selbst negativ davon betroffen sind. Sie stimmen damit gegen ihre eigenen materiellen Interessen.[9] Da sie wissen, daß ihre eigene Stimme keinen Einfluß auf das Gesamtergebnis hat, fällt es ihnen leicht, der moralischen Regel zu folgen. Wird eine solche Umverteilungsmaßnahme jedoch von der Mehrheit abgelehnt, so wird kaum einer derjenigen, welche für diese Maßnahme gestimmt haben, bereit sein, freiwillig den entsprechenden Beitrag aufzuwenden. In der Sprache der Ökonomen bedeutet dies: Es gibt kein vollständiges *crowding out* von privater Wohltätigkeit durch öffentliche Umverteilung.[10]

Die Motivation, freiwillig einen (wenn auch noch so geringen) Beitrag zur Erstellung eines öffentlichen Gutes zu leisten, dürfte in aller Regel nur dann gegeben sein, wenn die Individuen auch erwarten können, daß das öffentliche Gut zustande kommt. Daher lautet die zweite Bedingung:

Bedingung 2: Das öffentliche Gut, für welches Beiträge geleistet werden sollen, muß zustande kommen, und zwar auch dann, wenn ein größerer Anteil der Betroffenen (und von der Bereitstellung dieses Gutes profitierenden) Individuen keinen Beitrag leistet.

Dies ist auch in Kleinkosten-Situationen nicht selbstverständlich. Es gilt zwei Fälle zu unterscheiden:

- Das öffentliche Gut wird auch dann bereitgestellt, wenn ein erheblicher Teil der Individuen nicht bereit ist, einen Beitrag zu leisten. Diese Situation ist z.B. bei der Wahlbeteiligung gegeben: Auch wenn nur die Hälfte der Stimmberechtigten zur Wahl geht, ist die Legitimität des Ergebnisses und damit des demokratischen Prozesses nicht gefährdet.[11]
- Das öffentliche Gut kommt schon dann nicht mehr zustande, wenn nur ein kleiner Teil der Individuen sich nicht beteiligt. Dies ist z.B. beim öffentlichen Gut „Verkehrssicherheit auf Autobahnen" der Fall. Würden sich in der Bundesrepublik Deutschland (fast) alle Autofahrer an die Richtgeschwindigkeit von 130 Stundenkilometern auf Autobahnen halten, wäre die Verkehrssicherheit dort erheblich höher. Tatsächlich halten sich auch die meisten Autofahrer aus den unterschiedlichsten Gründen in etwa an diese Richtgeschwindigkeit, sei es, daß z.B. ihr Auto nicht schneller fährt oder die Verkehrslage schnelleres Fahren nicht zuläßt. Nur wenige Autofahrer, welche diese Geschwindigkeit (deutlich) überschreiten, genügen jedoch bereits, um die bekannte Hektik aufkommen zu lassen und damit die Verkehrssicherheit erheblich zu beeinträchtigen. Dieses Gut wird daher (ohne staatliche Sanktionen) auch nicht bereitgestellt.

Im Extremfall kann schon ein Individuum, welches seinen Beitrag verweigert, genügen, um die Bereitstellung des öffentlichen Gutes zu verhindern.

Vernünftigerweise kann man moralisches Handeln nur in der ersten Situation erwarten. Zwar gibt es auch Autofahrer, die selbst bei völlig freier Autobahn freiwillig maximal 130 oder auch nur 100 Stundenkilometer fahren. Die Zahl dieser „Idealisten" ist jedoch so gering, daß sie kaum ins Gewicht fallen dürfte.

Generell wird man davon ausgehen müssen, daß sich Individuen nur dann zu moralischem Handeln durchringen, wenn dadurch Dritte nicht ungebührlich profitieren. Die Motivation, freiwillige Beiträge zur Erstellung eines öffentlichen Gutes zu leisten, wird insbesondere dann kaum vorhanden sein, wenn Dritten dadurch ein Vorteil erwächst, ohne daß das öffentliche Gut zustande kommt. So kommt z.B. die Einhaltung einer Richtgeschwindigkeit auf Autobahnen einzelnen „Rasern" zugute, ohne daß deshalb das öffentliche Gut „Verkehrssicherheit" zustande kommt. Damit aber kommen wir zu einer dritten Bedingung für moralisches Handeln, die eng mit den beiden vorhergehenden zusammenhängt:

Bedingung 3: Das moralische Handeln darf nicht durch Dritte ausbeutbar sein.

Ausbeutbar ist moralisches Handeln insbesondere durch opportunistisches Verhalten, indem z.B. ein (implizit geschlossener) Vertrag gebrochen wird. Im Modell des 2x2-Gefangenendilemmas würde dies bedeuten, daß einer der beiden Partner trotz Absprache defektiert. Anreize hierfür sind vor allem dann gegeben, wenn es sich nicht um Kleinkosten-Situationen handelt. Aber auch auf einem Markt ist moralisches Handeln in diesem Sinne ausbeutbar. Ein Unternehmer, der z.B. aus moralischen Erwägungen heraus deutlich höhere Löhne zahlt oder erheblich mehr in den Umweltschutz investiert als seine Konkurrenten, wird in einer Wettbewerbswirtschaft seine Produkte auf dem Markt zu deutlich höheren Preisen anbieten müssen. Nur wenige Nachfrager sind jedoch bereit, für das gleiche Produkt wegen des moralischen Handelns des Anbieters einen deutlich höheren Preis zu zahlen. Zwar gibt es gewisse Nischen, die von solchen Anbietern ausgefüllt werden können, aber im allgemeinen wird ein solcher Anbieter durch die Konkurrenz vom Markt verdrängt werden. Wenn moralisches Handeln ausbeutbar ist, kann man davon ausgehen, daß es Individuen geben wird, die dies auch versuchen werden. Ein solcher Versuch führt in aller Regel zum Abbruch der moralischen Aktivitäten. Zum einen sind nur wenige bereit, sich durch moralisches Handeln selbst erheblichen Schaden zuzufügen (es gibt nur wenige Helden), zum anderen aber wird spätestens die Budgetrestriktion den Abbruch erzwingen.

Die bisherigen Bedingungen bezogen sich insbesondere auf die äußere Situation, in welcher moralisches Handeln sich abspielt, und dabei vor allem auf die Höhe der Beiträge zum öffentlichen Gut sowie auf sein Zustandekommen. Aber auch wenn alle diese Bedingungen erfüllt sind, kann die Motivation zu moralischem Handeln fehlen. Dies ist z.B. dann der Fall, wenn trotz prinzipieller Bereitschaft zu moralischem Handeln die Individuen in einer konkreten Situation den moralischen Anspruch an sich selbst nicht akzeptieren, d.h. daß sie sich im konkreten Fall nicht als Adressaten einer (prinzipiell moralisch gerechtfertigten) Norm empfinden. Damit kommen wir zur vierten Bedingung:

Bedingung 4: Die Individuen müssen die an sie gestellten moralischen Ansprüche (auch längerfristig) als gerechtfertigt akzeptieren.

Dies bedingt zum einen, daß die Individuen diese Ansprüche prinzipiell als moralisch gerechtfertigt ansehen. So stimmen, wie oben bereits ausgeführt wurde, (zumindest einige) Individuen auch dann für Umverteilungsmaßnahmen, die sie als gerecht empfinden, wenn damit ein Einkommensverlust für sie selbst verbunden ist. Die Individuen müssen aber auch in der Erfüllung dieser Ansprüche ihre persönliche Aufgabe sehen. Sobald dies nicht (mehr) der Fall ist, werden sie kaum mehr bereit sein, einen (freiwilligen) Beitrag zu leisten. So wurde im Bereich des Umweltschutzes beobachtet, daß die Beteiligung an freiwilligen Aktionen (z.B. zur Reinigung von See- und Flußufern) im Zeitablauf stark zurückging. Während zunächst, als das Problem erkannt wurde, eine große Bereitschaft bestand, einen freiwilligen Beitrag zu leisten, ließ diese Bereitschaft stark nach, als immer wieder zu solchen Aktionen aufgerufen wurde und damit die Dauerhaftigkeit dieses Problems deutlich wurde. Aus einer moralischen Pflicht für den einzelnen wurde in der Perzeption der Betroffenen eine Staatsaufgabe, für deren Bewältigung die Behörden zuständig sind. Ganz allgemein läßt sich feststellen, daß die Individuen bei Katastrophen vor allem dann zu moralischen Handlungen bereit sind, wenn diese Katastrophe nicht vorhersehbar war. War sie dagegen absehbar und wurden z.B. wegen „Schlamperei" keine Präventivmaßnahmen unternommen, so ist in der objektiv gleichen Situation die Hilfsbereitschaft häufig sehr viel geringer.[12]

Die Individuen können sich aber auch dann dem Anspruch auf moralisches Handeln entziehen, wenn die für solches Handeln notwendige intrinsische Motivation nicht gegeben ist bzw. durch extrinsische Anreize verdrängt wurde. Es kann z.B. geschehen, daß Handlungen, die bisher um ihrer selbst willen durchgeführt wurden, sobald auch nur ein einziges Mal ein finanzielle Belohnung gewährt wurde, nur noch ausgeführt werden, wenn weiterhin finanzielle Anreize bestehen. Dieser Motivations-Verdrängungs-Effekt ist in der psychologischen Literatur lange bekannt (DECI 1971, 1975; LEPPER/GREENE 1978), aber er wurde erst in jüngerer Zeit auch von Ökonomen berücksichtigt (siehe insbesondere FREY 1997, 1997a). Damit kommen wir zur fünften Bedingung:

Bedingung 5: Soweit intrinsische Motivation notwendig für das Zustandekommen moralischen Handelns ist, darf sie nicht durch extrinsische Anreize verdrängt werden.

Eine solche Verdrängung kann nicht nur durch finanzielle Anreize geschehen; intrinsische Motivation kann auch durch Regulierungen verdrängt werden. In der ökonomischen Literatur wurden insbesondere zwei Fälle diskutiert. Zum einen wurde gefragt, inwiefern der Einsatz ökonomischer Instrumente, d.h. von Preisen, die freiwilligen Beiträge der Individuen zum Umweltschutz reduziert, so daß die Einführung der von Ökonomen oft geforderten marktwirtschaftlichen Umweltpolitik die Umweltsituation sogar verschlechtern könnte (siehe z.B. KELMAN 1981; WECK-HANNEMANN/FREY 1995). Diese Gefahr dürfte allerdings gering sein. Der Grund dafür ist, daß es sich bei Entscheidungen in den wesentlichen Umweltfragen in aller Regel nicht um Kleinkosten-Situationen handelt. Die Frage, ob der Schadstoffausstoß eines Industriebetriebs reduziert wird oder nicht, ist in aller Regel mit erheblichen Kosten verbunden. Daher kann hier kein moralisches Handeln erwartet werden. Es wäre zudem ausbeutbar und damit langfristig nicht stabil. Moralisches Handeln kann im Bereich des Umweltschutzes eher im privaten Haushalt wirksam werden, z.B. durch Trennen von Schadstoffen, um deren Wiederverwertung zu erleichtern. Wie die Erfahrungen in der Bundesrepublik Deutschland zeigen, spielt aber auch hier vermutlich der monetäre Anreiz, d.h. die Kostenersparnis bei der Entsorgung von Hausmüll, eine wichtigere Rolle als die persönlich empfundene moralische Verpflichtung. Zudem werden durch solche Aktivitäten die heute entscheidenden Fragen des Umweltschutzes, die eher globaler Natur sind, nicht tangiert (siehe dazu KIRCHGÄSSNER 1995). Insofern dürfte trotz der theoretisch gegebenen Möglichkeit die Relevanz eines *crowding out* der intrinsischen Motivation durch Instrumente mit monetären Anreizen im Bereich des Umweltschutzes kaum von gesellschaftlicher Relevanz sein.[13]

Anders sieht es im Bereich der Arbeitsmoral aus. Von Seiten der Vorgesetzten kann der Arbeitsprozeß durch Kontrollen gesteuert werden, man kann aber auch den einzelnen Mitarbeitern vertrauen. In vielen Bereichen sind perfekte Kontrollen nicht möglich. Dies ermöglicht opportunistisches Handeln. Wir haben es hier mit unvollständigen Verträgen zu tun. Als Alternative zu Kontrollen steht dann nur das Vertrauen darauf zur Verfügung, daß die Mitarbeiter ihre Aufgaben aus eigener Verantwortung heraus korrekt wahrnehmen. In aller Regel wird man weder ohne Vertrauen noch völlig ohne Kontrollen auskommen. Es gibt aber starke Evidenz dafür, daß ein Übermaß an Kontrolle, welches von den Mitarbeitern (in aller Regel zu Recht) als Mangel an Vertrauen interpretiert wird, die intrinsische Arbeitsmotivation verdrängt und dadurch deren Produktivität senkt.[14] Wie weit dies der Fall ist, hängt von der jeweiligen Tätigkeit ab. Standardisierte Tätigkeiten dürften im allgemeinen sehr gut kontrollierbar sein; auch dürfte bei ihnen die intrinsische Motivation eher gering sein. Je unabhängiger jedoch eine Tätigkeit ist und je mehr eigene Kreativität sie erfordert, desto schädlicher können (übermäßige) Kontrollen sein. Daß jedoch auch bei solchen Tätigkeiten das völlige Absehen von Kontrollen bzw. von finanziellen Anreizmechanismen problematisch sein kann, zeigt das Beispiel der deutschen Professoren. Ihre Tätigkeit erfordert viel eigene Kreativität, sie sind weitgehend unabhängig, und Kontrollen finden praktisch nicht statt. Trotzdem sind z.B. die Ökonomieprofessoren des deutschen Sprachraums in der internationalen Forschung nur schwach vertreten. Der Grund hierfür dürfte darin liegen, daß die intrinsische Motivation nicht stark genug ist und daß kaum extrinsische Anreize existieren.[15] Dagegen schneiden die Kollegen in den naturwissenschaftlichen bzw. technischen Disziplinen, in denen starke extrinsische Anreize vorliegen, erheblich besser ab; sie sind auch sehr viel stärker international orientiert.[16]

Die Bedeutung dieser Bedingungen für das moralische Handeln kann man am Beispiel des Unternehmers verdeutlichen: Unter welchen Bedingungen bzw. in welchen Situationen ist moralisches Handeln von Unternehmern möglich bzw. kann es erwartet werden? Dies ist eine zentrale Frage für jede Unternehmensethik. Oben wurde aufgeführt, daß moralisches Handeln nur in Kleinkosten-Situationen erwartet werden kann. Da die meisten relevanten Unternehmensentscheidungen nicht in diese Kategorie fallen und da bei diesen Entscheidungen moralisches Handeln in aller Regel auch ausbeutbar ist, dürften moralische Erwägungen eine eher untergeordnete Rolle spielen. Auf dieses Argument wird häufig entgegnet, daß z.B. Maßnahmen im Bereich des Umweltschutzes oder soziale Maßnahmen gegenüber den Mitarbeitern auch im langfristigen Interesse des Unternehmens liegen können und deshalb gar kein Widerspruch zwischen umweltgerechtem bzw. sozialem Verhalten und dem Unternehmensinteresse bestehen muß. Dieses Argument mag in vielen Fällen richtig sein, aber dann handelt es sich nicht um moralisches bzw. intrinsisch motiviertes Verhalten, sondern um (möglicherweise langfristiges) Eigeninteresse des Unternehmers. Dies ist in keiner Weise schlecht. Nur kann solches Verhalten nicht als Beleg für moralisches Handeln herangezogen werden.

Moralisches Handeln kann auch bei Unternehmern eher in Kleinkosten-Situationen auftreten, sei es beim politischen Engagement, sei es im Bereich des Sponsoring. Genau wie einzelne Individuen für Umverteilungsmaßnahmen stimmen können, auch wenn sie selbst davon negativ betroffen sind, können sich Unternehmer z.B. für eine Umweltpolitik stark machen, auch wenn die Durchsetzung dieser Politik für ihr eigenes Unternehmen mit Belastungen verbunden wäre. Wenn für die gesamte Branche die gleichen Bedingungen gelten, ist ein solches Verhalten nicht ausbeutbar. Es kann deshalb auch stabil sein. Solches Engagement ist auch tatsächlich anzutreffen, in der Bundesrepublik Deutschland z.B. im Rahmen des „Fördervereins ökologische Steuerreform" oder in der Schweiz im Rahmen der „Oikos-Stiftung für Ökonomie und Ökologie" an der Universität St. Gallen. Es ist jedoch die Ausnahme, wie die Diskussion um die ökologische Steuerreform und die Stellungnahmen, die hierzu von Seiten der Industrie abgegeben werden, zeigen.

4. Zur Wünschbarkeit moralischen Handelns

Bis jetzt wurde unterstellt, daß moralisches Handeln mit „gutem" Handeln gleichzusetzen und deshalb zu fördern ist. Diese Unterstellung wäre unproblematisch, wenn wir uns alle darüber einig wären, welches Handeln „gut" und damit zu fördern und welches Verhalten „schlecht" und damit abzulehnen ist. Tatsächlich besteht in unserer Gesellschaft ein (weitgehender) politischer Konsens darüber, und es wird (nicht zuletzt mit Mitteln des Strafrechts) versucht, die entsprechenden Verhaltensweisen durchzusetzen bzw. zu unterdrücken. Dabei ist jedoch zu beachten, daß es sich dabei nicht um moralisches Handeln im oben definierten Sinn und auch nicht um intrinsisches Verhalten handelt, denn gerade das Strafrecht setzt ja (zum Teil sehr harte) extrinsische Anreize. Offensichtlich vertrauen wir in den zentralen Belangen gesellschaftlichen Verhaltens kaum oder gar nicht auf die intrinsische Motivation, sondern vielmehr auf extrinsische Anreize.

Dem politischen Konsens muß - in einer pluralistischen Gesellschaft - aber nicht ein allgemeiner Wertekonsens entsprechen, und dies ist im allgemeinen auch nicht der Fall. Schließlich werden die entsprechenden Gesetze nicht einstimmig, sondern allenfalls mit großer Mehrheit von Parlament und Volk verabschiedet. Damit aber ergibt sich ein erhebliches Problem: die Relativität jeder nicht-kognitivistischen Moral. Dies ist der Grund, weshalb immer wieder Ansätze zur Entwicklung einer (wenn auch nur minimalen) kognitivistischen Moral vorgetragen werden. Wie oben schon erwähnt wurde, muß dieses Projekt als gescheitert angesehen werden: Wir können uns nicht darum herummogeln, daß wir uns letztlich selbst dafür entscheiden müssen, welche Moral wir für uns selbst akzeptieren wollen. Wir können diese persönliche Verantwortung für unser Handeln nicht abschieben, und schon gar nicht auf die Wissenschaft.[17] Sie kann uns zwar Argumente für unsere Entscheidung liefern, aber die letzte Entscheidung müssen wir, soweit wir uns überhaupt als autonome Individuen im Sinne der Aufklärung verstehen wollen, selbst treffen.

Diese Relativität jeder nicht-kognitivistischen Ethik führt dazu, daß im Rahmen der Moral sehr unterschiedliche Forderungen erhoben werden. Dies lehrt nicht zuletzt der Blick in andere Länder, wo mit moralischem Anspruch Forderungen erhoben werden, welche nach unserer Wertordnung geradezu unmoralisch sind. So wird z.B. für Schriftsteller, welche an Zuständen in ihrem Land und/oder ihrer Religionsgemeinschaft Kritik geübt haben, die Todesstrafe gefordert und damit das Grundrecht der freien Meinungsäußerung grob mißachtet.[18] Und wie u.a. die „heilige" Inquisition, die Verbrechen Stalins, die Vernichtung der Juden im Nationalsozialismus, aber auch der Völkermord in Kambodscha zeigen, sind gerade die grauenhaftesten Verbrechen gegen die Menschlichkeit häufig unter Berufung auf moralische Prinzipien durchgeführt worden. Sich auf die Moral der Individuen zu verlassen, ist daher in keiner Weise unproblematisch, sondern, wie die Geschichte des Nationalsozialismus zeigt, selbst in einem Volk mit hohem wirtschaftlichen Entwicklungsstand und großer kultureller Tradition ein riskantes Unterfangen.

Auch wenn man von der Ebene der Verbrechen absieht, ist das Vertrauen auf die Moral riskant, weil in Kleinkosten-Situationen keine starken Anreize für ein bestimmtes Verhalten bestehen. Vor dem Hintergrund des ökonomischen Verhaltensmodells bedeutet dies, daß das Verhalten der Individuen in solchen Situationen wesentlich durch die Präferenzen und kaum oder gar nicht durch die Restriktionen beeinflußt wird. Damit ist das Verhalten prinzipiell beliebig und durch dieses Verhaltensmodell nur noch bedingt erfaßbar. Bedeutsamer ist aber die politische Konsequenz: Das Verhalten der Individuen ist kaum mehr steuerbar. Man mag zwar empirisch feststellen, daß sich die Individuen in vielen solchen Situationen moralisch verhalten, aber es gibt kaum Möglichkeiten, dies zu beeinflussen oder abzusichern.

Was die moralische Qualifikation eigennützigen Verhaltens angeht, so sollte man sich überdies daran erinnern, daß damit im Prinzip ein *neutrales* Verhalten gemeint ist, welches nicht nur altruistisches Verhalten und Mitleid ausschließt, sondern auch Böswilligkeit, d.h. Mißgunst und Neid. RAWLS spricht nicht umsonst von „gegenseitig desinteressierter Vernünftigkeit" (1971, S. 168). Zudem können (nach unseren Wertvorstellungen) nicht akzeptable Ergebnisse auch dann entstehen, wenn Individuen ihre Ziele mit besten Absichten aber - nach unserer Auffassung - nicht akzeptablen Moralvorstellungen verfolgen, und selbst dann, wenn sie bei akzeptablen Moralvorstellungen die „Gewichte" falsch setzen (siehe hierzu auch MACKIE 1977, S. 156). Insofern kann der Übergang von moralischem zu selbstsüchtigem Verhalten gesellschaftlich sogar einen Fortschritt bedeuten.[19]

Es gibt daher gute Gründe, durch institutionelle Arrangements Kleinkosten-Situationen so weit als möglich zu vermeiden. Für die Ethik bedeutet dies, daß sie wesentlich als Anreizethik konzipiert werden sollte, d.h. so, daß eigennütziges Verhalten moralisch akzeptable Ergebnisse zeitigt. Damit wird die (gesellschaftlich) notwendige Moral der Individuen auf ein Minimum, eine *Minimalmoral* reduziert (siehe KIRCHGÄSSNER 1996). Da zudem das, was als moralisch geboten gelten soll, in einer pluralistischen Gesellschaft umstritten ist (oder zumindest sein kann), dürften auch aus diesem Grund die - allgemein geteilten - moralischen Auffassungen und die sich daraus ableitenden Forderungen nicht sehr weitgehend sein. Da man jedoch auf freiwillige Beiträge zur Erstellung öffentlicher Güter nicht vollständig verzichten kann, lassen sich Kleinkosten-Situationen in wichtigen Bereichen des gesellschaftlichen Lebens nicht vollständig vermeiden. Deshalb kann die Ethik nicht nur als Anreizethik konzipiert werden (siehe auch ANZENBACHER 1995). Dies bedeutet, daß die Funktionsfähigkeit einer gesellschaftlichen Ordnung auch vom moralischen Handeln ihrer Mitglieder abhängig ist. Dies ist zwar riskant, aber wir haben dazu keine Alternative.

5. Zusammenfassung und abschließende Bemerkungen

In diesem Beitrag wurden Bedingungen aufgezeigt, unter denen auch eine größere Anzahl von Individuen bereit ist, moralisch zu handeln. Dabei wurde moralisches Handeln mit altruistischem Verhalten gleichgesetzt, d.h. es geht darum, daß das Individuum durch sein Verhalten den Interessen anderer dient, obwohl es dabei Kosten zu tragen hat. Natürlich wird das Individuum moralischen Normen auch deshalb folgen, weil dies in seinem eigenen (langfristigen) Interesse liegt. Sich so zu verhalten aber ist bereits ein Gebot der Klugheit; hierzu bedarf es keiner gesonderten moralischen Motivation. Die moralische Motivation ist häufig, aber nicht notwendigerweise intrinsisch. Gesellschaftlich gesehen ist intrinsisch motiviertes Verhalten nicht unproblematisch, da es (fast) ausschließlich durch die Präferenzen der Individuen bestimmt wird. Je nachdem, wie die Präferenzen aussehen, kann sich dadurch sehr unterschiedliches Verhalten ergeben: auch Verhalten, welches nach dem allgemeinen (politischen) Konsens als „unmoralisch" zu bezeichnen ist.

Hier ergeben sich aber auch Probleme der Theoriebildung, zumindest soweit man das ökonomische Verhaltensmodell zugrunde legt.[20] Zwar ist, wie oben dargelegt wurde, das ökonomische Verhaltensmodell prinzipiell offen: Die Präferenzen können beliebig sein, und das einzige, was wirklich gefordert wird, ist die Konsistenz des Verhaltens. Dies gilt z.B. auch für die moderne Theorie des Konsumentenverhaltens.[21] Dabei behandelt die ökonomische Theorie jedoch in aller Regel Situationen mit hohen Kosten. In diesen werden die Entscheidungen im wesentlichen durch die Restriktionen bestimmt bzw., um genauer zu sein, Veränderungen im Verhalten werden durch Veränderungen der Restriktionen bewirkt. Daher ist die genaue Motivation bei der Erklärung dieses Verhaltens von geringer Bedeutung, weshalb auf eine konkrete Spezifikation der Nutzenfunktion weitgehend verzichtet werden kann. Ähnliches gilt für die Theorie der Firma, zumindest solange Wettbewerb herrscht. Ansätze, welche die vereinfachende Annahme der Gewinnmaximierung verwenden, sind vor allem deshalb erfolgreich, weil Unternehmer, welche nicht zumindest tendenziell nach der Maximierung des Gewinns streben, bei Wettbewerb über kurz oder lang aus dem Markt ausscheiden.[22] Insofern hat es sich in der ökonomischen Theorie eingebürgert, Unternehmerverhalten so zu analysieren, „als ob" diese den Gewinn der Firma maximieren würden.[23] Was sie tatsächlich anstreben, ist dabei zweitrangig. In beiden Fällen ist die Kenntnis der Restriktionen bzw. ihrer Veränderungen (fast) hinreichend für die Erklärung des Verhaltens.

Diese Strategie ist aber dann nicht mehr durchzuhalten, wenn es sich um Kleinkosten-Situationen handelt, da hier die Restriktionen keine bzw. allenfalls eine untergeordnete Rolle spielen. Tatsächlich ist die ökonomische Theoriebildung hier in erhebliche Schwierigkeiten geraten. Dies wurde zuerst bei der Theorie der Wahlbeteiligung[24] und später in der Theorie der Wahlentscheidung erkannt.[25] Andere Bereiche sind noch gar nicht erforscht: So gibt es bis heute keine ökonomische Theorie der richterlichen Entscheidung. Es ist auch offen, wie Theorien in solchen Bereichen aussehen sollten. Unterstellt man intrinsische Motivation, so kann diese prinzipiell beliebig sein. Alles, was bisher möglich zu sein scheint, ist, Regelmäßigkeiten in solchen Motivationen (statistisch) zu erfassen und darauf aufbauend Theorien zu entwickeln. Die Rechtfertigung für ein solches Vorgehen ergibt sich aus der (von der traditionellen ökonomischen Theorie übernommenen) Annahme, daß die Präferenzen (relativ) stabil sind. Allerdings zeigt die von FREY (1997, 1997a) aufgenommene Theorie der Verdrängung intrinsischer durch extrinsische Motivation, daß diese Annahme gerade bei der Untersuchung von Verhalten in Kleinkosten-Situationen kritisch sein kann. Ohne eine solche Annahme dürfte es aber bei Abwesenheit bindender Restriktionen kaum möglich sein, Theorien mit erklärendem Gehalt zu entwickeln. Was dann bleibt, ist die (plausible) ex post-Beschreibung des Verhaltens der Individuen. Auch wenn Teile anderer Sozialwissenschaften letztlich darauf hinauslaufen, sollte sich die ökonomische Theorie nicht damit zufrieden geben, sondern versuchen, auch für Kleinkosten-Situationen erklärungskräftige Theorien zu entwickeln. Daß dies hier schwieriger ist als in den von der ökonomischen Theorie üblicherweise untersuchten Standardsituationen, sollte sie als Herausforderung, aber nicht als unüberwindliches Hindernis betrachten.

Anmerkungen

1 Siehe hierzu RIKER und ORDESHOOK 1968 sowie die Übersicht über die verschiedenen Ansätze zur Lösung des „Paradoxes der Nichtwähler" in KIRCHGÄSSNER und SCHIMMELPFENNIG 1992.
2 Zur Darstellung des ökonomischen Verhaltensmodells siehe KIRCHGÄSSNER 1991.
3 Zur Übersicht über die verschiedenen Ansätze siehe z.b. KLIEMT 1986.
4 Zu einer solchen, an ARISTOTELES anknüpfenden Definition des guten Handelns siehe z.b. SCHWEMMER 1985, S. 35 ff., oder ANZENBACHER 1995.
5 Siehe hierzu bereits BLAU 1964, S. 17, sowie die Ausführungen in KIRCHGÄSSNER 1991, S. 45 ff., 1996, S. 234 ff.
6 Zur Vereinfachung verzichten wir auf den Index i für das i-te Individuum.
7 Für $U_3 = 0$ gilt gemäß ANDREONI 1988, Theorem 1, S. 61 f., bei großen Gruppen (n $\rightarrow \infty$) z = 0, auch wenn $U_2 \cdot Q' > 0$ ist. Dies gilt für alle außer für die reichsten Individuen (im Extremfall für ein einzelnes Individuum), wobei der durchschnittliche Beitrag gegen Null geht.
8 Zur Position von ADAM SMITH siehe auch COASE 1976.
9 Empirische Evidenz dafür, daß Bürgerinnen und Bürger bei Abstimmungen über die Altersversorgung auch gegen ihre materiellen Interessen stimmen, liefern POMMEREHNE und SCHNEIDER 1985.
10 Entsprechend ABRAMS und SCHMITZ 1978, 1984, liegt diese Art des *crowding out* in den Vereinigten Staaten unter 30 Prozent, d.h. ein zusätzlicher Dollar, der vom Staat umverteilt wird, reduziert die privaten Wohlfahrtsbeiträge um weniger als 0.30 Dollar. Siehe auch SCHIFF 1990, Kapitel 6, für zusätzliche Evidenz.
11 Selbstverständlich darf die Stimmbeteiligung nicht unter eine bestimmte Grenze absinken, wobei diese sicher nicht exogen vorgegeben ist, sondern von verschiedenen Faktoren abhängt. Wird andererseits die Wahlbeteiligung zu gering, dann steigt die Wahrscheinlichkeit, die entscheidende Stimme abzugeben. Damit kann die Stimmbeteiligung wieder eher aus Eigennutz heraus erklärt werden, und es bedarf keines moralischen Anstoßes. Typischerweise sind jedoch in den westlichen Demokratien die Wahl- oder Abstimmungsbeteiligungen so hoch, daß dieser Fall irrelevant ist. Zur ökonomischen Theorie der Wahlbeteiligung in ihrer Anwendung auf die Wahlen zum Deutschen Bundestag siehe z.B. KIRCHGÄSSNER 1990, oder KIRCHGÄSSNER und MEYER ZU HIMMERN 1997.
12 Daß sich die Individuen in dieser Weise unterschiedlich verhalten, ist gesamtgesellschaftlich durchaus wünschenswert, weil sonst große Anreize zu *moral hazard* entstünden, was sich hier als Ausnutzen der Hilfsbereitschaft manifestierte.
13 Zur Rolle moralischen Handelns bzw. moralischer Appelle im Bereich des Umweltschutzes siehe auch BAUMOL und OATES 1979, S. 282 ff.
14 Siehe z.B. CONGLETON 1991; FREY 1993, 1994, 1997; NEUBOURG und VENDRIK 1994; sowie die Übersicht bei HAUSMAN und MCPHERSON 1993, S. 684 f.
15 Die extrinsischen Anreize gehen vielmehr in eine andere Richtung, nämlich in Richtung Beratungstätigkeit. Hier kann man erhebliches Zusatzeinkommen erzielen, was z.B. mit Veröffentlichungen in internationalen Zeitschriften kaum möglich ist.

16 Im übrigen ist auch im Bereich der Kunst, für den nach allgemeiner Auffassung die intrinsische Motivation eine große Rolle spielt, die Bedeutung der extrinsischen Motivation nicht zu unterschätzen. So haben berühmte Künstler sich sehr darum bemüht, aus ihren Werken (maximalen) finanziellen Nutzen zu ziehen. Für Beispiele siehe POMMEREHNE und FREY 1985, S. 149 f., 1993, S. 152 ff.
17 Dies ergibt sich aus der spätestens seit MAX WEBER bekannten Unmöglichkeit einer wissenschaftlichen (Letzt-)Begründung von Werturteilen. Siehe hierzu sowie zu neueren Versuchen einer solchen Begründung im Rahmen der Konsensustheorie der Wahrheit KIRCHGÄSSNER 1982. Diese Versuche müssen freilich als gescheitert angesehen werden.
18 So wurde nach Rundfunkmeldungen am 12. Februar 1998 die vor neun Jahren an von Seiten der religiösen Führung des Iran an alle Moslems ergangene Aufforderung, den Schriftsteller SALMAN RUSHDIE wegen dessen „gotteslästerlicher"Aussagen in seinem Buch *„Die satanischen Verse"* zu ermorden, erneuert und dabei der auf seinen Kopf ausgesetzte Betrag auf 2.5 Millionen U.S. Dollar erhöht.
19 Siehe hierzu die Unterscheidung zwischen Interessen und Leidenschaften bei HIRSCHMAN 1977.
20 Es ist freilich nicht erkennbar, daß es alternative sozialwissenschaftliche Ansätze gäbe, die bei der Erklärung moralischen Verhaltens erfolgreicher sind.
21 Siehe hierzu ganz explizit LANCASTER 1974, S. 237.
22 Für Kapitalgesellschaften dürfte dies heute, da der *shareholder value* weithin das einzige Kriterium des Unternehmenserfolgs zu sein scheint, mehr denn je gelten.
23 Siehe hierzu die beiden klassischen Arbeiten von ALCHIAN 1950 und FRIEDMAN 1953.
24 Siehe hierzu bereits DOWNS 1957 sowie insbesondere RIKER und ORDESHOOK 1968.
25 Siehe hierzu KLIEMT 1986, aber auch bereits BUCHANAN 1954.

Literaturverzeichnis

ABRAMS, B.A. und SCHMITZ, M.A. (1978). The Crowding Out Effect of Government Transfers on Private Charitable Contributions. *Public Choice* 33, 29-39.
-"- (1984). The Crowding Out Effect of Government Transfers on Private Charitable Contributions: Cross Sectional Evidence. *National Tax Journal* 37, 563-568.
ALCHIAN, A.A. (1950). Uncertainty, Evolution, and Economic Theory. *Journal of Political Economy* 58, 211-221.
ANDREONI, J. (1988). Privately Produced Public Goods in a Large Economy: The Limits of Altruism. *Journal of Public Economics* 35, 57-73.
-"- (1989). Giving with Impure Altruism: Applications to Charity and Ricardian Equivalence. *Journal of Political Economy* 97, 1447-1458.
-"- (1990). Impure Altruism and Donations to Public Goods: A Theory of Warm Glow Giving. *Economic Journal* 100, 464-477.
ANZENBACHER, A. (1995). Ethik als Anreizethik: Koreferat. *Jahrbuch für Neue Politische Ökonomie* 14, 212-215.
BAUMOL, W.J. und OATES, W.E. (1979). *Economics, Environmental Policy, and the Quality of Life*. Englewood Cliffs: Prentice Hall.
BLAU, P. (1964). *Exchange and Power in Social Life*. London: Wiley.
BUCHANAN, J.M. (1954). Individual Choice in Voting and in the Market. *Journal of Political Economy* 62, 334-343.
COASE, R.H. (1976). Adam Smith's View of Man. *Journal of Law and Economics* 19, 529-546.
CONGLETON, R.C. (1991). The Economic Role of Work Ethic. *Journal of Economic Behavior and Organization* 15, 365-385.
DARLEY, J. und LATANÉ, B. (1968). Bystander Intervention in Emergencies: Diffusion of Responsibility. *Journal of Personality and Social Psychology* 8, 377-383.
DECI, E.L. (1971). Effects of Externally Mediated Rewards on Intrinsic Motivation. *Journal of Personality and Social Psychology* 18, 105-115.
-"- (1975). *Intrinsic Motivation*. New York: Plenum Press.
DOWNS, A. (1957). *An Economic Theory of Democracy*. New York: Harper and Row; deutsche Übersetzung (1968). *Ökonomische Theorie der Demokratie*. Tübingen: Mohr (Siebeck).
FRANK, R.H. (1988). *Passions Within Reason.* New York/London: W.W. Norton; deutsche Übersetzung (1992). *Strategie der Emotionen*. München: Oldenbourg.
FREY, B.S. (1993). Shirking or Work Morale? The Impact of Regulating. *European Economic Review*, 1523-1532.
-"- (1994). On the Relationship Between Intrinsic and Extrinsic Work Motivation. Mimeo, Universität Zürich, Juni.
-"- (1997). *Markt und Motivation: Wie ökonomische Anreize die (Arbeits-)Moral verdrängen*. München: Vahlen.
-"- (1997a). From the Price to the Crowding Effect. *Schweizerische Zeitschrift für Volkswirtschaft und Statistik* 133, 325-350.

FRIEDMAN, M. (1953). The Methodology of Positive Economics. In: FRIEDMAN, M. *Essays in Positive Economics.* Chicago: University of Chicago Press, 3-43.

HAUSMAN, D.M. und MCPHERSON, M.S. (1993). Taking Ethics Seriously: Economics and Contemporary Philosophy. *Journal of Economic Literature* 31, 671-731.

HIRSCHMAN, A.O. (1977). *The Passions and the Interests: Political Arguments for Capitalism before its Triumph.* Princeton: Princeton University Press; deutsche Übersetzung (1980). *Leidenschaften und Interessen: Politische Begründungen des Kapitalismus vor seinem Sieg.* Frankfurt: Suhrkamp.

HOMANN, K. und KIRCHNER, CH. (1995). Ordnungsethik. *Jahrbuch für Neue Politische Ökonomie* 14, 189-211.

HOMANN, K. und PIES, I. (1994). Wirtschaftsethik in der Moderne: Zur ökonomischen Theorie der Moral. *Ethik und Sozialwissenschaften* 5, 3-12.

KELMAN, ST. (1981). *What Prices Incentive? Economists and the Environment.* Boston: Auburn House.

KIRCHGÄSSNER, G. (1982). Zwischen Dogma und Dogmatismusvorwurf, Bemerkungen zur Diskussion zwischen Kritischem Rationalismus und konstruktivistischer Wissenschaftstheorie. *Jahrbuch für Sozialwissenschaft* 33, 64-91.

-"- (1990). Hebt ein ‚knapper' Wahlausgang die Wahlbeteiligung? Eine Überprüfung der ökonomischen Theorie der Wahlbeteiligung anhand der Bundestagswahl 1987. In: KAASE, M. und KLINGEMANN, H.-D. (Hg.). *Wahlen und Wähler, Analysen aus Anlaß der Bundestagswahl 1987.* Opladen: Westdeutscher Verlag, 445-477.

-"- (1991). *Homo oeconomicus: Das ökonomische Modell individuellen Verhaltens und seine Anwendung in den Wirtschafts- und Sozialwissenschaften.* Tübingen: Mohr (Siebeck).

-"- (1992). Towards a Theory of Low-Cost Decisions. *European Journal of Political Economy* 8, 305-320.

-"- (1995). Internationale Umweltprobleme und die Problematik internationaler öffentlicher Güter. *Zeitschrift für angewandte Umweltforschung* 8, 34-44.

-"- (1996). Bemerkungen zur Minimalmoral. *Zeitschrift für Wirtschafts- und Sozialwissenschaften* 116, 223-251.

KIRCHGÄSSNER, G. und MEYER ZU HIMMERN, A. (1997). Expected Closeness and Turnout: An Empirical Analysis for the German General Elections, 1983 - 1994. *Public Choice* 91, 3-25.

KIRCHGÄSSNER, G. und POMMEREHNE, W.W. (1993). Low-Cost Decisions as a Challenge to Public Choice. *Public Choice* 77, 107-115.

KIRCHGÄSSNER, G. und SCHIMMELPFENNIG, J. (1992). Closeness Counts if it Matters for Electoral Victory: Some Empirical Results for the United Kingdom and the Federal Republic of Germany. *Public Choice* 73, 283-299.

KLIEMT, H. (1986). The Veil of Insignificance. *European Journal of Political Economy* 2, 333-344.

-"- (1987). Ökonomik und Ethik. *Wirtschaftswissenschaftliches Studium (WiSt)* 16, 113-118.

LANCASTER, K. (1974). *Introduction to Modern Microeconomics.* Chicago: Rand McNally and Company; deutsche Übersetzung (1981). *Moderne Mikroökonomie.* Frankfurt/New York: Campus.

LEPPER, M.R. und GREENE, D. (Hg.) (1978). *The Hidden Costs of Reward: New Perspectives on the Psychology of Human Motivation.* New York: Lawrence Erlbaum.
MACKIE, J.L. (1977). *Ethics. Inventing Right and Wrong.* Harmondsworth: Penguin; deutsche Übersetzung (1981). *Ethik: Auf der Suche nach dem Richtigen und Falschen.* Stuttgart: Reclam.
MARGOLIS, H. (1982). *Selfishness, Altruism, and Rationality. A Theory of Social Choice.* Cambridge: Cambridge University Press.
NEUBOURG, CH. DE und VENDRIK, M. (1994). An Extended Rationality Model of Social Norms in Labor Supply. *Journal of Economic Psychology* 15, 93-126.
PILAVIN, I.M., RODIN, J. und PILAVIN, J.A. (1969). Good Samaritanism: An Underground Phenomenon? *Journal of Personality and Social Psychology* 13, 289-299.
POMMEREHNE, W.W. und FREY, B.S. (1985). Kunst: Was sagt der Ökonom dazu? *Schweizerische Zeitschrift für Volkswirtschaft und Statistik* 121, 139-167.
-"- (1993). *Musen und Märkte: Untersuchungen zur Ökonomik der Kunst.* München: Vahlen.
POMMEREHNE, W.W. und SCHNEIDER, F. (1985). Politisch-ökonomische Überprüfung des Kaufkraftinzidenzkonzepts: Eine Analyse der AHV-Abstimmungen von 1972 und 1978. In: BRUGGER, E.A. und FREY, R.L. (Hg.). *Sektoralpolitik versus Regionalpolitik.* Gruesch: Rüegger, 75-100.
RAWLS, R. (1971). *A Theory of Justice.* Cambridge (Mass.): Harvard University Press, 1971; deutsche Übersetzung (1975). *Eine Theorie der Gerechtigkeit.* Frankfurt: Suhrkamp.
RIKER, W.H. und ORDESHOOK, P.C. (1968). A Theory of the Calculus of Voting. *American Political Science Review* 62, 25-42.
SCHIFF, J. (1990). *Charitable Giving and Government Policy.* New York: Greenwood Press.
SCHWEMMER (1985). Ökonomische Rationalität und praktische Vernunft, oder: Kann man ethische Grundsätze zu Prinzipien ökonomischer Systeme machen? In: ENDERLE, G. (Hg.). Ethik und Wirtschaftswissenschaft. Berlin: Duncker und Humblot, 33-53.
SMITH, A. (1759). *Theory of Moral Sentiment.* London: Millar; deutsche Übersetzung (1985). *Theorie der ethischen Gefühle.* Hamburg: Felix Meiner Verlag.
-"- (1776). *An Inquiry into the Nature and Causes of the Wealth of Nation.* London; deutsche Übersetzung (1974). *Der Wohlstand der Nationen: Eine Untersuchung seiner Natur und seiner Ursachen.* München: C.H. Beck.
ULRICH, P. (1989). Diskursethik und Politische Ökonomie. In: BIERVERT, B. und HELD, M. (Hg.). *Ethische Grundlagen der ökonomischen Theorie.* Frankfurt/New York: Campus, 70-99.
-"- (1996). Wirtschaftsethik - Interdisziplin im Schnittbild zweier normativer Logiken. In: HOLZHEY, H. und SCHABER, P. (Hg.). *Ethik in der Schweiz.* Zürich: Pano, 91-105.
WECK-HANNEMANN, H. und FREY, B.S. (1995). Are Incentive Instruments As Good As Economists Believe? Some New Considerations. In: BOVENBERG, L. und CNOSSEN, S. (Hg.). *Public Economics and the Environment in an Imperfect World.* Boston: Kluwer, 173-186.

Gerhard Scherhorn

Intrinsische Motivation und äußere Bedingungen - Zum Ganzen Menschen als Wirtschaftsakteurin und -akteur

Wenn es ein ganzheitliches Wirtschaftsverhalten gibt, dann ist es nicht losgelöst von den wirtschaftlichen Rollen, etwa denen des Konsumenten oder des Geldanlegers, wohl aber von einseitigen Rollenerwartungen. Ich werde darlegen, daß das Verhalten des Ganzen Menschen (1. Kapitel) nicht von der engen privatwirtschaftlichen Rollenerwartung geprägt sein kann, der Maximierung des privaten Nutzens, sondern (2. Kapitel) stärker intrinsisch motivierbar ist, dazu aber (3. Kapitel) angemessener äußerer Bedingungen bedarf. Wenn die Bedingungen stimmen, ist ganzheitliches Wirtschaften möglich.

1. Die privatwirtschaftliche Rollenerwartung ist zu eng

1.1. Drei Varianten der ökonomischen Rolle

Die Rolle des Wirtschaftssubjekts, ob im Konsum, in der Erwerbsarbeit oder bei der Geldanlage, wird in den Lehrbüchern heute meist noch durch eine privatistische Verhaltenserwartung definiert. Sie schreibt der wirtschaftlich handelnden Person oder Organisation vor, im Rahmen der äußeren Bedingungen (gesetzliche Vorschriften, Stand der Technik usw.) mit dem geringsten Aufwand den größtmöglichen privaten Nutzen anzustreben. Soweit die äußeren Bedingungen es zulassen, soll sie die externalisierbaren Kosten des eigenen Handelns auf die Gesellschaft oder die natürliche Mitwelt oder die Nachwelt abwälzen – kaum ein betriebswirtschaftliches Lehrbuch legt ihr nahe, sie selber zu tragen. Auch in gesamtwirtschaftlichen Betrachtungen schwingt vielfach noch FRIEDMANs Satz mit, daß es in einer freien Gesellschaft „nur eine Verantwortung der Wirtschaft gibt - nämlich mit allen verfügbaren Mitteln ihre Gewinne zu erhöhen" (1962, S. 133). Mit anderen Worten: In einer freien Gesellschaft braucht niemand den Nutzen der anderen zu berücksichtigen. Wenn das gewünscht wird, muß der Staat entsprechende Vorschriften erlassen. Das einzelne Wirtschaftssubjekt ist nur für sich selbst zuständig.

Zwingend ist diese Auffassung nicht. Die neoklassische Ökonomik eröffnet eine zweite Variante. Sie erlaubt es, dem Nutzenbegriff einen so weiten Inhalt zu geben, daß er auch die Interessen der Mitmenschen, der natürlichen Mitwelt und der künftigen Generationen umfaßt. Aber sie bringt es nicht über sich, eine derart erweiterte Nutzenauffassung den Wirtschaftssubjekten mit ähnlicher Entschiedenheit *nahezulegen* wie bisher die enge. Man räumt zwar ein, daß es so etwas geben kann - so benutzt BECKER (1981, S. 172) gelegentlich den Begriff *social utility* und meint damit die Befriedigung, die jemand darin findet, für andere zu sorgen oder die Umwelt zu schonen. Doch überläßt es man dem Belieben der Handelnden, ob sie die Interessen anderer berücksichtigen oder nicht. Vor einer Auszeichnung des sozial- und umweltorientierten Verhaltens scheut man zurück. Das hieße ja in die Präferenzen der Wirtschaftssubjekte eingreifen! Genaugenommen freilich scheut man nicht den Eingriff selbst - zugunsten des privaten Vorteils wird er in der ersten Variante ja wohlgemut praktiziert. Was man scheut, ist die Parteinahme für eine Motivation, die auch das Wohlergehen anderer einbezieht; denn diese ist in der Ökonomie zweihundert Jahre lang als unnatürlich und schädlich betrachtet worden. So wird implizit auch in der zweiten Variante das Verfolgen des privaten Vorteils ausgezeichnet. Im Effekt ist sie also nicht minder parteiisch als die erste.

Dabei ist es mit dem ökonomischen Kalkül durchaus vereinbar, wenn den Handelnden - etwa durch Information über die Folgen des Abwälzens privater Kosten auf die Allgemeinheit - *unmißverständlich nahegelegt wird,* ihren privaten Vorteil nur so weit durchzusetzen, daß auch die berechtigten Interessen der sozialen und natürlichen Mit- und Nachwelt gewahrt bleiben. In dieser dritten Variante wird nicht etwa gefordert, den anderen Interessen Vorrang zu geben, sondern sich die Interessen der Mit- und Nachwelt soweit zu eigen zu machen, daß sie gleichen Rang mit dem eigenen Vorteil haben. Diese Vorgabe ist nicht normativer als die beiden ersten, aber weiter gefaßt. Das ökonomische Kalkül verlangt in diesem Falle, der Gesamtheit der Ziele oder Motive möglichst effizient gerechtzuwerden. *Dem Ganzen Menschen entspricht nur die weite Rollenauffassung.* Das will ich begründen.

1.2. Das Interesse am Vorrang des privaten Vorteils

Der Vergleich der drei Varianten macht deutlich, daß die Rollen der Wirtschaftssubjekte mindestens zwei verschiedene Bestandteile haben, die Zielsetzung und das Kalkül. Das ökonomische Kalkül ist auf die effiziente Verfolgung des jeweils gewählten Ziels gerichtet; es ist mit unterschiedlichen Zielvorgaben vereinbar. In der ersten Variante wird eine sehr enge Zielsetzung präferiert, die Durchsetzung des privaten Nutzens, meist in Gestalt geldwerter privater Vorteile. Dahinter steht die ideologische Vorstellung, daß die Verfolgung des eigenen Vorteils für den einzelnen und für die Gesellschaft den höchsten Nutzen bringe - in FRIEDMANs Worten: „daß kollektivistische Ziele ohne kollektivistische Mittel erreicht werden können" (FRIEDMAN 1962, S. 133).

Weil - und insoweit - Ökonomen unter dem Einfluß dieser Vorstellung stehen, haben sie auch gegen *äußere Bedingungen* nichts einzuwenden, die eigennütziges Verhalten fördern oder gar erzwingen. Im Gegenteil werden sie politische Maßnahmen zur Einführung oder Verstärkung solcher Bedingungen unterstützen, sind sie doch überzeugt, damit die Freie Gesellschaft zu stärken. Historisch hat das mit der Einführung und Begünstigung des Privateigentums und des Geldeinkommens begonnen und sich in einer Vielzahl kleinerer und größerer Schritte fortgesetzt (vgl. etwa McKENDRICK et al. 1982), die bis heute die Kommerzialisierung der Gesellschaft vorantreiben (HIRSCH 1980, S. 107 ff.). Dadurch wird die Tendenz zur Maximierung des privaten Vorteils immer weiter verstärkt, obwohl doch niemandem verborgen sein kann, daß sie vielen Situationen gar nicht angemessen ist.

Unangemessen ist sie immer dann, wenn das Abwälzen privater Kosten auf die soziale oder natürliche Mitwelt oder Nachwelt deren Lebens- und Entwicklungschancen vermindert. Die privatwirtschaftliche Rolle erweist sich dann als Anleitung zur Bereicherung auf Kosten der Allgemeinheit, zur Flucht vor gesellschaftlicher Verantwortung, zur Abweisung von Gemeinschaftsaufgaben. Das liegt so klar zutage, daß man sich verwirrt fragt, zugunsten welcher Interessen das ökonomische Denken so lange darauf verzichtet hat, ein für diesen Bereich angemessenes Handlungsmodell zu entwickeln. Im vorigen Band dieser Reihe (SCHERHORN 1998) habe ich dargelegt, daß die Doktrin des privaten Vorteils in zeitlichem Zusammenhang mit der Entwicklung des „landwirtschaftlichen Kapitalismus" im 16. Jahrhundert (WALLERSTEIN 1986) steht - also dem Bestreben großer Grundbesitzer, die verfügbaren Nutzflächen durch Privatisierung der Allmenden und Vertreibung der zu ihnen in Lehns- oder Pachtverhältnissen stehenden kleinen Landwirte zu vergrößern. Das Interesse daran ließ sich wirkungsvoll bemänteln mit der These, daß nur der mit den gegebenen Ressourcen effizient umgeht, der sie für seinen privaten Vorteil arbeiten läßt.

1.3. Privateigentum gegen intrinsische Motivation

„Durch die Zuweisung des Verfügungsrechts an einzelne wird die Übernutzung nichtvermehrbarer Ressourcen verhindert und die Produktion vermehrbarer Güter gefördert": So lautet, auf eine kurze Formel gebracht, die Doktrin von der Überlegenheit des Privateigentums, die der Vorstellung von der Freien Gesellschaft zugrundeliegt. In Wahrheit aber geht es um Herrschaft. Das Privateigentum rechtfertigt die Befugnis des Unternehmers, über seine Angestellten und Arbeiter zu verfügen. Es rechtfertigt die Befugnis des einzelnen, dem ein Haus oder Land gehört, sich dort nach eigenem Belieben zu bewegen und alle anderen fernzuhalten. Es rechtfertigt die freie Verfügung über das eigene Auto und den daraus resultierenden Wunsch nach mehr Häusern und Straßen. Aber es hilft denen nicht, die in einem Unternehmen arbeiten, das ihnen nicht gehört; die kein Land und kein Haus und kein Auto haben; die unter der Verstädterung, dem Verkehr, der Luftverschmutzung zu leiden haben; und erst recht nicht der natürlichen Mitwelt.

Das wird beim Vorrang des privaten Nutzens übersehen: Die *property rights* gelten für Eigentümer. Ihnen geben sie Vorrechte über Menschen und natürliche Mitwelt. Das Privateigentum hat viele kleine Herrscher geschaffen (MEYER-ABICH 1996), aber um den Preis einer zunehmenden Natur- und Sozialferne. Auf die Spitze getrieben erscheint das in der Unternehmensform der Aktiengesellschaft, in der das Privateigentum überhaupt keinem Menschen Autonomie verleiht, sondern die gesellschaftliche Funktion hat, das Kapital zu verewigen und sein unbegrenztes Wachstum zu sichern. Denn die Aktiengesellschaft ist diejenige Institution, die verhindern soll, daß das Kapital wie die beiden anderen Produktionsfaktoren, Natur und Arbeit, in einem zyklischen Verlauf aufsteigt und wieder vergeht (BINSWANGER 1991, S. 90 ff.).

Je stärker die äußeren Bedingungen werden, die der Maximierung des privaten Vorteils Vorrang verschaffen, desto schwerer wird es den Menschen gemacht, sich im gemeinsamen Interesse einzusetzen, also die Interessen der sozialen und natürlichen Mit- und Nachwelt - des Ganzen der Natur, von dem wir ein Teil sind (MEYER-ABICH 1997) - im eigenen Handeln zu berücksichtigen. Denn das Handeln im allgemeinen Interesse erfordert meist, daß man den privaten Vorteil ein Stück weit zurückstellt. Um ihn zurückstellen zu können, muß man an der Sache statt am Vorteil interessiert, also *intrinsisch motiviert sein*. Das Privateigentum könnte die Unabhängigkeit dazu verschaffen - wenn es nicht so organisiert wäre, daß es nach den Gesetzen der Geldwirtschaft permanent zunehmen muß. Da die intrinsische Motivation durch die äußeren Bedingungen nicht gefördert und im sozialen Umfeld nicht unterstützt wird, muß die Motivation des sozialen und umweltschonenden Handelns sehr stark sein, um sich durchzusetzen. Das ist sie zwar bei einer Minderheit. Bei der Mehrheit der Menschen aber ist diese Motivation nicht stark genug, um gegen die vorherrschenden Bedingungen und Anschauungen anzukommen (SCHERHORN 1996).

Wie sollte das anders sein? Wenn der private Vorteil Vorrang hat, so werden die Menschen dazu veranlaßt und daran gewöhnt, sich extrinsisch motiviert zu verhalten, d.h. Einkommen und Güter, Preise und Auszeichnungen, Positionen und Statussymbole um ihrer selbst willen zu erstreben. Diese fallen ihnen dann nicht wie beim intrinsisch motivierten Handeln im Nebeneffekt zu, als Konsequenz ihres Einsatzes für die Sache, sondern werden als materielle und immaterielle Belohnungen unmittelbar erstrebt. Das ist gemeint, wenn man von extrinsischer Motivation spricht. Die Gewöhnung daran, etwas gegen Belohnung zu tun, unterminiert aber die intrinsische Motivation, denn man kann nicht auf Dauer von sich glauben, daß man um der Sache willen arbeitet, wenn man es um einer Belohnung willen tut (vgl. KOHN 1991). Im Bewußtsein tritt die Belohnung in den Vordergrund. Wird sie nicht mehr gegeben, so strengt man sich auch nicht mehr an.

2. Ganzheitliches Verhalten schließt intrinsische Motivation ein

2.1. Eine Beschreibung des Ganzen Menschen

Es ist schon im Begriff „ganz" enthalten, was mit dem Begriff des Ganzen Menschen gemeint ist: Ein Mensch ohne psychisches Defizit, ohne Fixierung auf unerfüllte Bedürfnisse oder auf traumatische Verletzungen, ohne zwanghafte Verhaltenstendenzen, ohne Gespaltenheit und Ego-Involvement - folglich ein Mensch, der auf sein Umfeld achtsam, gelassen, sachgerecht reagieren kann. Der Ganze Mensch ist sowohl ein normatives als auch ein empirisches Konzept. In beiden Formen hängt das Konzept eng mit der intrinsischen Motivation zusammen.

Das empirische Konzept wird im übernächsten Abschnitt vorgestellt. Ich wende mich zunächst dem normativen Konzept zu. Es ist durch die therapeutisch orientierte Psychologie in die Welt gekommen, seit die Begründer der Psychoanalyse unsere inneren Defizite entdeckt haben. Von Defiziten kann man ja nur sprechen, wenn man eine Vorstellung davon hat, wie denn Vollständigkeit oder Ausgeglichenheit beschaffen wäre. Eine solche Vorstellung findet sich in den Schriften vieler Psychologen, doch wird sie meist nur angedeutet, so daß es dem Leser überlassen ist, sie zu vervollständigen und zu präzisieren. Ich möchte eine Ausnahme von dieser Regel zitieren:

CARL ROGERS hat es einmal unternommen, das Ziel der Psychotherapie, die "fully functioning person", zu beschreiben (ROGERS 1963). Daß diese Vorstellung Zielcharakter hat, unterstreicht das Normative an ihr, und doch ist sie der Wirklichkeit entnommen: Der Ganze Mensch wäre als Zielvorstellung nicht verwendbar, wenn wir nicht - im Vergleich mit lebenden oder mit erinnerten Menschen, auch mit dem eigenen Kindheits-Ich - erfahren und begreifen könnten, daß er in uns angelegt ist. Wie könnte man sonst hoffen, daß die Therapie Menschen hilft, wenigstens annähernd „voll" zu funktionieren!

Nach ROGERS ist der *voll funktionierende* Mensch offen für Erfahrung und Wahrnehmung ("available for awareness"), nimmt die Signale des eigenen Organismus unzensiert wahr und vertraut ihnen ("simply doing the thing that feels right to him"), erlebt jeden Augenblick neu und nimmt ihn wichtig, lebt also in einer fließenden, sich wandelnden und entwickelnden Organisation des Selbst ("what I will be in the next moment, and what I will do, grows out of that moment, and cannot be predicted in advance"). Die Person handelt in einem dynamischen Einklang sowohl mit den eigenen Gefühlen, Bedürfnissen, Vorstellungen und Wahrnehmungen als auch mit den wahrgenommenen äußeren Gegebenheiten und Anforderungen, d.h., sie bringt beide zur Deckung, reagiert auf Impulse von außen achtsam und einfühlsam, nimmt sie genauso ernst wie die Impulse von innen (ROGERS 1963).

Sollte ich all das mit einem Wort zum Ausdruck bringen, so wählte ich (wie HERMANN BRANDSTÄTTER einmal im Gespräch vorschlug) das Wort *selbstvergessen* - denn das intakte Selbst leidet nicht an seinen Defiziten, muß seinen Wert nicht beweisen, fühlt sich nicht in Frage gestellt, braucht sich nicht über andere zu erheben und kann sich eben deshalb dem Anderen, der Aufgabe, der Sache ganz zuwenden. Personen, auf die dies zutrifft, werden andere Menschen oder die natürliche Mitwelt oder Besitzgegenstände nicht zur Kompensation eigener Defizite brauchen. Darf man da nicht schließen, daß sie fähig sein werden, aus eigenem Antrieb - also intrinsisch motiviert - Gemeinschaftsaufgaben zu erfüllen und Gemeinschaftsgüter verantwortlich zu behandeln? Der Ganze Mensch wäre also durch drei miteinander verbundene Merkmale gekennzeichnet:

- Abwesenheit oder Bewältigung innerer Defizite;
- ermöglicht intrinsisch motiviertes Handeln;
- dieses bewirkt, daß die Person fähig ist, sich für gemeinsame Aufgaben einzusetzen, auch wenn der private Vorteil dabei etwas zurücktritt.

2.2. Zur Bedeutung der äußeren Bedingungen

Freilich brauchen Menschen, um so handeln zu können, Informationen über die Auswirkungen ihres Handelns, und sie brauchen ein Wissen darüber, wie diese zu bewerten sind. Denn auch der *ganze* Mensch zerstört seine Umwelt,

- wenn die zerstörerische Wirkung (a) in der Zukunft liegt,
- und wenn sie (b1) in der Gegenwart nicht bekannt ist oder
- wenn (b2) das Wissen über die künftige Wirkung den Mitgliedern der Gesellschaft nicht in einer Weise nahegebracht wird, daß sie diese als unerwünscht bewerten und aus eigenem Antrieb vermeiden.

Die Information kann durch Forschung oder durch Erfahrung gewonnen werden. In beiden Fällen ist ein gesellschaftlicher Lernprozeß erforderlich, damit sie in verbindliche Werthaltungen umgesetzt wird. Das braucht Zeit. Die Erkenntnis setzt sich erst durch Nachdenken und Kommunikation in gemeinsame Werte um.

Und es genügt nicht, daß die Erkenntnis Zeit hat. Sie muß auch in geeigneter Weise vermittelt werden. Gemeinschaftsaufgaben können nur gemeinsam erfüllt werden, das Handeln weniger reicht meist nicht aus. Eine allgemeine Präferenz für umweltschonendes Verhalten kann aber nur zustandekommen, wenn die Erkenntnis weder von einer Dominanz des Über-Ich (z.B. primitive Ängste vor äußeren Gewalten) oder des Ich (z.B. Kompensation von inneren Defiziten durch Aggression gegen äußere Feinde oder durch Betonung des privaten Vorteils) blockiert wird.

Mit primitivem Unwissen und/oder archaischer Aggression kann man manche Umweltzerstörung in der Vergangenheit (WEEBER 1990) erklären. *In modernen Gesellschaften liegt die Erklärung eher in der Verherrlichung des privaten Vorteils,* der individuellen Position und Geltung. Wo sie das Denken dominiert, ist umweltfreundliches Verhalten nur als Oktroy, als erzwingende Norm denkbar und kann folglich nur als Kontrolle internalisiert werden. Das Ergebnis ist im besten Fall extrinsische Motivation, im Regelfall Lippendienst und Zuwiderhandlung.

Unter *solchen Bedingungen* muß die Vorstellung vom Ganzen Menschen elitär wirken. Denn solange sie nicht gesellschaftlich vermittelt und unterstützt wird, wirkt der Ganze Mensch wie eine privilegierte Ausnahme, die es sich leisten kann, intrinsisch motiviert zu handeln. Das kann den Eindruck erwecken, als sei auch die intrinsische Motivation ein elitäres - also auf den Rest der Menschheit nicht anwendbares - Konzept.

2.3. Der Lohn des intrinsisch motivierten Handelns

Das ist sie nicht. Ich folge hier DECI, der die empirische Erforschung der intrinsischen Motivation begründet hat. Inzwischen liegt eine Fülle an empirischen Befunden vor (DECI 1975, 1980, 1995; DECI/RYAN 1985). Sie zeigen, daß jeder Mensch die Disposition besitzt, intrinsisch motiviert zu handeln: „Intrinsische Motivation beruht auf den angeborenen Bedürfnissen nach Kompetenz und Selbstbestimmtheit [...] Diese motivieren einen fortlaufenden Prozeß, in dem optimale Herausforderungen gesucht und erprobt werden. Wenn Menschen nicht von triebhaften Bedürfnissen dominiert werden [wenn sie gesättigt und behaust sind, geliebt und beachtet werden und keine inneren Defizite kompensieren müssen, G.S.] suchen sie Situationen, die ihr Interesse ansprechen und ihre kreativen Fähigkeiten herausfordern [...] Eine Herausforderung ist etwas, das uns veranlaßt, unsere Fähigkeiten zu erweitern, indem wir etwas Neues probieren." Wir suchen eine „optimale Inkongruenz" zwischen den internen Strukturen (wie Bewußtsein, körperliche Kondition) und der Außenwelt, um sie zu reduzieren und die gewonnene Erfahrung in die bestehenden Strukturen zu inkorporieren (DECI/RYAN 1985, S. 32 f.).

„Intrinsisch motiviertes Verhalten wird mit Emotionen der Freude und Erregung belohnt, die das Erleben von Kompetenz und Selbstbestimmtheit begleiten. Diese Belohnungen sind genaugenommen keine Verstärker, weil sie weder ein organisches Ungleichgewicht reduzieren (HULL 1943) noch von der Aktivität selbst operational zu trennen sind (SKINNER 1953). Wenn Menschen intrinsisch motiviert sind, empfinden sie Interesse und Freude, fühlen sie sich kompetent und selbstbestimmt, erfahren sie, daß die Ursache ihres Handelns in ihnen selbst liegt, und in manchen Fällen erleben sie flow [nach CSIKSZENTMIHALYI 1975 ein intensives Gefühl des Getragenwerdens oder Schwebens, G.S.]. Das Gegenteil von Interesse und flow ist Druck und Spannung. Insoweit Menschen sich zu etwas zwingen, von Angst beherrscht sind, oder unter Druck arbeiten, können wir sicher sein, daß extrinsische Motivation zumindest beteiligt ist - vielleicht weil ihr Selbstwertgefühl auf dem Spiel steht, oder sie einen Termin einhalten müssen oder auf einen materiellen Vorteil bedacht sind" (DECI/RYAN 1985, S. 34).

Nach dieser Beschreibung versteht man besser, was gemeint ist, wenn es von einer Tätigkeit heißt, sie trage ihren Lohn in sich. Lohn und Ansporn des intrinsisch motivierten Handelns liegen in den Empfindungen, die mit dem Handeln selbst einhergehen, genauer: mit der Neuorganisation im Bewußtsein, die entsteht, wenn man sich einer Herausforderung stellt. Das schließt externe Belohnungen zwar nicht aus. Man kann mit der Tätigkeit zugleich auch Geld verdienen oder dafür einen Preis oder eine sonstige Anerkennung erhalten, und all das kann auch als *feedback* dienen. Doch das eigentliche Ziel der Tätigkeit ist nicht die externe Belohnung, sondern die Bewältigung der Aufgabe. An der Aufgabe ist man um ihrer selbst willen interessiert, nicht wegen der Belohnung.

Vielleicht wird dadurch auch leichter verständlich, daß *das Streben nach dem eigenen Vorteil immer auf eine externe Belohnung gerichtet ist* - auf ein größeres Stück Fleisch oder eine Gehaltserhöhung oder eine gehobene Position. Nichts gegen solche Wohltaten, aber daß unser Handeln allein von ihnen abhänge, kann nur einem Denken entsprungen sein, das an Subordination interessiert ist. HENRY FORD entschloß sich, seinen Arbeitern für damalige Verhältnisse relativ hohe Löhne zu zahlen, weil er nur so die hohe Fluktuation eindämmen konnte; denn die Arbeitsbedingungen am Fließband machten es vielen Menschen so schwer, sich mit der Fabrikarbeit zu arrangieren, daß sie diese bald wieder aufgaben (COHEN 1998, S. 99). Die soziale Isolation und die Monotonie der Tätigkeit waren so ungewohnt für sie, daß sie in dieser Arbeit keine menschenwürdige Aufgabe sehen konnten. Dabei hatte lange vorher ROBERT OWEN bereits bewiesen, daß die Industriearbeit sich als gemeinsame Aufgabe organisieren ließ, die die Arbeiter auch bei niedrigen Löhnen intrinsisch motivierte (POLANYI 1978/1944, S. 230-34). FORD mußte für seine Zeit sehr hohe Löhne zahlen, um die Individualisierung der Arbeit zu kompensieren.

2.4. Zur Messung der intrinsischen Motivation

Daß Menschen nur durch ihren privaten Vorteil zu wirtschaftlichem Handeln zu motivieren wären, trifft nur dann zu, wenn die äußeren Bedingungen es ihnen unmöglich machen, die Leistung um der herausfordernden Aufgabe willen oder um der gemeinsamen Sache willen zu erbringen. Ich will von einer kleinen Untersuchung berichten, die dies veranschaulicht (SCHERHORN/DAHM 1999). Sie hat weder umfassenden noch repräsentativen Charakter, sie bietet keinen generalisierbaren Nachweis, sondern soll lediglich zeigen, daß meine These entscheidbar ist, und mit welchem Verfahren.

Intrinsische Motivation ist schon auf verschiedene Weise gemessen worden: An der Länge einer frei gewählten Tätigkeit zum Beispiel, oder an der Qualität des erzielten Ergebnisses, oder an der subjektiven Befindlichkeit während der Tätigkeit. Wir verwendenten Befindlichkeitsprotokolle nach einer von BRANDSTÄTTER (1977, 1994) und CSIKSZENTMIHALYI (CSIKSZENTMIHALYI/LARSON/PRESCOTT 1977; CSIKSZENTMIHALYI/ LARSON 1987) entwickelten Methode. Vorgedruckte Protokollbögen - zwei Seiten im Format DIN A5 - wurden von den Probanden jeweils nach der

Ausübung bestimmter Tätigkeiten ausgefüllt. Meist durch einfaches Ankreuzen war einzutragen,

- um welche Tätigkeit es sich handelte,
- für wen und wie lange sie ausgeübt wurde,
- welchen Anlaß und Zweck sie hatte (z.B. Ablenken/Abschalten, Freude an der Tätigkeit, Geldsparen),
- wieviel Geld man ggf. dadurch gespart hat, daß man das hergestellte Produkt bzw. die Dienstleistung nicht kaufen mußte,
- ob man die Tätigkeit auch dann wiederholen würde, wenn genug Geld zur Verfügung stünde,
- und wie man sich bei ihr gefühlt hat, also die subjektive Befindlichkeit.

Der Befindlichkeit war der größte Teil des Protokollbogens gewidmet. Im Zentrum der Studie stand die Erhebung des subjektiven Wohlbefindens bei Eigenarbeit. Statt langer Erklärungen einige Beispiele (Tabelle 1). Bei jeder Aussage (etwa „Wie konzentriert waren Sie?") haben die Probanden auf der Skala angekreuzt, wie sie sich bei der Tätigkeit befunden haben. 1 bedeutete „gar nicht" und 9 „vollständig". Insgesamt 31 solcher Aussagen zur Befindlichkeit wurden in jedem Protokoll abgefragt.

Tab. 1: Einige Items zur Erhebung des subjektiven Wohlbefindens

Wie konzentriert waren Sie?	1......2......3......4......5......6......7......8......9
Waren Sie mit dem Ergebnis zufrieden?	1......2......3......4......5......6......7......8......9
Hatten Sie genug Zeit?	1......2......3......4......5......6......7......8......9
Wie fühlten Sie sich:	
fröhlich..........................	1......2......3......4......5......6......7......8......9
unter Druck	1......2......3......4......5......6......7......8......9
angeregt	1......2......3......4......5......6......7......8......9
u.v.a.	

Zum Zeitpunkt der Endauswertung lagen 999 Protokollbögen vor. Um der Frage nachzugehen, wie sich die Eigenarbeit auf das subjektive Wohlbefinden auswirkt, haben wir die 31 Befindlichkeitsaussagen einer Faktoranalyse unterworfen. Das Ziel war, inhaltlich zusammengehörende Aussagen zusammenzufassen und so die Variablen zu identifizieren, die im Bewußtsein der Teilnehmer das Wohlbefinden ausmachen. 21 Aussagen erwiesen sich in der faktorenanalytischen Auswertung als besonders geeignet, das Wohlbefinden zu messen. Daraus konnten vier Variablen gebildet werden:

– *Hinwendung*: fühlte mich angeregt, interessiert, war ganz bei der Sache, aufmerksam.
– *Einsatz*: empfand die Tätigkeit als produktiv, es war eine Herausforderung für mich, fühlte mich aktiv, mußte mich anstrengen, war konzentriert.
– *Zufriedenheit*: habe mich danach befriedigt gefühlt, war mit dem Ergebnis zufrieden, hatte die Situation unter Kontrolle, meine Fähigkeiten reichten aus, bin meinen eigenen Vorstellungen gefolgt.
– *Wohlgefühl*: fühlte mich voll Behagen, glücklich, gut unterhalten, fröhlich, entspannt, erfüllt, habe mich gut gefühlt.

Nehmen wir als Beispiel die Variable *Hinwendung*. Sie wird durch Addition der Skalenwerte für die vier Items *angeregt, aufmerksam, interessiert,* sowie *ganz bei der Sache* gebildet. Je größere Werte auf den vier Skalen angekreuzt waren, je größer also die berechnete Skalensumme ist, desto stärker ist die betreffende Person der jeweiligen Tätigkeit zugewandt, an ihr interessiert und fühlt sich von ihr angeregt. Ebenso ist es bei den drei anderen Variablen:

– Die *Hinwendung* (der Aufmerksamkeit) und der *Einsatz* (der psychischen Energie) deuten auf die innere Stimulation, die durch die Aktivierung der eigenen Fähigkeiten zustandekommt. Sie können als Indikatoren für die Stärke der intrinsischen Motivation dienen und zugleich auch für die in der Tätigkeit selbst liegende Befriedigung, die wegen ihres intrinsischen Charakters nicht von der Motivation zu trennen ist.
– Das *Wohlgefühl* deutet auf den hedonistischen Aspekt des subjektiven Wohlbefindens, die *Zufriedenheit* enthält die eher voluntaristischen Elemente Befriedigung und Kontrolle. Beide können als Indikatoren für die Befriedigung dienen, die die Probanden mit dem Ergebnis der Tätigkeit empfunden haben.

Die Stichprobe besteht aus Personen, die in den drei Städten Ahlen, Dortmund und Hattingen die dort vorhandenen Gelegenheiten für informelle Arbeit nutzen. Sie entspricht recht gut der sozialen Struktur des Untersuchungsgebiets, ohne repräsentativ zu sein. So sind auch Arbeiter, Hauptschulabsolventen, Einkommensschwache ausreichend vertreten. Was den beruflichen Hintergrund betrifft, so sind es Maschinenschlosser, Elektroniker, Dreher, Rohrschlosser, Fahrradmechaniker, Maler und Lackierer, Angestellte im Vertrieb, beim Car-Sharing, als Verkäuferin, in der Stadtverwaltung, in der Hotelküche, als Kindergärtnerin, Krankenschwester, Sozialarbeiterin, in der Theaterverwaltung, als Energieberater, Verbraucherberaterin, freiberuflich als Journalistin, arbeitslos als Sozialpädagogin oder Stadtplanerin, ferner Hausfrau, Student/in, Schüler.

3. Die äußeren Bedingungen müssen stimmen

3.1. Befindlichkeiten bei privaten und bei Gemeinschaftsaufgaben

Aus den untersuchten Tätigkeiten greife ich vier heraus. Zwei davon sind privaten Zwecken gewidmet, nämlich das Heimwerken und das Reparieren, zwei dienen gemeinsamen Aufgaben: die Arbeit für eine Gruppe, einen Verein („Gruppenarbeit") und der Dienst an einzelnen anderen Menschen („Soziale Tätigkeit"), beide ehrenamtlich. Im Folgenden sind die Tätigkeiten im einzelnen aufgezählt, die zu diesen vier Bereichen gehören. Alle vier werden freiwillig und in der berufsfreien Zeit ausgeübt:

- *Werken:* Geschirr, Vasen, Figuren töpfern. Malen. Seidenmalerei. Fotografieren. Marionetten/ Puppen/Kinderspielzeug/Girlanden/Lampe basteln. Grußkarten/Schmuck/ Geschenke/ Gartenmöbel/Nistkästen/ Uhrgehäuse selbst herstellen. Tischdecken einfärben. Datenbank programmieren. Gesellschaftsspiele erfinden.
- *Reparieren, Renovieren:* Neues Waschbecken einbauen. Abfluß reinigen. Dichtungen erneuern. Teppichboden verlegen. Waschmaschine säubern. Rasenmäher/Säge/Zaun/Auto/Motorrad/ Fahrrad/ Spielzeug/ Regenschirm reparieren. Türschlösser gangbar machen. Decken einziehen. Anstreichen, Tapezieren. Stuhl ausbessern. Schrank abschleifen und neu streichen.
- *Gruppenarbeit:* Vorstand im Gartenverein. Die Bibliothek des Tauschrings aufbauen/betreuen. Büro und Telefon. Pressenotiz, Artikel schreiben. Vereinsplakat entwerfen. Dia-Vortrag halten, Ausstellung vorbereiten. Vereinszeitschrift, Vereinsfest, Podiumsdiskussion organisieren. Veranstaltungen/Informationsstände. In Schulen informieren. Werkstatt einrichten.
- *Soziale Tätigkeit:* Kindern, Erwachsenen die Haare schneiden. Hausaufgabenhilfe. Kinder von Verwandten/Nachbarn betreuen. Bastelnachmittage, Ausflüge veranstalten. Nachbarschaftshilfe, Freunden, Kranken hel-

fen: Einkaufen, Kochen, Behördengang, Umzugshilfe, Pflege. Behinderte betreuen, im Rollstuhl ausfahren. Regelmäßige Besuche im Altenheim.

Tabelle 2 gibt einen Einblick in die Befindlichkeiten. Um die Zusammenhänge zwischen den Tätigkeiten und dem Wohlbefinden vergleichend darstellen zu können, haben wir für jede Variable bei jeder Tätigkeit die Abweichungen vom Durchschnitt aller von der Person protokollierten Tätigkeiten berechnet. Wir haben die Werte der vier Variablen *z-transformiert,* wie die statistische Bezeichnung dafür lautet. Zur Berechnung der z-Werte wird der Mittelwert für alle Tätigkeiten einer Person bei jeder Variablen auf Null gesetzt. Die z-Werte geben dann an, wieweit die jeweilige Tätigkeit das Wohlbefinden der Person über ihr durchschnittliches Befinden hinaus anhebt oder unter den Durchschnitt absenkt. Die Abweichungen liegen meist zwischen –1,0 bis +1,0, in seltenen Fällen können sie ein wenig darüber hinausgehen. Doch kommt die 1 selten vor; so gut wie immer steht eine 0 vor dem Komma. Deshalb kann man die 0 weglassen, um die Lesbarkeit zu erhöhen. In Tabelle 2 sind die z-Werte aller Personen zusammengefaßt.

Tab. 2: Z-Werte der Befindlichkeiten (in Klammern die Anzahl der Personen/der Protokolle)

	Hinwendung	*Einsatz*	*Wohlgefühl*	*Zufriedenheit*
Heimwerken (31/110)	+,393	+,493	+,395	+,147
Reparieren (31/241)	–,195	+,270	–,315	+,027
Gruppenarbeit (31/68)	+,630	+,430	+,275	+,055
Soziale Arbeit (31/96)	–,388	–,325	–,599	–,751

Beim Heimwerken liegen alle Befindlichkeiten deutlich über dem Durchschnitt; man hat sich die Aufgaben selbst gewählt und tut sie gern. Das Reparieren ist nicht so selbstbestimmt: Rohre platzen zur Unzeit, die Betroffenen würden lieber etwas anderes tun; sie setzen sich ein, aber ohne Begeisterung, und so hält sich die Zufriedenheit in Grenzen. Die Gruppenarbeit ist befriedigender, sie wird mit hohem Einsatz und noch größerem Interesse durchgeführt und bewirkt relativ hohes Wohlgefühl, allerdings ist man mit dem Ergebnis - angesichts hoher Erwartungen - nur durchschnittlich zufrieden. Die Soziale Arbeit wiederum scheint kaum intrinsisch motiviert zu sein, und auch die Befriedigung liegt weit unter dem Durchschnitt. Man sieht: *Auch Gemeinschaftsaufgaben können stark, auch Tätigkeiten zum privaten Nutzen können schwach intrinsisch motiviert sein.* Ob Menschen sich für eine unbezahlte Tätigkeit interessieren und einsetzen, ist nicht davon abhängig, daß sie die Arbeit für sich selbst tun, sondern hat andere Gründe. Ein wichtiger Grund liegt darin, in welchem Maße sie *selbstbestimmt* handeln können.

3.2. Bedingungen für intrinsisch motiviertes Handeln

Die Kombination von intensiver Hinwendung und hohem Einsatz ist nur von Menschen zu haben, die das Arbeitsziel bejahen und selbstbestimmt mitarbeiten, weil sie sich frei fühlen, „ihre Kräfte zu gebrauchen und die in ihnen liegenden Möglichkeiten zu verwirklichen" (FROMM 1985, S. 73), so daß sie die Tätigkeit als sinnvoll erleben und sich aus eigenem Antrieb dafür einsetzen können. Selbstbestimmt handeln bedeutet zwar nicht, daß man nur das tut, was einem Spaß macht. Auch eine lästige Arbeit kann selbstbestimmt sein, wenn man sie innerlich akzeptiert und sie in diesem Sinne aus eigenem Antrieb tut - aus Einsicht in eine Notwendigkeit, aus Verantwortung für eine Aufgabe oder für einen Menschen. DECI und RYAN (1985, S. 157) sprechen in solchen Fällen von "choiceful accommodation": Man macht das Beste aus einer nicht selbstgewählten Aufgabe, macht sich eine zwingende Verpflichtung zu eigen. So geschieht es häufig bei beruflichen Tätigkeiten. Dann ist zwar der Einsatz hoch, aber die Hinwendung etwas geringer. Das Wohlgefühl liegt unter dem Durchschnitt, und auch die Zufriedenheit hält sich in Grenzen (SCHERHORN/DAHM 1999). Beim Reparieren und bei der Sozialen Arbeit scheint es ähnlich zu sein: Man akzeptiert die Notwendigkeit, aber oft kann man die Tätigkeit selbst nicht so recht genießen.

Die Befragten haben auf den Protokollbögen u.a. angekreuzt, in welchem Maße sie sich bei den Tätigkeiten jeweils „selbstbestimmt" gefühlt haben. Deshalb konnten wir innerhalb der einzelnen Tätigkeitsgruppen diejenigen Protokolle auswählen, in denen angegeben ist, daß die Tätigkeit mit hoher Selbstbestimmtheit ausgeführt wurde. Und da selbstbestimmtes Handeln Zeit braucht, lag es nahe, auch einmal diejenigen Protokolle gesondert zu betrachten, in denen angegeben war, daß man für die Tätigkeit „genug Zeit" hatte. So haben wir geprüft, ob die Tätigkeiten dann mit höheren Befindlichkeiten verbunden waren, wenn sie selbstbestimmter bzw. mit mehr Zeit ausgeführt werden konnten. Dabei haben wir auch gleich mitberechnet, ob das gleiche gilt, wenn die Tätigkeiten unter besseren materiellen Voraussetzungen (Räume, Werkzeuge usw.) ausgeführt werden konnten.

Tab. 3: *Befindlichkeiten unter günstigen Bedingungen* (z-Werte)

	Hinwendung	Einsatz	Wohlgefühl	Zufriedenheit
Alle 110 Protokolle über *Heimwerken*.	+,393	+,493	+,395	+,147
59 Protokolle (54%) mit hoher Ausprägung der 3 Bedingungen*	+,763	+,776	+,687	+,431
Alle 241 Protokolle über *Reparieren*.	−,195	+,270	−,315	+,027
87 Protokolle (36%) mit hoher Ausprägung der 3 Bedingungen*	+,118	+,590	−,058	+,501
Alle 68 Protokolle über *Gruppenarbeit*.	+,630	+,430	+,275	+,055
28 Protokolle (41%) mit hoher Ausprägung der 3 Bedingungen*	+1,078	+,979	+,606	+,585
Alle 96 Protokolle über *Soziale Arbeit*	−,388	−,285	−,599	−,751
30 Protokolle (31%) mit hoher Ausprägung der 3 Bedingungen*	+,114	+,321	−,573	−,321

* Nur Protokolle, in denen bei den Aussagen „habe mich selbstbestimmt gefühlt", „hatte genug Zeit" und „hatte die notwendigen Möglichkeiten (Material, Räumlichkeiten ...)" ein Wert am oberen Ende der Skala (>6) angekreuzt worden ist.

Auf diesem Wege kann man hoffen, etwas über die Wirkung der äußeren Bedingungen zu erfahren - die drei genannten Faktoren sind sicher mitbestimmend für die Chance, eine Tätigkeit intrinsisch motiviert auszuführen.

Das Ergebnis ist aus Tabelle 3 abzulesen. Beim Heimwerken und bei der Gruppenarbeit ist die intrinsische Motivation wesentlich stärker, wenn die Tätigkeiten selbstbestimmt, mit genug Zeit und unter guten materiellen Voraussetzungen ausgeführt werden können. Auch die empfundene Befriedigung ist wesentlich höher. Beim Reparieren sind ebenfalls alle Indikatoren stärker ausgeprägt. Bei der Sozialen Arbeit hat sich die intrinsische Motivation - Hinwendung und Einsatz - erhöht, die Zufriedenheit ist nicht mehr ganz so gering, nur das Wohlgefühl ist unverändert niedrig.

Eine Korrelationsanalyse, die an anderer Stelle dargestellt wird (SCHERHORN/DAHM 1999), legt den Schluß nahe, daß von den drei Bedingungen die *Selbstbestimmtheit* die größte Wirkung hat. Viel hängt also davon ab, ob die äußeren Bedingungen ein selbstbestimmtes Handeln erlauben, und etwas weniger davon, ob sie den Personen das Gefühl vermitteln, genug Zeit und ausreichende materielle Voraussetzungen zu haben. Sind die äußeren Bedingungen für diese drei Faktoren in hinreichendem Maße gegeben, so handeln Menschen intrinsisch motiviert, also aus Interesse und eigenem Antrieb, ob sie nun einen privaten Vorteil davon haben oder nicht. Das spricht nicht gegen private Vorteile, wohl aber dagegen, sie als ökonomische Anreize für nötig zu halten, damit das Verhalten zustandekommt. Dazu ist nur dort Anlaß, wo die äußeren Bedingungen ein intrinsisch motiviertes Handeln nicht zulassen.

3.3. Das Beispiel der Sozialen Arbeit

Glaubt man der Wirtschaftstheorie, so ist mit intrinsischer Motivation *im Regelfall nicht zu rechnen*. Zumindest implizit geht sie davon aus, daß die Menschen nur durch Lohn und Strafe, Verlust und Gewinn, Verlockung und Druck – kurz: durch Anreize und Vorschriften - dazu gebracht werden, das Notwendige zu tun.

Glaubt man aber den oben vorgelegten Befunden, so ist das menschliche Handeln gar nicht so sehr auf Fremdbestimmung angelegt. Sogar die Soziale Arbeit wird nur dann *nicht* mit Hinwendung und Einsatz verrichtet, wenn die äußeren Bedingungen die intrinsische Motivation verhindern. Durch die Brille der ökonomischen Denktradition wird man das freilich anders sehen. Man wird argumentieren, daß die Hindernisse nicht in den äußeren Bedingungen, sondern im Inneren der handelnden Personen liegen: Die zu betreuenden Menschen - Alte, Kranke, Behinderte, Kinder - sind querköpfig, depressiv, schwerfällig, kurz: unausstehlich; und die betreuenden Personen können mit Betreuungsaufgaben nicht sachbezogen umgehen, weil sie das nicht gelernt haben oder nicht mögen. Doch diese Erklärung stimmt mit der Empirie nicht überein. In den untersuchten Fällen hat relativ häufig ein und dieselbe Person im einen Fall günstige und im anderen Fall ungünstige Bedingungen protokolliert. Daß die intrinsische Motivation im einen Fall größer und im anderen Fall geringer war, dürfte also nicht so sehr an der Person als vielmehr an der Situation gelegen haben.

Was war das Unbefriedigende an der Situation? Es zeigt sich im Kontrast zwischen der Sozialen Arbeit, die nach unseren Befunden wenig intrinsische Motivation hervorruft, und der Gruppenarbeit, an der die Beteiligten durchweg wesentlich mehr Freude finden. Die Tätigkeiten der Gruppenarbeit standen im Dienste einer Gemeinschaftsaufgabe und vollzogen sich in einem sozialen Zusammenhang - sie wurden nicht immer in Gesellschaft anderer Menschen verrichtet, aber doch im Bewußtsein der Gemeinsamkeit, des Aufeinanderbezogenseins. Die Teilnehmer hatten ein Gefühl von der gesellschaftlichen Bedeutung ihres Tuns und konnten sicher sein, daß ihre Arbeit in den Augen anderer verdienstvoll war.

Hier liegt der Unterschied. Auch die Soziale Arbeit geschieht „für andere", aber sie wird weniger gewürdigt, sie wird als Privatsache betrachtet, man fühlt sich dabei nicht selten alleingelassen. Die Betreuenden empfinden sich als allein mit der betreuten Person, d.h. sie haben nicht das Gefühl, daß ihre ehrenamtliche Arbeit von anderen Menschen beachtet wird, daß sie mit anderen gemeinsam an den gleichen Zielen, der gleichen Aufgabe arbeiten. Die Pflegeversicherung mag daran etwas ändern, wenn sie den Betreuenden eine gewisse finanzielle Entschädigung vermittelt. Aber wichtiger ist die soziale Akzeptanz. Sie bedarf geeigneter Strukturen. In früheren Zeiten wurde die Soziale Arbeit im Großhaushalt organisiert, die Betreuenden waren in ihn eingebunden und wurden von seinen anderen Mitgliedern unterstützt. Ihre Tätigkeit war für den Zusammenhalt und die Funktionsfähigkeit des Haushalts wichtig und wurde entsprechend beachtet. Eben diese institutionelle Verankerung fehlt der Sozialen Arbeit heute. Im Gegensatz dazu vollzieht sich die Gruppenarbeit - wenn sie zustandekommt - in Vereinen, Initiativen oder Selbsthilfegruppen, in denen die einzelnen sich aufgehoben und gesellschaftlich beachtet fühlen können.

Der Sozialen Arbeit fehlt eine vergleichbare institutionelle Verankerung. Das wäre anders, wenn beispielsweise die Wohnquartiere so eingerichtet wären, daß Älterwerdende innerhalb des Quartiers in kleinere Wohnungen umziehen könnten, daß jeweils mehrere Familien mit Kindern geeignete Räume zur gemeinsamen Betreuung der Kinder zur Verfügung hätten, daß es eine Vielzahl von Gemeinschaftseinrichtungen gäbe, die von den Bewohnern selbst verwaltet und genutzt würden, daß die private Pflege von Kranken, Behinderten, Alten von der Sozialstation des Quartiers professionell begleitet würde. All das ist vorstellbar; daß es fehlt, liegt an der fehlenden gesellschaftlichen Würdigung der privaten, ehrenamtlichen Sozialen Arbeit, bringt diese zum Ausdruck und verstärkt sie zugleich. Denn das

Fehlen des gesellschaftlichen Rückhalts bewirkt, daß diejenigen, die dennoch Soziale Arbeit tun, sich ungerecht behandelt fühlen (SCHERHORN 1994, S. 56-58).

Soziale Arbeit kommt unter heutigen Bedingungen nur zustande, weil es noch Menschen gibt, die aus eigenem Antrieb ein Gefühl der Verpflichtung für das Wohl ihrer Mitmenschen verspüren. Je schwächer dieses Gefühl der Verpflichtung gesellschaftlich verankert ist und gewürdigt wird, desto weniger Menschen werden solche Arbeit noch auf sich nehmen. Die private Betreuung von Alten und Kindern, Kranken und Behinderten wird nach Tabelle 3 nur dann mit Einsatz und Hinwendung getan, wenn sie in Selbstbestimmtheit, mit genügend Muße und unter befriedigenden Arbeitsbedingungen stattfinden kann. Wohlgefühl und Zufriedenheit sind selbst dann noch unterdurchschnittlich. Ohne günstige Bedingungen nehmen nur solche Menschen soziale Arbeit auf sich, die nicht anders können, und sie tun es so ungern und mit so wenig Engagement, daß man sicher sein kann: Wenn sie es sich leisten könnten, würden sie diese Arbeit abwählen.

Gesellschaftlich ist es aber sehr wichtig, daß die Arbeit getan wird. Die Betreuung von Kranken, Alten und Behinderten wäre nicht finanzierbar, wenn sie zu hundert Prozent professionell, also von Fachkräften in Krankenhäusern oder Sozialstationen, durchgeführt werden müßte. Auf die Dauer wird nichts anderes übrigbleiben, als die äußeren Bedingungen so zu verändern, daß in ihnen wieder eine größere gesellschaftliche Würdigung der Sozialen Arbeit zum Ausdruck kommt.

Literaturverzeichnis

BECKER, G.S. (1981). *A treatise on the family.* Cambridge, Mass.: Harvard University Press.

BINSWANGER, H.CH. (1991). *Geld und Natur.* Das wirtschaftliche Wachstum im Spannungsfeld zwischen Ökonomie und Ökologie. Stuttgart: Weitbrecht.

BRANDSTÄTTER, H. (1977). Wohlbefinden und Unbehagen. Entwurf eines Verfahrens zur Messung situationsabhängiger Stimmungen. In: TACK, W.H. (Hg.). *Bericht über den 13. Kongreß der DGP in Regensburg 1976.* Göttingen: Hogrefe.

-"- (1994). Well-being and motivational person-environment fit: A time-sampling study of emotions. *European Journal of Personality* 8, 75-93.

COHEN, D. (1998). *Fehldiagnose Globalisierung. Die Neuverteilung des Wohlstands nach der dritten industriellen Revolution.* Frankfurt/M.: Campus Verlag.

CSIKSZENTMIHALYI, M. (1975). *Beyond boredom and anxiety.* San Francisco: Jossey-Bass.

CSIKSZENTMIHALYI, M., LARSON, R. und PRESCOTT, S. (1977). The ecology of adolescent activity and experience. *Journal of Youth and Adolescence* 6, 281-294.

CSIKSZENTMIHALYI, M. und LARSON, R. (1987). Validity and reliability of the experience-sampling method. *The Journal of Nervous and Mental Disease,* 175, 526-536.

DECI, E.L. (1975). *Intrinsic motivation.* New York: Plenum Press.

-"- (1980). *The psychology of self-determination.* Lexington/Mass.: Lexington Books.

-"- (1995). *Why we do what we do. The dynamics of personal autonomy.* New York: Putnam's Sons.

DECI, E.L. und RYAN, R.M. (1985). *Intrinsic motivation and self-determination in human behavior.* New York: Plenum Press.

FRIEDMAN, M. (1962). *Capitalism and freedom.* Chicago: University of Chicago Press.

FROMM, E. (1985). *Psychoanalyse und Ethik.* München: Deutscher Taschenbuch Verlag.

HIRSCH, F. (1980). *Die sozialen Grenzen des Wachstums.* Reinbek: Rowohlt (Orig. 1977. *Social limits of growth.* Cambridge, Mass.: Harvard University Press).

HULL, C.L. (1943). *Principles of behavior: An introduction into behavior theory.* New York: Appleton-Century-Crofts.

KOHN, A. (1991). Group grade grubbing versus cooperative learning. *Educational Leadership 48* (5), 83-87.

McKENDRICK, N., BREWER, J. und PLUMB, J.H. (1982). *The birth of a consumer society. The commercialization of eighteenth-century England.* London: Europa Publishers.

MEYER-ABICH, K.M. (1996). Mit-Eigentum und Würde der Natur im Zeitalter der Wirtschaft. In: ROSSNAGEL, A. und HEUSER, U. (Hg.). *Reformperspektiven im Umweltrecht.* Baden-Baden: Nomos, 19-38.

-"- (1997). *Praktische Naturphilosophie.* Erinnerung an einen vergessenen Traum. München: Beck.

POLANYI, K. (1978). *The great transformation.* Politische und ökonomische Ursprünge von Gesellschaften und Wirtschaftssystemen. Frankfurt: Suhrkamp (Orig. 1944 bei Farrar, New York).

ROGERS, C.R. (1963). The concept of the fully functioning person. *Psychotherapy: Theory, Research, and Practice 1*, 17-26.

SCHERHORN, G. (1994). Egoismus oder Autonomie. Über die Beschränktheit des Eigennutzprinzips. In: HECK, TH.L. (Hg.). *Das Prinzip Egoismus*. Tübingen: Noûs Verlag, 45-62.

-"- (1996). Pro- und postmaterielle Werthaltungen in der Wohlstandsgesellschaft. Fünf Thesen zum Widerstand gegen nachhaltiges Wirtschaften. In: BUND NATURSCHUTZ IN BAYERN (Hg.). *Wieviel Wohlstand braucht der Mensch?* Visionen einer neuen ökologischen Ethik und Beispiele für zukunftsgerichtetes Handeln. Wiesenfelden: Bildungswerk des Bund Naturschutz, 29-48.

-"- (1998). Privates and Commons - Schonung der Umwelt als kollektive Aktion. In: HELD, M. und NUTZINGER, H.G. (Hg.). *Eigentumsrechte verpflichten. Individuum, Gesellschaft und die Institution Eigentum*. Frankfurt/M.: Campus Verlag, 184-208.

SCHERHORN, G. und DAHM, P. (1999). *Produktivität im Konsum* (Arbeitstitel). Untersuchungen zur Eigenarbeit. In Vorbereitung.

SKINNER, B.F. (1953). *Science and human behavior*. New York: MacMillan.

WALLERSTEIN, I. (1986). *Das moderne Weltsystem. Kapitalistische Landwirtschaft und die Entstehung der europäischen Weltwirtschaft im 16. Jahrhundert*. Frankfurt/M. (Orig. 1974, *The modern world system*. New York).

WEEBER, K.-W. (1990). *Smog über Attika. Umweltverhalten im Altertum*. Zürich: Artemis.

Uwe Gerecke

Ökonomische Anreize, intrinsische Motivation und der Verdrängungseffekt

Das Konzept „intrinsische Motivation" findet bei Ökonomen, Betriebswirten und Volkswirten in jüngster Zeit verstärkt Beachtung und zwar meistens im Zusammenhang mit der aus der Psychologie stammenden These, daß extrinsische Motivation durch ökonomische Anreize zerstörerisch auf intrinsische Motivation wirken kann. Dieser sogenannte „Verdrängungseffekt" wird dabei im allgemeinen als empirisch äußerst bedeutsam betrachtet und als eine wichtige Beschränkung des Erklärungsanspruchs der modernen Ökonomik gewertet, die sich im Laufe der letzten Jahrzehnte zu einer allgemeinen Theorie menschlicher *Interaktionen* entwickelt hat und nicht länger auf den Gegenstandsbereich „Wirtschaft" festgelegt werden kann.[1]

Da die Integration dieser psychologischen Konzepte bzw. Erkenntnisse in die Ökonomik und zwar insbesondere in der Funktion als Grenzmarkierungen für ökonomische Erklärungsleistungen in dem vorliegenden Beitrag eher kritisch beurteilt wird, sollen zunächst einige Einsichten zur intrinsischen Motivation herausgestellt werden, die - auch bei Ökonomen - zunächst weitgehend unstrittig sein dürften. Aus diesen vordergründig plausiblen und deshalb häufig unstrittigen Punkten folgt allerdings noch nicht, wie diese im Rahmen einer Ökonomik, die auf das Problem der sozialen Ordnung zugeschnitten ist, zweckmäßigerweise konzeptualisiert werden sollten, damit Ansatzpunkte für die Lösung realweltlicher Probleme aufgezeigt werden können. Mein Beitrag ist in einigen zentralen Punkten eine Auseinandersetzung mit der Position von BRUNO S. FREY und MARGIT OSTERLOH, wie sie in einem Aufsatz deutlich wird, der 1997 in „Die Betriebswirtschaft" erschienen ist. Zunächst also zu den vordergründig unstrittigen Punkten:

(1) Unstrittig dürfte sein, daß es so etwas wie intrinsische Motivation gibt: Menschen tun Dinge, ohne daß es dafür einen offensichtlichen Anreiz „von außen" gibt, sei dies nun in Form materieller Anreize oder in Form sozialer Anreize. Um DECI (1975, S. 23) zu paraphrasieren, von dem eine - wenn nicht *die* - grundlegende Monographie zur intrinsischen Motivation stammt: Menschen engagieren sich in Aktivitäten, für die es keine erkennbare Be-

lohnung gibt außer der Aktivität selbst. Diese Aktivitäten sind dann selber Ziel und nicht nur ein Mittel, um andere Ziele zu erreichen. Es wird kaum jemand bestreiten wollen, daß so etwas nicht selten vorkommt und man dann in Analogie zu Anreizen, die „von außen" auf das Individuum einwirken, mit FREY und OSTERLOH (1997, S. 308) von „intrinsischen Anreizen" sprechen kann.

Ein kurzer Exkurs zur Terminologie ist an dieser Stelle sicher hilfreich: Zu den ökonomischen Anreizen werden hier neben *materiellen* Anreizen zumindest auch *soziale* Anreize gerechnet, die in Form von Achtungs- und Mißachtungserweisen durch andere vorkommen. Wenn die Mitmenschen die Handlungen eines Individuums an einem normativen Standard messen und bestimmte Handlungen eines Menschen loben, andere dagegen tadeln, so gehen von diesen Lob- und Tadelaktivitäten Anreize aus. Materielle *und* soziale Anreize bilden somit nach meinem Verständnis die Grundlage für extrinsische Motivation.

(2) Unstrittig ist sicher, daß sich viele Ökonomen bislang nicht besonders intensiv mit intrinsischer Motivation auseinandergesetzt und dies vor allem den Psychologen überlassen haben. Bis heute findet man Bestimmungen des ökonomischen Ansatzes, die diesen auf die Beschäftigung mit materiellen oder - noch enger - monetären Anreizen festlegen. Eine solche Bestimmung hat allerdings den Nachteil, daß sie den Gegenstandsbereich der Ökonomik durch eine bloße Definition stark beschränkt und damit das Erklärungspotential der Ökonomik als einer allgemeinen Interaktionstheorie nicht ausschöpft. Deshalb erscheint es sinnvoller, Ökonomik ganz allgemein als *Wissenschaft von den Anreizen* zu interpretieren, wozu dann sowohl materielle und soziale als auch intrinsische Anreize gehören.

(3) Unstrittig dürfte weiterhin sein, daß es erwünschte Interdependenzen zwischen intrinsischer und extrinsischer Motivation gibt. So wird intrinsische Motivation, die zur Einhaltung von Normen und Lösung von Konflikten dienlich sein kann und damit ein *funktionales Äquivalent zu Institutionen* bei der Lösung von Ordnungsproblemen darstellt (vgl. dazu Beitrag von WEISE in diesem Band), zu einem wesentlichen Teil durch extrinsische Motivation aufgebaut. Dies geschieht in Sozialisationsprozessen, die auf eine Internalisierung von Normen, also von Verhaltenserwartungen, abzielen und für die in allen Gesellschaften in beträchtlichem Maße Ressourcen eingesetzt worden sind und werden.[2] Kommt es zur Internalisierung von Normen - man kann dann vom Gewissen als interner Kontroll- und Sanktionsinstanz sprechen -, so kann das in beträchtlichem Maße zu Resistenzen gegen materielle und soziale Anreize führen, die von außen auf ein Individuum einwirken. Internalisierte Normen können, wenn sie denn auf breiter Front in einer Gesellschaft vorhanden sind, die Koordination der Interaktionen

durch anreizgestaltende und damit handlungskanalisierende Institutionen zumindest zum Teil kostengünstig substituieren.

Zentral ist dieser Zusammenhang schon in der tugendethischen Konzeption aristotelischer Prägung. Tugenden werden ausgebildet durch Gewohnheit und Einübung im täglichen Lebensvollzug einer Gemeinschaft, der Polis. Durch Lob und Tadel, durch Ausdruck von Achtung bzw. Mißachtung bezüglich bestimmter Handlungen eines Individuums seitens der anderen werden Tugenden erworben. Ohne die durch das Polis-Leben vermittelte Erziehung zur sittlichen Tüchtigkeit - so die Vorstellung - ist der Mensch ärger als ein Tier (vgl. HÖFFE 1979/1992, S. 22).

(4) Unstrittig ist schließlich sicher auch die Beobachtung, daß problematische Wechselwirkungen zwischen intrinsischer und extrinsischer Motivation auftreten können. Extrinsische und intrinsische Motivation sind nicht unabhängig voneinander. Ihre Beziehung läßt sich nicht einfach als additiv begreifen, so daß man sich quasi aussuchen kann, ob man zur Lösung eines aus konfligierenden Interessen resultierenden Interaktionsproblems auf extrinsische oder intrinsische Motivation setzt.

Insbesondere die Möglichkeit, daß extrinsische Motivation intrinsische Motivation unterminieren kann, ist unter der Überschrift "The Hidden Costs of Reward" (LEPPER/GREENE 1978) oder auch *"undermining effect"* (DECI/RYAN 1980) thematisiert worden. Die eher populärwissenschaftlichen Bücher von ALFIE KOHN (1993) "Punished by Rewards" und der Bestseller „Mythos Motivation" von REINHARD SPRENGER (1991/1992) haben genau diesen Effekt im Blick und zumindest im deutschsprachigen Raum zu einer weiten Verbreitung dieser Idee geführt. In den wissenschaftlichen Diskurs der Ökonomik hat nach eigenem Bekunden FREY dieses Phänomen unter der Bezeichnung *crowding-out-effect* oder „Verdrängungseffekt" eingeführt (FREY/OSTERLOH 1997, S. 310). Die Gliederung der folgenden Überlegungen, in denen die hier aufgeführten, vordergründig unstrittigen Einsichten genauer hinterfragt werden sollen, wird durch vier Thesen vorgegeben, die zunächst im Zusammenhang präsentiert werden sollen. Die Perspektive, die dabei zugrunde gelegt werden soll, ist die einer Ökonomik, die auf das Problem der sozialen Ordnung zugeschnitten ist und in der alltagsweltliche Problemkonstellationen so konzeptualisiert werden sollen, daß Ansatzpunkte für deren Bewältigung aufgezeigt werden können.

These 1: Der sogenannte Crowding-Out- oder Verdrängungseffekt - die Verdrängung intrinsischer durch extrinsische Motivation - wird überschätzt. Eine Auswertung von empirischen Untersuchungen der letzten 25 Jahre zu diesem Effekt zeigt, daß er nur unter sehr spezifischen und zudem leicht zu vermeidenden Bedingungen auftritt.

These 2: Erklärungen von Ökonomen, die auf intrinsische Motivation rekurrieren, zeichnen sich häufig durch konzeptionelle Unklarheiten aus. In diesen Fällen wird zudem das Erklärungspotential einer Ökonomik nicht ausgeschöpft, die die Zurechnung auf die nur schlecht beobachtbare Größe „intrinsische Motivation" bewußt vermeidet.

These 3: Der Rekurs auf intrinsische Motivation als Erklärungsvariable trotz konzeptioneller Unklarheiten und besserer alternativer Erklärungen ist häufig normativ motiviert. Ihm liegt zudem ein Mißverständnis bezüglich des problemabhängigen Charakters moderner Einzelwissenschaften zugrunde.

These 4: Die oft anzutreffende Gleichsetzung von intrinsischer Motivation und Moral führt zu einem Begriff von Moral, der für sozialwissenschaftliche Forschung eher ungeeignet ist.

1. Der Verdrängungseffekt und die Empirie

Als Belege für den Verdrängungseffekt findet man - vor allem in der populärwissenschaftlichen Literatur - häufig anekdotische Beispiele, zu Ergebnissen der Verhaltensforschung hochstilisierte Geschichten (vgl. DECI 1975, S. 157 f. und SPRENGER 1991/1992, S. 67) und den Verweis auf überwältigende empirische Evidenzen. Bei SPRENGER (1997, S. 580, Hervorhebung i.O.) heißt es: „Die große Zahl experimenteller Befunde, die schon seit den 70er Jahren eine *negative* Beziehung von extrinsischen Anreizen und intrinsisch motivierter Leistung belegt, steht in eklatantem Gegensatz zur Breite ihrer Rezeption." Und bei DECI und RYAN (1987, S. 1026, Hervorhebung U.G.) findet man den Hinweis: "Dozens of studies have explored the effects of rewards on intrinsic motivation. [...] *In general*, rewards have been found to undermine intrinsic motivation." Auch FREY und OSTERLOH (1997, S. 309 f.) verweisen in dem angesprochenen Aufsatz pauschal auf „eine große Zahl von experimentellen Befunden der Forschergruppe um Deci."
In der Psychologie wurden bereits Metaanalysen vorgenommen, die darauf abzielen, die Ergebnisse von über zwei Jahrzehnten empirischer Forschung zur Thematik zusammenfassend darzustellen und zu bewerten (vgl. etwa WIERSMA 1992; CAMERON/PIERCE 1994; EISENBERGER/ CAMERON 1996).[3] Im folgenden referiere ich einige zentrale Ergebnisse des Aufsatzes "Detrimental Effects of Reward: Reality or Myth?" von ROBERT EISENBERGER und JUDY CAMERON, der auf einer solchen Metaanalyse aufbaut (1996, insb. S. 1156-1160).[4]

Zusammengetragen wurden 96 Studien aus der Zeit ab 1971, die sich mit dem Thema Verdrängungseffekt beschäftigen und vom Untersuchungsdesign so konstruiert sind, daß sie eine Experimentgruppe enthalten, die extrinsisch motiviert wird, und eine Kontrollgruppe, bei der diese Form der Belohnung unterbleibt. Um die Studien vergleichen zu können, wurden die 61 bzw. 64 Studien ausgewählt, die Gleiches gemessen haben: zum einen die freie Zeit (*free time*), die nach der Belohnungsphase für eine bestimmte Aktivität aufgewendet wurde; zum anderen wurde die Einstellung (*attitude*) der Probanden in bezug auf diese Aktivität in der Nachbelohnungsphase erhoben. Beide Größen - die aufgewendete Zeit in der Nachbelohnungsphase wie auch die Einstellung in bezug auf die Aufgabe nach der Belohnung - werden üblicherweise als Indikatoren für das Vorhandensein intrinsischer Motivation genommen. Unterschieden wurde in beiden Fällen, ob es sich um eine verbale oder eine greifbare (*tangible*) Belohnung handelte; es wurde also zwischen materiellen und sozialen Anreizen unterschieden (CAMERON/ PIERCE 1994). Zum Verständnis der Ergebnisse sei folgendes angemerkt:

– Liegt der Wert *effect size* unter 0, so bedeutet das, daß die Probanden der Experimentgruppe in der Phase nach der Belohnungsphase weniger freie Zeit auf die jeweilige Tätigkeit verwendet haben bzw. ihre Einstellung gegenüber der Tätigkeit negativer war als in der Kontrollgruppe. Werte unter 0 kann man also als Bestätigung der These von der Verdrängung intrinsischer Motivation interpretieren, wogegen Effect-size-Werte über 0 der These vom Verdrängungseffekt widersprechen.
– Je größer die Stichprobe, desto verläßlicher repräsentiert der Wert des Effektes den realen Wert in der Gesamtbevölkerung. Dieses statistische Prinzip erklärt auch, warum die Streuung der Ergebnisse mit zunehmender Stichprobengröße abnimmt.
– Es scheint eine gewisse Tendenz zu geben, daß materielle Belohnungen dazu führen, daß die aufgewendete Zeit für eine Tätigkeit nach der Belohnungsphase negativ beeinflußt wird. Verbale Belohnungen dagegen haben eher einen gegenteiligen Effekt, ein Verdrängungseffekt läßt sich nicht feststellen.
– Bezüglich der Einstellung zur Aufgabe führen sowohl verbale als auch materielle Belohnungen nicht zu einem Effekt, der sich als Verdrängungseffekt interpretieren ließe, sondern eher ist das Gegenteil der Fall. Beide Formen der Belohnung haben tendenziell positive Effekte in bezug auf die Einstellung zur Aufgabe, wobei der Effekt bei materiellen Belohnungen deutlich schwächer ist.

Nun haben EISENBERGER und CAMERON sich nicht mit dieser Analyse zufriedengegeben, sondern in Form einer differenzierten Metaanalyse die Zusammenhänge noch einmal genauer untersucht. Zur genaueren Erläuterung der Ergebnisse, die in der folgenden Abbildung zusammengestellt sind, und der verwendeten statistischen Verfahren kann an dieser Stelle nur auf die Originalaufsätze verwiesen werden. Lediglich das einzige kritische Ergebnis - der tendenziell negative Effekt materieller Belohnung auf die freie Zeit, die in der Nachbelohnungsphase auf die Aufgabe verwendet wurde - wird im folgenden genauer betrachtet.

Bezüglich dieses Effekts wurde in der Metaanalyse unterschieden, ob es sich um *erwartete* oder *unerwartete* Belohnungen handelte und bei den erwarteten Belohnungen wurde weiter unterschieden, ob die Belohnung unabhängig von der Leistung (*performance independent*) erfolgte, oder ob sie von der Erfüllung einer Aufgabe (*completion dependent*) oder gar von der Qualität der Aufgabenerfüllung (*quality dependent*) abhängig gemacht wurde.

Abb. 1: Ergebnisse der Metaanalyse zur Verdrängung intrinsischer Motivation

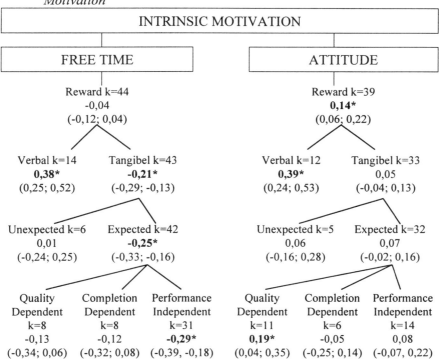

Quelle: EISENBERGER/CAMERON 1996, S. 1159[5]

Das Ergebnis ist relativ eindeutig: Ein statistisch verläßlicher Wert - in der Abbildung durch Fettdruck gekennzeichnet -, den man als Beleg für das Vorliegen eines Verdrängungseffekts interpretieren kann, läßt sich nur für den Fall nachweisen, daß die materielle Belohnung unabhängig von der erbrachten Leistung gewährt wird. Das ist das *zentrale Ergebnis* der Metaanalyse von EISENBERGER und CAMERON: Nur dann, wenn weder die Qualität der Aufgabenerfüllung noch die bloße Vollendung der Aufgabe einen Einfluß auf die Gewährung der Belohnung hat, ergibt sich ein statistisch verläßlicher Wert, der als Beleg für den Verdrängungseffekt interpretiert werden kann.[6]

Wenn also beispielsweise Kinder über einen materiellen Anreiz dazu bewegt werden sollen, ihr Zimmer aufzuräumen, ihre intrinsische Motivation - sofern überhaupt vorhanden - aber nicht gefährdet werden soll, so tut man gut daran, nur dann zu belohnen, wenn diese Aufgabe auch erledigt worden ist oder gar ein bestimmtes, vorher festgelegtes Qualitätsniveau der Aufräumarbeiten erreicht worden ist.

Es wäre sicher lohnenswert, die Ergebnisse der Analyse von EISENBERGER und CAMERON noch weiter im Detail zu verfolgen und beispielsweise zu klären, ob angesichts der Ergebnisse der Metaanalyse nicht grundsätzlich die Argumentationslogik der Theorie der kognitiven Bewertung von DECI und RYAN mit ihrer Unterscheidung von *informierenden* (= motivationsfördernden) und *kontrollierenden* (= motivationsschädigenden) Aspekten von Belohnungen in Frage zu stellen wäre und ob nicht plausiblere andere psychologische Erklärungen für die gefundenen statistisch verläßlichen Effekte existieren. In bezug auf diesen Problemkomplex muß allerdings auf die psychologieinterne Diskussion und die noch anstehende Auseinandersetzung mit den Ergebnissen der Metaanalysen gewartet werden.

Als - selbstverständlich vorläufiges - Ergebnis der Analysen von EISENBERGER und CAMERON läßt sich im Gegensatz zu einer immer stärker um sich greifenden Überzeugung festhalten: Wenn es so etwas wie einen Verdrängungseffekt von intrinsischer durch extrinsische Motivation überhaupt gibt, so läßt eine Metaanalyse von empirischen Forschungen der letzten 25 Jahre den Schluß zu, daß dieser Effekt nur unter *sehr spezifischen* und zudem *leicht zu vermeidenden* Bedingungen auftritt. Nur wenn materielle Belohnungen unabhängig von der erbrachten Leistung gegeben werden, tritt ein Effekt auf, den man als Bestätigung der These vom Verdrängungseffekt interpretieren kann.

2. Intrinsische Motivation als Explanans in der Ökonomik

Nun zur zweiten These, in der es um intrinsische Motivation als Explanans, als erklärende Größe, in ökonomischen Analysen geht. In der modernen Ökonomik, die die Fixierung auf den Gegenstandsbereich „Wirtschaft" überwunden hat, geht es ganz allgemein um die Erklärung sozialer Phänomene. Soziale Phänomene gelten als erklärt, wenn sie plausibel als - häufig nichtintendiertes - aggregiertes Ergebnis der interdependenten Wahlhandlungen von Akteuren rekonstruiert worden sind, die - so das Beobachtungsschema - ihren Nutzen unter Nebenbedingungen maximieren (vgl. z.B. PIES 1998).

Als Explanantia fungieren in diesem Aufriß vornehmlich die Restriktionen. Die neueren Entwicklungen der Ökonomik lassen sich so zusammenfassen, daß man die situationalen Restriktionen immer genauer analysiert und die Zurechnung auf Präferenzen möglichst vermeidet. Während in der traditionellen Neoklassik Mengen und Preise im Zentrum stehen, werden heute in sehr differenzierter Weise institutionelle Arrangements analysiert, die die aggregierten Ergebnisse von Interaktionen maßgeblich beeinflussen (vgl. RICHTER/FURUBOTN 1996).

Nun macht es guten Sinn, zur Erklärung sozialer Phänomene auf *beobachtbare* Größen zuzurechnen und nicht auf solche, die empirisch nur schwer zu erfassen sind. Intrinsische Motivation ist somit ein Explanans, das mit Vorsicht zu genießen ist. Es ist immer problematisch, mit Größen zu operieren, die nur schwer verifizierbar sind, weil das leicht zu tautologischen Erklärungen führt (vgl. FREY 1997, S. 22; KIRCHGÄSSNER 1991, S. 39).

Im Vergleich zur populärwissenschaftlichen Literatur argumentieren FREY und OSTERLOH in dem angesprochenen Aufsatz selbstverständlich sehr viel differenzierter. Ihr Bemühen aufzuzeigen, unter welchen Bedingungen ein Verdrängungseffekt auftritt und wie dieser dann zu bewerten ist, kann nur begrüßt werden. Allerdings sehen sie ihre Aufgabe eher in einer Integration psychologischer Theorien und Argumentationsmuster in die Ökonomik als darin, nach ökonomischen Erklärungen für alltagsweltlich unstrittige Phänomene zu suchen, um dadurch die Reichweite des ökonomischen Ansatzes weiter auszuloten und sein Erklärungspotential auszuschöpfen.

Dies zeigt sich u.a. in einer starken Betonung des Konzeptes „intrinsischer Motivation", also der Zurechnung auf eine nur schwer verifizierbare Größe. Dabei tritt eine zweifache Problematik auf. Die erste Schwierigkeit soll das folgende Zitat verdeutlichen: „*Intrinsische* Anreize tragen auf unmittelbare Weise zur Bedürfnisbefriedigung bei. Intrinsisch motiviert ist, wer eine Tätigkeit um ihrer selbst willen ausübt. Ist diese Motivation inhaltlich auf die Einhaltung von Normen um ihrer selbst willen gerichtet, so sprechen wir von Moral. Hinter den intrinsischen Anreizen steht die Absicht, auf die Bedürfnisse der Mitarbeiterinnen und Mitarbeiter unmittelbar durch „Seelenmassage" Einfluß zu nehmen" (FREY/OSTERLOH 1997, S. 308).

Fragen wie die folgenden drängen sich unmittelbar auf: Wer ist der Masseur? Wirkt die Massage nicht notwendig von außen auf den Mitarbeiter ein? Muß man bei „Seelenmassage" deshalb nicht von extrinsischer Motivation sprechen? Die Schwierigkeit liegt in diesem Fall also darin begründet, daß zu schnell auf die Größe „intrinsische Motivation" zugerechnet wird. Es macht aber wenig Sinn, jeden nicht-materiellen Anreiz der Kategorie „intrinsischer Anreiz" zuzuschlagen; also auch soziale Anreize, die ihre Grundlage in der Erweisung von Achtung bzw. Mißachtung durch andere Individuen haben und zweifellos äußerst wirksam sein können. Diese mangelnde Differenzierung zwischen sozialen und intrinsischen Anreizen findet man in der Ökonomik allerdings nicht selten, wenn dies auch in letzter Zeit zunehmend kritisiert wird (vgl. BERNHEIM 1994; KREPS 1997).

Nun zur zweiten Schwierigkeit der Zurechnung auf intrinsische Motivation bzw. deren Verdrängung: FREY und OSTERLOH leiten zu Beginn ihres Aufsatzes aus der populärwissenschaftlichen Literatur zum Verdrängungseffekt zwei Folgerungen - eine theoretische und eine praktische - ab, die sie auf der Basis ihrer Überlegungen zum Verdrängungseffekt differenzierter beurteilen wollen. Auf der theoretischen Ebene müsse der stärkeren mikroökonomischen Fundierung der Betriebswirtschaftslehre entgegengetreten werden, „weil sie auf falschen motivationalen Grundlagen beruht" (FREY/OSTERLOH 1997, S. 308). Darüber hinaus wollen sie die praktische Folgerung begründen, daß *Pay for performance*- bzw. Leistungslohnsysteme abgeschafft oder gar nicht erst eingeführt werden sollten und berufen sich dabei auch auf den Verdrängungseffekt (ebd.).

Im folgenden soll nur die praktische Folgerung betrachtet und zunächst an einem Beispiel die Problematik der Erklärung über intrinsische Motivation erläutert werden: In den USA wurde vor einiger Zeit diskutiert, ob man monetäre Anreize für Lehrer einführen solle, um die Ausbildung in Schulen zu verbessern. Die Befürworter argumentierten, daß diese Maßnahmen die Lehrer dazu bringen würde, sich intensiver um ihre Aufgaben zu kümmern und zudem innovativ zu sein (vgl. hierzu MILGROM/ROBERTS 1992, S. 230 f.).

Für einen Ökonomen, der es sich aus methodologischen Gründen zur Regel gemacht hat, zunächst nach ökonomischen Erklärungen zu suchen und nicht vorschnell auf alternative Erklärungsansätze auszuweichen, lautet die entscheidende Frage nun: Muß ich auf die mögliche Verdrängung intrinsischer Motivation durch materielle Anreize rekurrieren, um der Einführung von *Pay for performance*-Systemen entgegenzutreten oder kann man die Zurechnung auf die nicht direkt beobachtbare Größe „intrinsische Motivation" vermeiden und trotzdem ein Argument gegen Leistungslöhne finden? Intuitiv ist nämlich sofort klar, daß Leistungslöhne für Lehrer die Produktivität von Ausbildung und Erziehung unter bestimmten Bedingungen negativ beeinflussen können.

Das gesuchte Argument könnte ungefähr folgendermaßen aussehen: Schwierigkeiten bei Leistungslöhnen für Lehrer bereiten vor allem die Maßstäbe für die Leistungslöhne. Für die Zuweisung materieller Anreize muß nämlich ein objektiver und leicht meßbarer Maßstab gefunden werden. Mit der Festlegung eines solchen Maßstabs beim Übergang zu einem Leistungslohnsystem handelt man sich allerdings das Problem ein, daß er den Alternativenraum der Akteure verändert. Wird beispielsweise die Höhe der materiellen Zuwendungen, die ein Lehrer bekommt, abhängig gemacht von dem Abschneiden seiner Schüler in einem standardisierten schriftlichen Test, so kann das dazu führen, daß die Ausbildung anderer wichtiger Fähigkeiten, wie etwa der mündlichen Ausdrucksfähigkeit der Schüler, ihrer Kreativität oder ihrer sozialen Kompetenz im Umgang mit anderen Menschen, vernachlässigt wird. Unterstützt man also nur die Ausbildung einer spezifischen Fähigkeit der Schüler durch spezielle Anreize für den Lehrer, so führt das zwangsläufig zu einer relativen Verschlechterung seiner Anreize, auch die Ausbildung anderer Fähigkeiten seiner Schüler zu fördern.

Man kann dieses Beispiel auch verallgemeinern. Bedenken gegen Leistungslohnsysteme sind immer dann angebracht, wenn von einem Mitarbeiter mehrere Tätigkeiten erwartet werden und die Aufteilung seiner Anstrengung auf diese unterschiedlichen Tätigkeiten nicht kontrolliert werden kann oder die Kontrolle zu teuer ist. In diesen Fällen führen selektive Anreize für eine spezifische Tätigkeit in der Tendenz dazu, daß der Mitarbeiter seine anderen Aufgaben vernachlässigt. Es kann also gerade bei anspruchsvolleren Arbeitsplätzen, die viele unterschiedliche Tätigkeiten umfassen, aus *ökonomischen* Gründen sinnvoll sein, auf selektive Anreize für bestimmte Tätigkeiten zu verzichten und Zeitlohnsysteme zu bevorzugen. In der neueren Ökonomik wird dieser Zusammenhang unter dem Stichwort *equal compensation principle* diskutiert (vgl. HOLMSTROM/MILGROM 1991; MILGROM/ROBERTS 1992, S. 228 ff.). Das Problem liegt in diesem Fall also nicht etwa in dem Einsatz materieller oder sozialer Anreize begründet, sondern in einer unzweckmäßigen, d.h. nicht situationsadäquaten, Ausgestaltung der Anreizstrukturen.[7]

Fazit: Es gibt gute Gründe, sich die Einführung von *pay for performance*-Systemen sehr genau zu überlegen. Insbesondere bei komplexeren Tätigkeiten kann die Produktivität negativ beeinflußt werden. Diese Einsicht ist für die Ökonomik allerdings nicht neu. Den Rekurs auf intrinsische Motivation und den empirisch fragwürdigen Verweis auf den Verdrängungseffekt braucht man zur Begründung der Bedenken gegen Leistungslohnsysteme jedenfalls nicht.

Die Einsichten, für die FREY und OSTERLOH auf das Konzept der intrinsischen Motivation und den sogenannten Verdrängungseffekt meinen zurückgreifen zu müssen, lassen sich konsistent im Rahmen der Ökonomik ableiten. Das dürfte zumindest für Ökonomen ein starkes Argument gegen ein Programm sein, das pointiert auf die Formel „Aufklärung der Ökonomik statt ökonomischer Aufklärung" (vgl. FREY 1993) gebracht werden kann und unverkennbar auf einen methodologisch problematischen Eklektizismus hinausläuft.

3. Normative Grundlagen der intrinsischen Motivation

Was macht die intrinsische Motivation als eine Größe, auf die zur Erklärung sozialer Phänomene zugerechnet wird, so attraktiv? Diese Frage bildet den Ausgangspunkt für die Erläuterung der dritten These. Als Ergebnis der bisherigen Ausführungen läßt sich festhalten, daß trotz geradezu offensichtlicher konzeptioneller Unklarheiten, trotz schwacher bzw. fehlender empirischer Bestätigung und trotz leistungsfähigerer anderer Erklärungen die Verwendung von intrinsischer Motivation bzw. des Verdrängungseffekts als Erklärungsgrößen weiterhin Konjunktur hat (vgl. auch STEINMANN/ OLBRICH 1998, S. 186 ff.).

Dabei soll im folgenden davon ausgegangen werden, daß diese Schwächen auf der Ebene der positiven Analyse im allgemeinen den Autoren der entsprechenden Publikationen nicht unbemerkt geblieben sind. Wenn also trotzdem weiterhin intrinsische Motivation und der Verdrängungseffekt derart betont werden, so muß die Grundlage dafür auf einer anderen Ebene zu suchen sein. Damit ist ein Punkt erreicht, der ins Zentrum der Tutzinger Tagungsreihe führt, nämlich zur Frage nach den „normativen Grundlagen *in* den ökonomischen Theorien" (HELD 1997, S. 7, Hervorhebung i.O.).

Jeder positiven Theorie liegt eine normative Heuristik zugrunde, die sich zumindest in der Wahl der Problemstellung manifestiert. Diese Aussage ist mit MAX WEBERs Werturteilsfreiheitspostulat voll kompatibel. Schon in der unvermeidlichen Selektivität jedes Zugriffs auf Realität über Theorien liegt ein normatives Moment, das freilich in unterschiedlicher Reflektiertheit vorliegen kann. Wenn beispielsweise in der modernen Institutionen- bzw. Interaktionsökonomik die Frage nach der Realisierung von Kooperationsgewinnen als normative Heuristik der positiven Analyse fungiert, so verbirgt sich dahinter die ökonomische Fassung des Universalisierungsprinzips, das zumindest seit KANT den weitgehend unbestrittenen Fixpunkt der normativen Ethik darstellt (HOMANN 1997; GERECKE 1998a, Kap. 4.1 und Kap. 4.4.1; auch PIES 1993).

Interessant an den Analysen im Zusammenhang mit dem Verdrängungseffekt ist nun, daß in diesem Fall eine normative Hintergrundvorstellung maßgeblich für die aufgezeigten Schwächen der positiven Analyse verantwortlich sein dürfte: die normativen Grundlagen beeinträchtigen die positive Theoriebildung. Welche normative Vorstellung ist das? Man kommt der Antwort ein gutes Stück näher, wenn man auf ein Zitat von DECI zurückgreift, das aus dem 1. Kapitel seines Buches "Intrinsic Motivation" von 1975 stammt. Dort heißt es: "Each approach to psychology is based on certain assumptions which it makes about humans. That is, the investigator begins, either implicitly or explicitly, by answering questions such as "Do humans have free will?" or "Can they make choices about what to do?" or "Do thoughts cause behavior?" One cannot answer these questions scientifically" (DECI 1975, S. 4).

Die als nicht-wissenschaftlich ausgewiesene Entscheidung des Forschers über sein Menschenbild wird somit für DECI zur Voraussetzung wissenschaftlicher Forschung. Der Forscher muß sich entscheiden, ob er den Menschen als *autonomes, selbstbestimmtes Wesen* oder als *heteronomes, fremdbestimmtes Objekt von Anreizen* konzeptualisiert (vgl. auch SCHERHORN 1991). Wenn man hier noch die grundlegende Bedeutung der Unterscheidung Autonomie/Heteronomie bei KANT heranzieht, bei dem die Autonomie des Willens die Voraussetzung für dessen Qualifizierung als „gut" darstellt, dann wird die Entscheidung über das Menschenbild zugleich zu einem Bekenntnis über die Fähigkeit des Menschen zu gutem, d.h. moralischem Handeln, und dieses Bekenntnis gibt dann zugleich die Grenzen vor für das, was in der positiven Analyse herauskommen kann bzw. darf.

Diese Vorstellung ist - zumindest implizit - nicht sehr weit von dem entfernt, was man bei FREY und OSTERLOH findet. Das entsprechende Zitat soll hier noch einmal wiederholt werden: „Intrinsisch motiviert ist, wer eine Tätigkeit um ihrer selbst willen ausübt. Ist diese Motivation inhaltlich auf die Einhaltung von Normen um ihrer selbst willen gerichtet, so sprechen wir von Moral" (FREY/OSTERLOH 1997, S. 308). Die Gleichsetzung von intrinsischer Motivation und Moral in bezug auf die Einhaltung von Normen führt dazu, daß intrinsische Motivation *notwendig* empirisch als bedeutsam betrachtet werden muß, wenn man auch der Moral einen Raum in dieser Welt zubilligen will. Es ist zudem bezeichnend, daß FREY und OSTERLOH die Wirkung extrinsischer Anreize als „Disziplinierungs-Effekt" (ebd., S. 310) bezeichnen. Die kantische Unterscheidung Autonomie/Heteronomie bzw. Freiheit/Fremdbestimmung klingt auch in dieser Formulierung deutlich an.

Es scheint folglich nur eine Wahlmöglichkeit zwischen den folgenden Alternativen zu bestehen: Entweder wir leugnen die Möglichkeit der Autonomie des menschlichen Willens und damit zugleich die Existenz von Moral, oder wir sind gezwungen, konzeptionelle Unklarheiten in der positiven wissenschaftlichen Forschung in Kauf zu nehmen und die Bedeutung der empirischen Befunde zum Verdrängungseffekt herunterzuspielen.[8]

Es gibt allerdings auch die Möglichkeit, dieser unattraktiven Alternative auszuweichen und die Frontstellung von normativer und positiver Analyse zu vermeiden. Den Ansatzpunkt für diese Lösung findet man bei KANT. In der *Kritik der reinen Vernunft* findet sich die berühmte dritte Antinomie der reinen Vernunft. KANT beweist dort zunächst die *These*: „Die Causalität nach Gesetzen der Natur ist nicht die einzige, aus welchen die Erscheinungen der Welt insgesammt abgeleitet werden könne. Es ist noch eine Causalität durch Freiheit zur Erklärung derselben anzunehmen nothwendig" (KANT 1787/1968, S. 308). Anschließend beweist er die *Antithese*, die folgendermaßen lautet: „Es ist keine Freiheit, sondern alles in der Welt geschieht lediglich nach Gesetzen der Natur" (ebd., S. 309).

Wie passen diese beiden Beweise zusammen? Die Auflösung dieser Antinomie, die bei KANT angelegt ist, sieht folgendermaßen aus: Es empfiehlt sich, zwischen unterschiedlichen, problemabhängigen Diskursen genau zu unterscheiden und die Kategorien, die in dem einen Diskurs angemessen sind, nicht zu benutzen, um Erklärungslücken in einem anderen Diskurs zu flicken (vgl. HOMANN 1997, S. 33; HOMANN/HOMANN 1997, S. 118 f.).

Verdeutlicht am Begriff der Freiheit heißt das: Wenn in einer ökonomischen Rekonstruktion auf die Freiheit bzw. Autonomie als Erklärungsvariable zurückgegriffen wird, dann ist das genauso zu beurteilen wie der Fall eines Physikers, der ein physikalisches Phänomen nicht erklären kann und deshalb auf den lieben Gott verweist und ihn als Lückenbüßer für einen unvollständigen Kausalzusammenhang heranzieht. Der Rekurs auf Freiheit zeigt, daß der wissenschaftliche Beobachter eines sozialen Phänomens noch nicht in der Lage ist, die situationalen Anreize hinreichend genau zu spezifizieren. Die Erklärungsvariable „Freiheit" signalisiert somit: Forschungslücke.

Damit ist allerdings nicht gesagt, daß Freiheit geleugnet werden müßte. Sie ist nur als Kategorie im ökonomischen Diskurs, wenn es um die Erklärung der aggregierten Resultate von Interaktionen geht, nicht geeignet. Dies steht allerdings dem Nachdenken über Freiheit in einem anderen Diskurs nicht entgegen. Es macht somit wenig Sinn, hinter die von KANT in der Auseinandersetzung mit der Physik deutlich herausgestellte Einsicht zurückzufallen, daß zwischen unterschiedlichen problemabhängigen Einzelwissenschaften und dem spezifisch auf ihre jeweilige Problemstellung zugeschnittenen begrifflichen und methodischen Instrumentarium streng zu unterscheiden ist. Hinter diese Einsicht führt kein Weg zurück, auch wenn die Zahl und Komplexität der Einzelwissenschaften sich seit den Zeiten KANTs deutlich erhöht hat.

Wenn man diese Unterscheidung zwischen problemabhängigen Diskursen macht, hat das folgenden Vorteil: Erklärungsfortschritte, die mit der ökonomischen Anreizsemantik erzielt werden, und auch die Einsicht, daß der sogenannte Verdrängungseffekt leicht kontrollierbar ist, stellen nicht die normative Bestimmung des Menschen als ein Wesen, das durch Freiheit, Würde und die Fähigkeit zu moralisch gutem Handeln bestimmt ist, in Frage; genausowenig wie Fortschritte in der Physik die Existenz Gottes in Frage stellen könnten. Es ist also gar nicht notwendig bzw. sogar verfehlt, vermittelt über die besondere Betonung des Konzepts der intrinsischen Motivation der Normativität bzw. Moral einen Platz in ökonomischen Analysen sichern zu wollen.

Man muß folglich auch nicht die Analyse und Erklärung sozialer Phänomene immer mit einer - auch normativen - Bestimmung des Wesens des Menschen verbinden. Es macht aus methodologischen Gründen wenig Sinn, ganzheitliche Bestimmungen des Menschen zu fordern und in einen Streit um Menschenbilder einzusteigen, wenn es „nur" darum geht, die Anreizwirkungen von Restriktionen bzw. Institutionen zu analysieren.

Wo immer man - explizit oder implizit - eine solche Vermischung von Fragestellungen und Aufrufe zur Ganzheitlichkeit findet, liegen dem tiefe Mißverständnisse im Hinblick auf die Problemabhängigkeit und notwendige Selektivität moderner einzelwissenschaftlicher Forschung zugrunde (vgl. SUCHANEK 1994). Diese führen in der Regel zu einem endlosen Streit um Menschenbilder, in dem dann zwar *scheinbar* die Grundlagen der einzelwissenschaftlichen Forschung in Frage gestellt werden können, der aber zur Bewältigung der relevanten gesellschaftlichen Problemkonstellationen im allgemeinen wenig beiträgt.[9]

4. Intrinsische Motivation und Moral

In diesem Abschnitt soll noch einmal das Problem der intrinsischen Motivation und deren Beziehung zur Moral vertieft werden. Es geht um die Frage, welcher Begriff von Moral für sozialwissenschaftliche Forschung geeignet ist.

Verbreitet ist eine Bestimmung von Moral, die auf die Motive von Handlungen abstellt. Dieses Konzept von Moral soll deshalb als *Motivmoral* bezeichnet werden. Zu erkennen ist es an der Verwendung von Gegensatzpaaren wie den folgenden: Selbstliebe/Pflicht, Eigeninteresse/Gemeinwohl, Rationalität/Moralität oder auch extrinsische versus intrinsische Motivation. Für die erstgenannten dieser Unterscheidungen gilt im Anschluß an KANT, daß Handlungen, die in der Selbstliebe, dem Eigeninteresse, gründen, nicht moralisch „gut" genannt werden können. Bei FREY und OSTERLOH führt denn auch nur intrinsisch motivierte Einhaltung von Normen zur Qualifikation eines Verhaltens als moralisch.

Selbstverständlich kann man Moral in dieser Weise bestimmen, doch stellt sich eben die Frage, ob diese Bestimmung geeignet ist für das Forschungsprogramm der Sozialwissenschaft „Ökonomik". Die Probleme sind teilweise schon angesprochen worden. Da ist zunächst das Problem der *Beobachtbarkeit*. Die Motive von Handlungen müssen im Bewußtsein der Individuen verortet werden und sind deshalb dem wissenschaftlichen Beobachter nicht zugänglich; werden Einstellungen empirisch erhoben, so existiert das Problem, von den geäußerten Einstellungen auf die Motive im Bewußtsein zu schließen.

Bereits KANT, für dessen spezifische Problemstellung das Konzept Motivmoral durchaus geeignet gewesen sein mag, hat in aller Deutlichkeit auf die Schwierigkeit hingewiesen, die Unterscheidung Selbstliebe/Pflicht empirisch zu fassen, weil - so KANT - ein Individuum sogar seine eigenen Motive nicht mit Sicherheit einer Seite der Unterscheidung Selbstliebe/Pflicht zuordnen kann (KANT 1785/1968, S. 407). Wie sollte das dann ein sozialwissenschaftlicher Beobachter können, der sich mit dem Problem der Intransparenz der menschlichen Psyche konfrontiert sieht (vgl. GERECKE 1998b).

Das zweite Problem der Bestimmung von Moral im Sinne von „Motivmoral" ist das Problem ihrer *normativen Ambivalenz*. Die Einsicht, daß von guten Motiven und Gesinnungen gerade angesichts der Komplexität der modernen Gesellschaft häufig nicht die auf die normative Erwünschtheit der aus ihnen resultierenden Handlungen und Handlungsfolgen geschlossen werden kann, verdeutlicht WEBERs bekannte Unterscheidung Gesinnungs- versus Verantwortungsethik. Klassisch hat schon HEGEL die „Tyrannei der Tugend" nach der Französischen Revolution unter ROBESPIERRE kritisiert, und wer könnte mit Sicherheit bezweifeln, daß die Mitglieder von Mafiaorganisationen oder Nazis, die die Normen ihrer jeweiligen Bezugsgruppe beachten, intrinsisch motiviert sind. Es gibt also wenig Gründe, Moral im Sinne von Motivmoral bzw. intrinsisch motivierter Normbefolgung pauschal eine normative Unbedenklichkeitsbescheinigung auszustellen.[10]

Ein alternatives Konzept von Moral, das an die Bedeutung des lateinischen *mos* bzw. *mores* (= Sitte, Brauch) anschließt und als *Anreizmoral* bezeichnet werden soll, faßt unter Moral all die anreizbewehrten Normen, die die *Funktion der Regulierung von Konflikten* im menschlichen Zusammenleben haben. Materielle, soziale und intrinsische Anreize werden als *funktionale Äquivalente* einem umfassenden Moralbegriff subsumiert, der dann allerdings nicht mehr als Explanans zur Erklärung sozialer Phänomene herangezogen werden kann.

Die ökonomische Analyse von Anreizwirkungen im Rahmen komparativer Institutionenanalysen wird bei einem so gefaßten Moralbegriff allerdings automatisch zu einem Ansatz zur Erforschung von Moral und damit zur Ethik. Ökonomik ist dann „Ethik mit anderen Mitteln" (HOMANN 1994,

S. 13). Sie kann allerdings im Unterschied zur neuzeitlichen philosophischen Ethik, die sich auf Begründungsprobleme kapriziert hat, Begründungs- *und* Implementationsfragen in ihrem systematischen Zusammenhang thematisieren und ist insofern die *leistungsfähigere Ethik* (vgl. GERECKE 1998a, Kap. 4).

5. Schluß

Zum Abschluß vielleicht noch eine Bemerkung, um ein mögliches Mißverständnis zu vermeiden. Es ging in diesem Beitrag nicht darum, normative Prinzipien und Ideale, wie Universalisierbarkeit, Solidarität, Freiheit und Moral in Frage zu stellen. Diese sind unhintergehbar. Allerdings sollten diese normativen Prinzipien und Ideale im Diskurs der Wissenschaft Ökonomik - z.B. vermittelt über den Begriff „intrinsische Motivation" - nicht so ins Spiel gebracht werden, daß die positive einzelwissenschaftliche Analyse Schaden nimmt, weil man dann nur allzuleicht beim „leeren Sollen" endet und zur Realisierung normativer Prinzipien und Ideale unter den Bedingungen der modernen Gesellschaft nur wenig oder tendenziell Falsches sagen kann.

Anmerkungen

1 Zur modernen Ökonomik werden hier gerechnet: GARY BECKERs ökonomischer Ansatz, vgl. BECKER 1996, die Neue Institutionenökonomik, vgl. RICHTER/ FURUBOTN 1996, die Konstitutionenökonomik buchananscher Prägung, vgl. BRENNAN/ BUCHANAN 1985/1993, und die Varianten der Rational-Choice-Theorie in der Soziologie, vgl. z.B. COLEMANN 1990/1991. Zur These, daß diese Theorieentwicklungen konvergieren und die Basis für eine allgemeine ökonomische Interaktionstheorie zur Analyse sozialer Phänomene bereitstellen, die auch die normative Dimension adäquat integrieren kann, vgl. GERECKE 1998a, insb. Kap. 3.1 und 4.1.

2 Zum Zusammenhang von Normen, deren Internalisierung und daraus resultierender intrinsischer Motivation vgl. COLEMAN 1990/1991, S. 311-314. Zur These, daß unter den Bedingungen der modernen Gesellschaft die Internalisierung von Normen zur Bewältigung von Konflikten relativ an Bedeutung verliert, vgl. GERECKE 1998a, Kap. 3.3.2.

3 Den Hinweis auf den Aufsatz von EISENBERGER und CAMERON verdanke ich einem Kommentar der Psychologen B. SCHUSTER, V. BRANDSTÄTTER und D. FREY 1997 zum Beitrag von FREY und OSTERLOH.

4 Die eigentliche Metaanalyse ist detailliert dokumentiert in CAMERON/PIERCE 1994.

5 Auch in diesem Fall bezieht sich die Größe *free time* auf die in der Nachbelohnungsphase für die jeweilige Tätigkeit aufgewendete Zeit bzw. die Größe der Zeitabweichung zwischen Experiment- und Kontrollgruppe. Die Zahlen in Klammern geben 95% Konfidenzintervalle an. Statistisch verläßliche Werte sind hervorgehoben. Die Variable k gibt die jeweilige Gesamtzahl der berücksichtigten Untersuchungen an.

6 Dieses Ergebnis steht auf den ersten Blick in direktem Widerspruch zu den Ergebnissen von DECI 1975, Kap. 5, auf die sich auch FREY 1997, S. 37 beruft. Zum Teil läßt sich dieser Widerspruch allerdings auch auf unterschiedliche Kategorisierungen von Belohnungen zurückführen. Vgl. zu dieser Problematik EISENBERGER/CAMERON 1996, S. 1155.

7 Der hier thematisierte Zusammenhang wird von FREY und OSTERLOH 1997, S. 311, unter dem Stichwort „Spillover-Effekt" und als einer von fünf Teileffekten des Verdrängungseffektes vorgestellt. Eine ökonomische Rekonstruktion unterbleibt.

8 Die Studien von CAMERON und PIERCE bzw. EISENBERGER und CAMERON sind FREY bekannt. Sie werden allerdings nur beiläufig zitiert, vgl. FREY 1997, S. 22, obwohl gerade diese Studien sehr genau aufzeigen, unter welchen Bedingungen ein Phänomen auftritt, das als Verdrängungseffekt interpretiert werden kann.

9 Die häufig zu hörenden Forderungen, sich mit Menschenbildern auseinanderzusetzen, haben ihre Ursache sicher nicht zuletzt in einer tiefverwurzelten europäischen Denktradition. Das Verhältnis von Individuum und Gesellschaft bzw. sozialem System wird in dieser Tradition mit dem Schema *Teil/Ganzes* konzeptualisiert, wodurch es dann plausibel erscheint, die Analyse der Teile, der Individuen, zur Voraussetzung der Analyse des Ganzen, des sozialen Systems, zu erklären. Diese Vorstellung, die konzeptionell in aller Deutlichkeit erst in der neueren soziologischen Systemtheorie luhmannscher Prägung überwunden wird, erschwert allerdings eine adäquate Analyse sozialer Phänome-

ne. Vgl. hierzu LUHMANN 1997, S. 912 ff. und GERECKE 1998b. Zum Verhältnis von soziologischer Systemtheorie und moderner Ökonomik vgl. GERECKE 1998a; vgl. dazu auch den Beitrag von SCHMID in diesem Band.
10 Im Gegensatz zu früheren Publikationen von FREY wird die normative Ambivalenz intrinsischer Motivation von FREY und OSTERLOH 1997, S. 312 sehr deutlich hervorgehoben.

Literaturverzeichnis

BECKER, G.S. (1996). *Familie, Gesellschaft und Politik - die ökonomische Perspektive.* Übersetzt von Monika Streissler, herausgegeben von Ingo Pies. Tübingen: Mohr Siebeck.

BERNHEIM, B.D. (1994). A Theory of Conformity. *Journal of Political Economy* 102/5, 841-877.

BRENNAN, G. und BUCHANAN, J.M. (1993). *Die Begründung von Regeln.* Übersetzt von Monika Vanberg, mit einer Einleitung herausgegeben von Christian Watrin. Tübingen: Mohr Siebeck (Org. 1985).

CAMERON, J. und PIERCE, W.D. (1994). Reinforcement, Reward, and Intrinsic Motivation: A Meta-Analysis. *Review of Educational Research* 64/3, 363-423.

COLEMAN, J.S. (1991). *Grundlagen der Sozialtheorie, Band 1: Handlungen und Handlungssysteme.* Übersetzt von Michael Sukale unter Mitwirkung von Martina Wiese. München: Oldenbourg (Org. 1990).

DECI, E.L. (1975). *Intrinsic Motivation.* New York/London: Plenum Press.

DECI, E.L. und RYAN, R.M. (1980). The empirical exploration of intrinsically motivated processes. In: BERKOWITZ, L. (Hg.). *Advances in experimental social psychology 13.* New York: Academic Press, 39-80.

-"- (1987). The Support of Autonomy and the Control of Behavior. *Journal of Personality and Social Psychology* 53/6, 1024-1037.

EISENBERGER, R. und CAMERON, J. (1996). Detrimental Effects of Reward. Reality or Myth? *American Psychologist* 51/11, 1153-1166.

FREY, B.S. (1993). From economic imperialism to social science inspiration. *Public Choice* 77, 95-105.

-"- (1997). *Markt und Motivation. Wie ökonomische Anreize die (Arbeits-)Moral verdrängen.* München: Vahlen.

FREY, B.S. und OSTERLOH, M. (1997). Sanktionen oder Seelenmassage? Motivationale Grundlagen der Unternehmensführung. *Die Betriebswirtschaft* 57/3, 307-321.

GERECKE, U. (1998a). *Soziale Ordnung in der modernen Gesellschaft. Ökonomik - Systemtheorie - Ethik.* Tübingen: Mohr Siebeck.

-"- (1998b). Rational-Choice-Theorie und die Intransparenz der psychischen Systeme. In: PIES, I. und LESCHKE, M. (Hg.). *Gary Beckers ökonomischer Imperialismus.* Tübingen: Mohr Siebeck, 174-180.

HELD, M. (1997): Vorwort. In: DERS. (Hg.). *Normative Grundfragen der Ökonomik. Folgen für die Theoriebildung.* Frankfurt/New York: Campus, 7-8.

HÖFFE, O. (1979/1992). *Ethik und Politik. Grundmodelle und -probleme der praktischen Philosophie.* Frankfurt: Suhrkamp.

HOLMSTROM, B.R. und MILGROM, P. (1991). Multitask Principal-Agent Analyses: Incentive Contracts, Asset Ownership, and Job Design. *Journal of Law, Economics and Organization* 7, 24-52.

HOMANN, K. (1994). Ethik und Ökonomik. Zur Theoriestrategie der Wirtschaftsethik. In: DERS. (Hg.). *Wirtschaftsethische Perspektiven I.* Schriften des Vereins für Socialpolitik, N.F. Bd. 228, Berlin: Duncker und Humblot, 9-30.

-"- (1997). Sinn und Grenze der ökonomischen Methode in der Wirtschaftsethik. In: AUFDERHEIDE, D. und DABROWSKI, M. (Hg.). *Wirtschaftsethik und Moralökonomik*. Berlin: Duncker und Humblot, 11-42.
HOMANN, K. und HOMANN, R. (1997). Glaube und Moderne: Ganzheit und Denken in Verfassungen. In: HOMANN, K. und RIEDEL-SPANGENBERGER, I. (Hg.). *Welt - Heuristik des Glaubens*. Gütersloh: Chr.Kaiser/Gütersloher Verlagshaus, 111-125.
KANT, I. (1785/1968). *Grundlegung zur Metaphysik der Sitten*. In: Kants Werke, Akademie-Textausgabe, unveränderter Abdruck des Textes der von der Preußischen Akademie der Wissenschaften 1902 begonnenen Ausgabe von Kants gesammelten Schriften, Bd. IV. Berlin: de Gruyter, 385-464.
-"- (1787/1968). *Kritik der reinen Vernunft*. In: Kants Werke, Akademie-Textausgabe, unveränderter Abdruck des Textes der von der Preußischen Akademie der Wissenschaften 1902 begonnenen Ausgabe von Kants gesammelten Schriften, Bd. III. Berlin: de Gruyter.
KIRCHGÄSSNER, G. (1991). *Homo oeconomicus*. Tübingen: Mohr Siebeck.
KOHN, A. (1993). *Punished by Rewards*. Boston: Houghton Mifflin.
KREPS, D.M. (1997). Intrinsic Motivation and Extrinsic Incentives. *American Economic Review* 87/2, Papers and Proceedings, 359-364.
LEPPER, M.R. und GREENE, D. (Hg.) (1978). *The Hidden Costs of Reward*. Hillsdale: Erlbaum.
LUHMANN, N. (1997). *Die Gesellschaft der Gesellschaft*. Frankfurt: Suhrkamp.
MILGROM, P. und ROBERTS, J. (1992). *Economics, Organization and Management*. Englewood Cliffs: Prentice Hall.
PIES, I. (1993). *Normative Institutionenökonomik*. Tübingen: Mohr Siebeck.
-"- (1998). Theoretische Grundlagen demokratischer Wirtschafts- und Gesellschaftspolitik - Der Beitrag Gary Beckers. In: PIES, I. und LESCHKE, MARTIN (Hg.). *Gary Beckers ökonomischer Imperialismus*. Tübingen: Mohr Siebeck, 1-29.
RICHTER, R. und FURUBOTN, E. (1996). *Neue Institutionenökonomik*. Eine Einführung und kritische Würdigung, übersetzt von Monika Streissler. Tübingen: Mohr Siebeck.
SCHERHORN, G. (1991). Autonomie und Empathie. Die Bedeutung der Freiheit für das verantwortliche Handeln: Zur Entwicklung eines neuen Menschenbildes. In: BIERVERT, B. und HELD, M. (Hg.). *Das Menschenbild in der ökonomischen Theorie. Zur Natur des Menschen*. Frankfurt/New York: Campus, 153-172.
SCHUSTER, B., BRANDSTÄTTER, V. und FREY, D. (1997). Wie das Schöne im Menschen bewahren - und dennoch durch Anreize motivieren? *Die Betriebswirtschaft* 57/4, 581-584.
SPRENGER, R.K. (1991/1992). *Mythos Motivation*. 4. Aufl., Frankfurt/ New York: Campus.
-"- (1997). Das Elend der Motivierung. *Die Betriebswirtschaft* 57, 579-580.
STEINMANN, H. und OLBRICH, TH. (1998). Ethik-Management: Integrierte Steuerung ethischer und ökonomischer Prozesse. In: STEINMANN, H. und WAGNER, G.R. (Hg.). *Umwelt und Wirtschaftsethik*. Stuttgart: Schäffer-Poeschel, 172-199.
SUCHANEK, A. (1994). *Ökonomischer Ansatz und theoretische Integration*. Tübingen: Mohr Siebeck.
WIERSMA, U.J. (1992). The Effects of Extrinsic Rewards on Intrinsic Motivation: A Meta-Analysis. *Journal of Occupational and Organizational Psychology* 65, 101-114.

Reiner Eichenberger und Felix Oberholzer-Gee

Intrinsisch motivierte Fairneß: Experimente und Realität

1. Die Fragestellung

Die Eigennutzannahme der traditionellen Ökonomik scheint falsch zu sein. Menschen üben wohltätige und gesellschaftliche Tätigkeiten, die aus enger ökonomischer Sicht nur gegen Bezahlung oder unter strenger Kontrolle ausgeführt werden sollten, freiwillig und ohne von außen beobachtbare Belohnung aus. Z.B. arbeiten viele Freiwillige unbezahlt für soziale Organisationen (FREEMAN 1997). Die meisten Bürger verheimlichen viel weniger Einkommen vor den Steuerämtern, als es angesichts der kleinen erwarteten Strafe vernünftig erscheint (TYLER 1990). Solche Menschen scheinen *intrinsisch motiviert* zu sein, in einer gewissen Weise fair zu handeln, wenn man etwa DECIs (1971) Definition intrinsischer Motivation folgt, nach der eine Person intrinsisch motiviert ist, eine Aktivität zu unternehmen, wenn sie keine sichtbare Belohnung als die Aktivität selbst erhält (FREY 1997).

Nun kann eingewendet werden, die oben angesprochenen Handlungen seien doch durch äußere Belohnungen, also „extrinsisch" motiviert (siehe den Beitrag von WEISE in diesem Band). Entsprechende Handlungsweisen würden nämlich im sozialen Umfeld durch Prestige, Reputation, usw. entlohnt. Solche schwer erfaß- und meßbaren Belohnungen können nur in experimentellen Untersuchungen ausgeschlossen bzw. kontrolliert werden. So können Experimente in strikter Anonymität durchgeführt werden, wo keinerlei positive oder negative soziale Anreize wirken. Tatsächlich gibt es heute eine explodierende Zahl experimentell ausgerichteter Untersuchungen zu fairem, reziprokem und kooperativem Verhalten. Auch diesen Arbeiten zufolge verhalten sich Menschen in vielerlei Situationen bis zu einem gewissen Grad fair. Sie verzichten zugunsten anderer auf eigenes Einkommen, sie kooperieren in Gefangenen-Dilemma-Situationen sowie bei der Erstellung öffentlicher Güter, und sie bestrafen unfaires Verhalten anderer, auch wenn es ihnen selbst Kosten bereitet und keine sichtbare Belohnung einträgt (ROTH 1995; BOHNET 1997; FEHR/SCHMIDT 1998). Sie scheinen also tatsächlich in gewisser Weise intrinsisch motiviert zu sein, fair zu handeln.

Was bedeuten solch uneigennützige Verhaltensweisen für die Wirtschaftswissenschaften? Lassen sich Bedingungen identifizieren, unter denen die Menschen ökonomisch handeln und solche, unter denen anderes Verhalten dominiert? Oder muß gar das ökonomische Verhaltensmodell aufgegeben werden? Es versteht sich von selbst, daß so weitgehende Fragen hier nicht umfassend beantwortet werden können. Um die Diskussion möglichst einfach zu halten, konzentriert sich dieser Beitrag auf das *Konzept der Fairneß*, wie es in der experimentellen Ökonomik verwendet wird. Wir analysieren verschiedene Aspekte fairen Verhaltens am Beispiel des Diktator-Spiels, des denkbar einfachsten Experiments zur Erfassung intrinsisch motivierten, fairen Verhaltens. Sodann wenden wir die so gewonnenen Erkenntnisse auf reale Problemstellungen an.

Im nächsten Abschnitt stellen wir das Diktator-Spiel vor, untersuchen die Rolle von Fairneß-Normvorstellungen und fragen nach den Bedingungen, die das Ausmaß an intrinsisch motivierter Fairneß bestimmen. Im dritten Abschnitt wird eine bisher nicht explizit analysierte Bedingung untersucht: Die *Verfügbarkeit von Handlungsalternativen* verändert die Fairneß in Diktator-Spielen ganz entscheidend - viel stärker als alle bisher untersuchten Variationen. Intrinsisch motivierte Fairneß ist also fragil. Das bedeutet aber keineswegs, daß sie unwichtig ist. Ganz im Gegenteil: Manchmal ist sie höchst bedeutsam, manchmal nicht. Entscheidend ist, mehr über die *Bedingungen* zu erfahren, wann Menschen fair handeln. Im vierten Abschnitt argumentieren wir, daß diese Bedingungen nicht einfach durch die Natur exogen vorgegeben, sondern im politisch-ökonomischen Prozeß endogen bestimmt werden. Wer fair handelt, verursacht Externalitäten. Dies vermittelt anderen Entscheidungsträgern Anreize, die Bedingungen und Normvorstellungen und damit die Externalitäten zu ihren Gunsten zu beeinflussen. Zugleich entwickeln faire Individuen eine Nachfrage nach Normvorstellungen, die mit ihren Eigeninteressen kongruent sind. Diese Überlegungen und eine Illustration am Beispiel der Suche nach Endlagerstätten für nukleare Abfälle zeigen, daß das ökonomische Modell keinesfalls aufgegeben werden muß. Vielmehr vermag es der fruchtbaren Analyse uneigennützigen, fairen Verhaltens dienen. Im letzten Abschnitt fassen wir die Argumente zusammen.

2. Fairneß in Diktator-Spiel Experimenten

2.1. Fairneß unter verschiedenen Bedingungen

Intrinsisch motivierte Fairneß kann auf besonders einfache Weise mit Diktator-Spiel Experimenten (KAHNEMAN et al. 1986) untersucht werden. In dieser Entscheidungssituation entscheidet eine Person über die Aufteilung eines bestimmten Geldbetrags zwischen sich und einer anderen Person, wobei letztere das Angebot - im Gegensatz zum Ultimatum-Spiel (GÜTH et al. 1982) - nicht zurückweisen kann. Das Verhalten des Aufteilers ist deshalb nicht durch strategische Überlegungen beeinflußt und folglich direkt zu interpretieren. Die weiteren Bedingungen im Experiment können leicht verändert werden. Im einfachsten Fall sind die Teilnehmer anonym, und die Rollenverteilung von Aufteiler und Empfänger wird durch Zufall festgelegt. Unter diesen Bedingungen ist die Verhaltensvoraussage der ökonomischen Theorie eindeutig: Der Aufteiler nimmt den ganzen Betrag für sich. Dem widersprechen die experimentellen Ergebnisse. Typischerweise weisen die Aufteiler 20% bis 30% des Gesamtbetrags den Empfängern zu (BOLTON 1991; HOFFMAN et al. 1994; ROTH 1995; BOHNET 1997). Zwar scheint dieser Anteil sensitiver auf Variationen des genauen Experimentsablaufs zu reagieren als die Ergebnisse anderer, komplexerer Verhaltensexperimente. Unter 10% war er bisher jedoch auch mit noch so raffinierten Verfahren nicht zu bringen.[1] Regelmäßig teilen wenigstens 20% der Aufteiler ihren Geldbetrag gleichmäßig auf sich und den Empfänger auf (FORSYTHE et al. 1994). Gemäß diesen Ergebnissen handeln Individuen also auch ohne extrinsische Anreize fair - d.h. sie sind intrinsisch motiviert, fair zu handeln.

Verschiedene Bedingungen beeinflussen das Ausmaß an Fairneß. Die publizierten Studien zeigen die Bedeutung vor allem von drei Faktoren:

– *Soziale Distanz:* Die beobachtete Fairneß nimmt zu, je kleiner die soziale Distanz zwischen dem Aufteiler und dem Empfänger ist. Insbesondere der Einfluß von einseitiger und beidseitiger Identifikation und von Kommunikation ist bedeutsam (BOHNET/FREY 1995; FREY/BOHNET 1997; BOHNET 1997). Wichtig ist aber auch die soziale Distanz zwischen den Aufteilern und dem Experimentator, wie die Analysen von HOFFMAN et al. (1996) zeigen. Gemäß ihren Ergebnissen scheint die Fairneß in „doppelblinden" Experimenten, in denen die Teilnehmer auch gegenüber dem Experimentator strikt anonym sind, tiefer zu sein (vgl. aber Anmerkung 1 und die folgenden Experimente). Selbst in der Testserie mit der niedrigsten beobachteten Fairneß geben jedoch immer noch über ein Drittel der Aufteiler Geld an den Empfänger weiter, und immerhin 8% geben $4 oder mehr (von $10) weiter.[2]
– *Eigentumsrechte:* Die Rolle der Eigentumsrechte wurde bisher untersucht, indem der Mechanismus für die Rollenzuteilung im Experiment variiert wurde. Am großzügigsten sind die Aufteiler, wenn ihnen ihre Rolle (und damit der Geldbetrag) durch Zufall zugeteilt wurde. Wenn Sie hingegen das Recht durch eine spezielle Leistung erwerben (z.B. indem sie wie in HOFFMAN et al. 1994 in einem Test über Tagesaktualitäten gut abschneiden), ist ihre Fairneß kleiner. Wenn hingegen die Größe des zu

verteilenden Geldbetrags von einer Leistung der Empfänger abhängt, sind Aufteiler gegenüber jenen Empfängern besonders fair, die eine gute Leistung erbracht und damit den zur Verteilung anfallenden Kuchen vergrößert haben (RUFFLE 1995).
- *Preis der Fairneß:* Daß das Ausmaß der Fairneß vom Preis fairen Verhaltens abhängt, ist für Ökonomen naheliegend. Tatsächlich nimmt die Fairneß und Kooperationsbereitschaft in Experimenten systematisch mit zunehmenden monetären Anreizen ab. Der Effekt ist aber oft erstaunlich schwach (SMITH/WALKER 1993).[3] Wie in anderen Experimenten scheint auch in Diktator-Spielen weniger die Höhe der Auszahlungen relevant zu sein als die Tatsache, ob überhaupt Geld im Spiel ist (SEFTON 1992).

2.2. Fairneß und Fairneß-Normvorstellungen

In EICHENBERGER/OBERHOLZER-GEE (1998) analysieren wir verschiedene Variationen dieser Bedingungen. Um die Ergebnisse besser einordnen zu können, erheben wir im Gegensatz zu allen bisherigen Untersuchungen die *Fairneß-Normvorstellung* für die jeweiligen Experimentssituationen. Dazu werden andere Individuen gefragt, wie man sich *fairerweise* in entsprechenden Situationen verhalten sollte. Die Teilnehmerinnen und Teilnehmer des Experiments sind erstsemestrige Ökonomiestudenten an den Universitäten Zürich und Basel. Das Grundexperiment ist das traditionelle Diktator-Spiel. Dabei erhält die Hälfte der Experimentsteilnehmer je 7 Schweizer Franken (CHF), die dann jeder mit einem anderen Experimentsteilnehmer, der kein Geld erhalten hat, beliebig aufteilen kann. Alle Teilnehmer sind anonym, auch gegenüber den Experimentatoren[4] (vgl. a.a.O., S. 194 ff.). Zusätzlich zum Grundexperiment testeten wir vier Variationen: Erstens werden alle Situationen mit realen und hypothetischen Auszahlungen durchgeführt. Zweitens wird der Mechanismus der Rollenzuteilung variiert: In einer Situation teilen wir die Erstausstattung durch Zufall zu, in der anderen erhalten die Aufteiler das Geld, weil sie eine Übungsaufgabe, die eine Woche vor dem Experiment abgegeben wurde, besser als die Empfänger gelöst haben. Drittens wird auch die Umkehrung der normalen Diktator-Situation untersucht. Studenten, die kein Geld erhalten haben, können das Geld von Studenten, die Geld erhalten haben, aufteilen. Viertens werden, wie bereits erwähnt, die Fairneß-Normvorstellungen für alle Experimentsdesigns durch Befragung erhoben. Den Befragten, die zuvor an ähnlichen Experimenten teilgenommen hatten, wurden die entsprechenden Entscheidungssituationen genau gleich wie den Experimentsteilnehmern geschildert.

Diese Variationen erlauben es, das Verhalten von Individuen bei ganz unterschiedlichen Fairneßnormen zu beobachten. Die Ergebnisse sind in Tabelle 1 zusammengefaßt.

Tab. 1: Vergleich der Fairneß-Quoten in anonymen, realen und hypothetischen Diktator-Spiel Situationen mit der unabhängig erhobenen Fairneß-Normvorstellung, Zuteilung der Eigentumsrechte nach Zufall und Leistung, Erstausstattung CHF 7

Situationen, Bedingungen	Diktator-Spiel real	Diktator-Spiel hypothetisch	Fairneß-Normvorstellung
geben Eigentum: Leistung	34,6% *(21%)* N=12	25,6% *(20%)* N=26	27,1% *(19%)* N=62
geben Eigentum: Zufall	18,0% *(20%)* N=29	24,6% *(30%)* N=21	43,6%*** *(13%)* N=40
belassen Eigentum: Zufall	25,0% *(22%)* N=16	38,0%* *(20%)* N=21	48,4%*** *(16%)* N=40
belassen Eigentum: Leistung	24,1% *(26%)* N=8	48,9%* *(31%)* N=25	65,3%** *(26%)* N=62

* statistisch signifikant auf dem 90% Niveau
** statistisch signifikant auf dem 95% Niveau
*** statistisch signifikant auf dem 99% Niveau, immer nach einem Mann-Whitney U Test, der die Fairneß-Quote in der realen Entscheidungssituation mit den selben Bedingungen mit der Zelle vergleicht, für die die Signifikanz angegeben ist, *(Standardabweichung)*.

Quelle: EICHENBERGER/OBERHOLZER-GEE 1998

Tabelle 1 zeigt für die verschiedenen Entscheidungssituationen die durchschnittliche Fairneß, die Standardabweichung, sowie die Stichprobengröße. Dabei wird Fairneß wie in allen folgenden Darstellungen durch die „Fairneß-Quote" erfaßt, dem prozentualen Anteil des vom Aufteiler dem anderen zugewiesenen (gegebenen oder belassenen) Betrag am gesamten verfügbaren Betrag. Wie die Standardabweichungen zeigen, streut das individuelle Verhalten recht stark, was nicht weiter erstaunt. Da nicht alle Ergebnisse der verschiedenen Bedingungen normalverteilt sind (und zuweilen rein egoistisches Verhalten gehäuft auftrat, was bei solchen Experimenten üblich ist), werden die Mittelwerte der Verteilungen mittels dem Mann-Whitney U Test verglichen. Die Ergebnisse können wie folgt zusammengefaßt werden:

– Die *Fairneß-Normvorstellungen* für die verschiedenen Situationen folgen einem plausiblen Muster. Die befragten Individuen befinden, daß Experimentsteilnehmer, die Geld erhalten haben, den anderen fairerweise ei-

nen Teil abgeben sollten, und daß diejenigen Teilnehmer, die kein Geld erhalten haben, den anderen nicht alles nehmen sollten. Zugleich sind die Eigentumsrechte an der Erstausstattung zu einem gewissen Grad zu wahren. Die Geldbesitzer sollten einen kleineren Teil an die Nicht-Besitzenden abgeben, als die Nicht-Besitzenden den Besitzern nehmen dürfen. Zugleich sind die Normvorstellungen vom Zuteilungsgrund der Erstausstattung abhängig. Vom Geld, das aufgrund guter Leistungen zugeteilt wurde, muß weniger abgegeben und darf weniger genommen werden.
– Fairneß tritt in allen hier untersuchten, zum Teil erstmals analysierten Variationen der Diktator-Situation auf. Die Individuen weisen dem anderen Teilnehmer in den doch sehr unterschiedlichen realen Entscheidungssituationen jeweils zwischen 18% und rund 35%, und in den hypothetischen Entscheidungen zwischen rund 26% und 49% des verfügbaren Geldbetrags zu.
– Solange es nicht um Geld geht, scheint die Höhe der Fairneß-Normvorstellungen einen systematischen Einfluß auszuüben. Je höher die Normvorstellung ist, desto höher ist die beobachtete Fairneß-Quote in *hypothetischen* Entscheidungen (und auch in realen und hypothetischen demokratischen Abstimmungen über die Umverteilung der je CHF 7, vgl. wiederum EICHENBERGER/OBERHOLZER-GEE 1998). In den *realen* Entscheidungssituationen hingegen ist das Verhalten erstaunlich insensitiv gegenüber den Fairneß-Normvorstellungen (alle Unterschiede zwischen den realen Situationen sind statistisch nicht signifikant). Insbesondere scheinen Individuen, die über anderen zugeteiltes Geld entscheiden können, sich wenig um die sehr anspruchsvollen Fairneß-Normvorstellungen zu kümmern. Folglich ist der Unterschied zwischen hypothetischem und realem Verhalten um so höher, je höher die Fairneß-Normvorstellungen sind.

Insgesamt fügen sich unsere Ergebnisse jedoch gut ins Bild der bisher publizierten Resultate von Diktator-Spiel Experimenten ein. Die von uns beobachteten Fairneß-Quoten im Grundexperiment entsprechen den von anderen Autoren gefundenen. Monetäre Anreize scheinen die Fairneß-Quote zu reduzieren, wenn auch nur auf Werte, die immer noch weit von den ökonomischen Voraussagen abweichen. Eigentumsrechte scheinen, wenigstens für das Verhalten in hypothetischen Situationen und für die Normvorstellungen, eine gewisse Rolle zu spielen. Zu betonen ist schließlich, daß unsere Fairneß-Quoten in allen Experimenten höher sind als diejenigen von HOFFMAN et al. (1996), obwohl die Teilnehmer in unseren Experimenten gegenüber den Experimentatoren ebenfalls vollständig anonym blieben. Auch unsere Experimente deuten also auf eine bedeutende Rolle intrinsisch motivierten, fairen Verhaltens hin.

Wie aber kann erklärt werden, daß sich die Bedingungsvariationen auf die realen und hypothetischen Entscheidungen so unterschiedlich auswirken? Unserer Meinung nach zeigen die Ergebnisse, daß die Individuen sich nicht ausschließlich an der einen, direkt durch Befragung erhobenen Fairneß-Normvorstellung orientieren. Vielmehr liegt die Hypothese nahe, daß sich Aufteiler eine für sie relativ günstige Fairneß-Normvorstellung aussuchen. Zwei Aspekte erleichtern es Individuen, die Normen selbstdienlich auszusuchen (vgl. dazu auch BABCOCK/LOEWENSTEIN 1997): Für viele Entscheidungssituationen können Aufteiler leicht zwei oder mehrere Fairneß-Normen geltend machen. Naheliegend ist immer die 50:50 Norm. So dürfte es einem Experimentsteilnehmer, der das wohlverdiente Geld eines anderen aufteilen kann, ohne große psychische Kosten möglich sein, den Betrag hälftig aufzuteilen, obwohl die meisten Befragten für diese Situation eine höhere Fairneß-Normvorstellung hegen. Genau dies scheint in unseren Experimenten zu geschehen. Bei sehr anspruchsvollen Normvorstellungen teilen viele Individuen das Geld einfach hälftig auf. Auf einen gewissen Spielraum bei der „Auswahl" der Normvorstellungen deuten auch unsere Normvorstellungsdaten hin. Die angegebenen Werte sind ja *Durchschnittswerte* aus einer Befragung, die Standardabweichung der Einzelantworten ist jedoch beträchtlich.

2.3. Auf Fairneß fokussiert?

Kann nun aus solchen Experimenten geschlossen werden, daß Fairneß systematisch auftritt und stabil ist? Experimente zeichnen sich dadurch aus, daß die Handlungsbedingungen wohldefiniert sind und vom Forscher vorgegeben werden können. Dies ist ja gerade die große Stärke von Experimenten. Es bleibt aber zu fragen, ob die Experimentsanlagen nicht manchmal die subjektiven Handlungsmöglichkeiten so einengen, daß die Handlungen der Individuen zwar nicht direkt vorgegeben, aber doch stark beeinflußt werden. Insbesondere besteht die Gefahr, daß die Teilnehmer in Fairneßexperimenten gewissermassen auf Fairneß „fokussiert" werden könnten. So, wie die Entscheidungssituationen dargestellt werden (auch wenn sie noch so wertfrei formuliert werden), müssen die Individuen eigentlich die Frage beantworten, ob sie Egoisten sind oder ob sie fair sind. So besehen ist es natürlich nicht erstaunlich, wenn sie bereit sind, ein paar Franken oder Dollar für ein positives Eigenbild auszulegen. In der Geschlossenheit der Experimente droht auch die vorgegebene Bandbreite der Reaktionsmöglichkeiten das Verhalten im Sinne eines Ankers zu beeinflussen. Wie wichtig solche Anker sind, zeigen ja gerade verschiedene andere experimentelle Untersuchungen (vgl. den "anchoring effect", z.B. TVERSKY/KAHNEMAN 1974).[5] Die Individuen blenden dann die Entscheidungsmöglichkeiten aus, die außerhalb des ihnen dargestellten Entscheidungsraums liegen. Experimentell orientierte Ökonomen argumentieren jedoch, daß gerade die Offenheit des Alternativenraums einen entscheidenden Unterschied zwischen Befragungen und Experimenten darstellt. Experimente sind nämlich in dem Sinne offen, daß die Subjekte über das Geld, das sie in Experimenten verdienen, nachher frei verfügen können. Gemäß dieser Ansicht sollten die realen Auszahlungen die Opportunitätskosten fairen Verhaltens spiegeln. Dabei wird immer implizit angenommen, daß die Experimentsteilnehmer die Opportunitätskosten auch unverzerrt wahrnehmen. Dies ist aber aufgrund verschiedener, auch experimenteller Evidenz zu bezweifeln ist (vgl. den Opportunitätskosteneffekt, z.B. KAHNEMAN/TVERSKY 1979; THALER 1980; EICHENBERGER 1992). Wir untersuchten deshalb diesen Aspekt in einer neuen Serie von Diktator-Spiel Experimenten (vgl. dazu ausführlich OBERHOLZER-GEE/EICHENBERGER 1998).

3. Fairneß bei erweitertem Möglichkeitsraum

3.1. Erste Experimentsserie in Zürich

Der Entscheidungsraum kann in Diktator-Spielen besonders leicht erweitert werden. Den Aufteilern kann einfach eine weitere Handlungsmöglichkeit eingeräumt werden. Unsere neuen Experimente basieren deshalb wiederum auf dem einfachen Diktator-Spiel mit zufälliger Zuteilung der Aufteiler- und Empfängerrolle. Die Entscheidungsmöglichkeiten der Aufteiler werden jedoch erweitert. Diese können nun mit dem Geld auch Lotteriescheine kaufen - also es nicht nur entweder den Empfängern zuteilen oder für sich behalten. Im ganzen Experimentsablauf bleiben die Teilnehmer gegenüber den Experimentatoren wiederum anonym. Doppelblindheit wird wie in den früheren Experimenten durch das „Schachtelverfahren" (vgl. Anmerkung 4) erzeugt, die Lotterie wird am Ende der Experimentssitzung gespielt und ausbezahlt. Die Lotterie hat einen deutlich negativen Erwartungswert; sie ist also höchst unattraktiv und sollte dementsprechend selten gewählt werden, was die Interpretation der Ergebnisse vereinfacht. Wenn die Lotterie einen positiven Erwartungswert aufweisen würde, könnte schwer zwischen fairem und eigennützigem Verhalten unterschieden werden, weil faire Aufteiler ja dann vernünftigerweise die Lotterie spielen und das - im Erwartungswert vermehrte - Geld entsprechend verteilen könnten (vgl. CARTER/GUERETTE 1992). Eine Lotterie mit negativem Gewinnerwartungswert hat auch den Vorteil, daß sie Realitätsnähe in dem Sinne schafft, als es in der Wirklichkeit immer Handlungsalternativen gibt, die einen Verlust versprechen.

In der ersten Experimentsserie mit erweitertem Handlungsspielraum, die wir im Herbst 1995 an der Universität Zürich wiederum mit erstsemestrigen Ökonomiestudenten durchführten, haben wir die Experimentsparameter wie folgt festgelegt: Die Aufteiler können wiederum den Betrag von CHF 7 aufteilen, oder mit dem Geld eine Lotterie kaufen. Diese verspricht mit 50% Wahrscheinlichkeit einen Gewinn von CHF 8 oder CHF 10 (je nach Experimentsgruppe), und mit 50% Wahrscheinlichkeit keinen Gewinn (und den Verlust des Einsatzes von CHF 7). Diese Lotterie erwies sich in einer Kontrollgruppe, in der alle Teilnehmer je CHF 7 erhalten hatten und dann Lotterien kaufen konnten, als unattraktiv, aber doch immer noch als attraktiver, als wir eigentlich vermutet hatten. 22,2% (29,4%) der Teilnehmer in der Situation mit einem allfälligen Gewinn von CHF 10 (CHF 8) kauften die Lotterie. Interessant sind nun die Auswirkungen dieser Lotterien auf das Verhalten in Diktator-Spiel Situationen, die in Tabelle 2 zusammengefaßt sind.

Das Hinzufügen des Lotteriekaufs als Handlungsmöglichkeit führt zu einem dramatischen und statistisch hoch signifikanten Rückgang der Fairneß. Während in den Standard Diktator-Spielen mit zufälliger Rollenzuteilung, die wir im Rahmen dieser und der vorhergehenden Experimentsserie durchführten, die Fairneß-Quote 32,4% beträgt (was einem durchschnittlichen Transfer von CHF 2,27 entspricht), sinkt sie in den um die Lotterie erweiterten Situationen auf 2,0% (Lotteriegewinn CHF 10) und 8,7% (Lotteriegewinn CHF 8). In der ersten Situation gibt überhaupt nur noch ein Teilnehmer etwas an den Empfänger weiter, in der zweiten noch drei Aufteiler. So tiefe Fairneß-Quoten resultierten unseres Wissens in keinem anderen bisher publizierten Diktator-Spiel Experiment. Offensichtlich handeln die Individuen ganz anders, wenn in diesen Experimenten explizit eine weitere Handlungsalternative hinzugefügt wird.

Es könnte nun argumentiert werden, daß unsere Fairneß-Quoten verzerrt sind, weil viele Aufteiler die Lotterien kaufen und deshalb nicht als fair gezählt werden. Dies trifft nicht zu. Die meisten Individuen ziehen im paarweisen Vergleich CHF 7 den Lotterien vor, wie ja unsere Kontrollgruppen zeigen. Die hohe Nachfrage nach Lotterien ist deshalb gerade durch die Gegenwart der Diktator-Spiel Option zu erklären. Tatsächlich stellt sowohl die statistisch signifikante Zunahme der Entscheidung, den ganzen Geldbetrag zu behalten (Mann-Whitney U Test, p=0,024), als auch die Zunahme der Nachfrage nach Lotterien (die nur in einer Gruppe signifikant ist, Mann-Whitney U Test, p=0,054 und p=0,246) eine Verletzung des schwachen Axioms der offenbarten Präferenzen („*WARP*", vgl. SAMUELSON 1938) dar. Auf sie soll hier aber nicht weiter eingegangen und nur auf OBERHOLZER-GEE/EICHENBERGER (1998) verwiesen werden.

Tab. 2: Vergleich der Fairneß-Quoten in anonymen Diktator-Spiel Situationen mit und ohne der Möglichkeit, einen Lotterieschein für CHF 7 zu kaufen, Zuteilung der Eigentumsrechte nach Zufall, Erstausstattung CHF 7

	Fairneß-Quote (Median) CHF	% alles Bargeld für sich behalten	% Lotterie gewählt
Standard Diktator-Spiel (N=52)	32,4% (41,4%)	15,4%	—
Erweitertes Diktator-Spiel Lotteriepreis CHF 7, Gewinn CHF 10, p=0,5 (N=23)	2,0% (0)	39,1%	52,2%
Erweitertes Diktator-Spiel Lotteriepreis CHF 7, Gewinn CHF 8, p=0,5 (N=23)	8,7% (0)	39,1%	47,8%

Quelle: OBERHOLZER-GEE/EICHENBERGER 1998

3.2. Zweite, verfeinerte Experimentsserie in Philadelphia

Die bisher beschriebenen Experimente sind mit einem Nachteil behaftet: Die Aufteiler müssen sich entscheiden, entweder alles oder gar kein Geld in die Lotterie zu investieren. Da es unklar ist, was dies genau bewirkt, wurden die Experimente im Frühjahr 1997 in modifizierter Form an der University of Pennsylvania mit fortgeschrittenen Studenten repliziert. Als Basis diente wiederum das Standard Diktator-Spiel, diesmal mit $10. In der erweiterten Situation können die Aufteiler einzelne Lotteriescheine (höchstens 10) kaufen, die je $1 kosten und mit einer Wahrscheinlichkeit von 50% einen Gewinn von $1,25 und mit 50% keinen Gewinn versprechen (aber natürlich immer den Verlust des Einsatzes nach sich ziehen). Diese Lotterie erweist sich im paarweisen Vergleich wiederum als unattraktiv. Nur 11,1% der Teilnehmer wollen überhaupt einzelne Lotteriescheine kaufen, und insgesamt werden nur 4,4% der Grundausstattungen in Lotterien investiert. Dank diesem neuen Experimentsdesign können die Teilnehmer gleichzeitig Lotteriescheine kaufen und auch dem Empfänger einen Geldbetrag zuweisen. Die Details des Experimentsablaufs entsprechen im weiteren den vorher diskutierten Experimenten. Insbesondere wahrten wir wiederum die Anonymität der Aufteiler gegenüber den Experimentatoren. Die Ergebnisse dieser Serie bestätigen die früheren Resultate und sind in Tabelle 3 zusammengestellt.

Tab. 3: Vergleich der Fairneß-Quoten in anonymen Diktator-Spiel Situationen mit und ohne der Möglichkeit, Lotteriescheine für $1 zu kaufen, Zuteilung der Eigentumsrechte nach Zufall, Erstausstattung $ 10

	Fairneß-Quote (Median) $	% alles Bargeld für sich behalten	% Ausstattung in Lotterie investiert
Standard Diktator-Spiel (N=24)	23,3% (20,0%)	16,7%	—
Erweitertes Diktator-Spiel Lotteriepreis $1, Gewinn $1,25, p=0,5 (N=21)	6,2% (0)	47,6%	8,6%

Quelle: OBERHOLZER-GEE/EICHENBERGER 1998

Wie schon in der vorherigen Experimentsserie sinkt die Fairneß alleine durch das Hinzufügen einer weiteren, unattraktiven Handlungsalternative dramatisch ab. Die Fairneß-Quote fällt von 23,3% auf nur noch 6,2% (statistisch signifikant, Mann-Whitney U Test, p=0,089). Der Anteil derjenigen, die den ganzen Geldbetrag für sich behalten, steigt von 16,7% auf 47,6% statistisch signifikant an (Mann-Whitney U Test, p=0,027). Und wiederum steigt der Anteil derjenigen, die Lotteriescheine kaufen, statistisch signifikant von 11,1% auf 38,1% an (Mann-Whitney U Test, p=0,058). Die Erhöhung der Gesamtausgaben für Lotterien von 4,4% auf 8,6% hingegen ist statistisch nicht signifikant.

Die Ergebnisse auch dieser Experimentsserie sind eindeutig. Durch das Öffnen des Entscheidungsraums nähert sich das Verhalten unserer Testpersonen der traditionellen ökonomischen Modellvorstellung - wenigstens in Diktator-Spiel Experimenten - stark an. Ob unsere Resultate auch auf andere Verhaltensexperimente übertragbar sind, muß offen bleiben, bis entsprechende Experimente diese Frage klären.

3.3. Interpretation

Wie können unsere Ergebnisse interpretiert werden? Unsere Ergebnisse sind gut mit der These vereinbar, Menschen bereite ein positives Selbstbild Nutzen. Genau wie die Menschen die Großzügigkeit und Wohltätigkeit anderer schätzen, sehen sie sich auch selbst gerne als gute, faire Individuen. Genau dieses Selbstbild wird in Experimenten stark angesprochen. Ihre realen, zumeist eigennützigen Alltagshandlungen haben die meisten Menschen so zu interpretieren gelernt, wie es mit einem positiven Selbstbild vereinbar ist. Konflikte mit dem Selbstbild tauchen aber typischerweise bei neuen, erstmaligen Handlungen auf. In der Realität sind dann die Handlungsbedingungen oft so unklar, daß ein genügend großer Interpretationsspielraum bleibt, um auch eigennützige Handlungen mit einem positiven Selbstbild vereinbar zu machen. Ganz anders in Experimenten. Viele Teilnehmer befinden sich zum ersten Mal in der untersuchten Situation, und die Situationen sind wohldefiniert. Wenn Individuen nur zwischen Handlungsalternativen wählen können, die entweder als eindeutig fair oder eindeutig eigennützig und egoistisch erscheinen, bleibt nicht viel Interpretationsspielraum. Dann handeln viele Individuen fair, um ihr positives Selbstbild aufrechtzuerhalten. Sobald hingegen neutrale Handlungsalternativen verfügbar sind, wird zum einen die ganze Entscheidungssituation in dem Sinne entschärft, daß der Kontrast zwischen den fairen und egoistischen Handlungsalternativen weniger extrem erscheint. Zum anderen erhalten die Individuen eine Ausweichmöglichkeit, die es ihnen erlaubt, in Ehren und unter Wahrung eines positiven Selbstbilds eigennützig zu sein. Diese Hypothese könnte auch erklären, weshalb in unseren Experimenten die Teilnehmer viel mehr Lotteriescheine nachfragen, wenn diese eine Alternative zum Diktator-Spiel darstellen.

4. Fairneß ist fragil, aber gerade deshalb wichtig

Unsere Ergebnisse zeigen, daß intrinsisch motiviertes faires Verhalten fragil ist. Bedeutet dies nun, daß die in Experimenten beobachtete Fairneß für die Ökonomik irrelevant ist und doch immer die Annahmen des traditionellen ökonomischen Verhaltensmodells zutreffen? Nein! Keinesfalls! Die Experimente zeigen vielmehr gerade, wie viele Menschen unter *gewissen Bedingungen* intrinsisch fair handeln. Die Frage ist also, wo und wann diese Bedingungen in der Realität auftreten. Es könnte nun argumentiert werden, daß dies sehr spezielle und seltene Bedingungen seien. Das trifft jedoch nicht zu. Im wirtschaftlichen und im politischen Bereich versuchen verschiedene Aktoren, die Handlungsbedingungen anderer so zu formen, daß diese fair handeln (vgl. auch EICHENBERGER/FREY 1993 und FREY/EICHENBERGER 1994, die ähnliche Reaktionen auf Verhaltensanomalien thematisieren).

4.1. Reaktionen im wirtschaftlichen Bereich

Im wirtschaftlichen Prozeß profitieren vielerlei Entscheidungsträger von der Fairneß anderer. Sie werden sich deshalb bemühen, die Bedingungen letzterer so zu gestalten, daß diese möglichst fair handeln. Ein besonders offensichtliches Beispiel für eine solche „Ausbeutung der Fairneß" sind wohltätige Organisationen, die Geldsammlungen an der Wohnungstür durchführen. Dort sehen viele potentielle Spender nur die Alternativen, entweder Geld zu geben und fair zu sein, oder das Geld zu behalten und damit egoistisch zu erscheinen. Unter so eingeschränkten Handlungsalternativen dürften viele Menschen mehr spenden, als sie geben würden, wenn sie über mehr unmittelbare Handlungsalternativen verfügen würden. Deshalb dürfte einer Geldsammlung in einem Einkaufszentrum weit weniger Erfolg beschieden sein. Dort sind die alternativen Geldverwendungsmöglichkeiten offensichtlich und nicht negativ vorbelastet; schließlich dient einem dort das Geld zum Bezahlen der Rechnung. Durch solche Beeinflussungsversuche kann aber die Fairneß aus zwei Gründen nicht beliebig gesteigert werden:

(1) Oft heben sich die Bemühungen der „Ausbeuter" gegenseitig auf. Wenn mehrere Spendenorganisationen auftreten, vergrößert sich die Zahl der Handlungsalternativen fast automatisch: Man kann dann der einen oder der anderen Organisation spenden. Der ersten Organisation, die einem um Spenden angeht, kann man dann ruhigen Gewissens nur wenig geben, weil man ja auch den anderen noch etwas geben will. Später hingegen kann man den anderen nur sehr wenig oder sogar nichts geben, weil man ja schon der ersten etwas gegeben hat. Oft werden deshalb die „Ausbeuter" versuchen, ihre Handlungen zu koordinieren und z.B. gemeinsame Sammelaktionen durchführen. Fairneß dürfte dort tendenziell ausgeprägt sein, wo ein „Ausbeuter" ein Monopol besitzt. Es liegt nahe, hier den Schlüssel zum Verständnis der hohen Steuermoral zu suchen. Solange nur eine staatliche Instanz Einkommenssteuern erhebt, bleiben die Handlungsmöglichkeiten der Steuersubjekte stark eingeschränkt. Für das aktive Ausnützen von Steuerabzugsmöglichkeiten gibt es dann nur vergleichsweise schlechte moralische Entschuldigungen. Wenn hingegen mehrere staatliche Einheiten gleichzeitig und unabhängig Steuern erheben, können die Steuersubjekte die aktive Steuerreduktion gegenüber einer Einheit mit ihren Zahlungen an eine andere Einheit rechtfertigen. Aus dieser Perspektive erstaunt es kaum, daß auch in föderalistischen Staaten wie der Schweiz, in der mehrere staatliche Ebenen eigene Einkommenssteuern erheben, jeweils nur eine (und zumeist die lokale) Ebene für die Erfassung der Steuerdaten zuständig ist und mit den Steuersubjekten in direkten Kontakt tritt.

(2) Individuen, deren Fairneß so auf die Probe gestellt wird, reagieren. Zum einen suchen sie nach Fairneß-Normvorstellungen, die mit ihren Eigeninteressen vereinbar sind. Diese These wird v.a. durch neuere Arbeiten von BABCOCK/LOEWENSTEIN (1997), sowie Experimente von KAGEL et al. (1996) gestützt. Zum anderen versuchen sie, den Situationen, in denen

sie zur Pflege ihres Selbstbilds fair handeln müssen, auszuweichen (vgl. auch SEN 1979). So können sie im Fall der Geldsammlung an der Wohnungstür diese einfach nicht öffnen, wenn es klingelt und sie durch den Spion Unbekannte vor der Tür erkennen können. Die Ausweichmöglichkeiten sind aber wiederum mit der Aufrechterhaltung des Selbstbilds verbunden. Vielen Personen fällt es leichter, die Tür nicht zu öffnen, wenn ein erwachsener Mann davor steht („schließlich muß man vorsichtig sein, man weiß ja nie") als wenn es nett gekleidete Schulkinder sind. Natürlich wissen dies auch die Sammelorganisationen, die auch deshalb gerne Kinder für solche Sammlungen einsetzen.

4.2. Reaktionen im politischen Prozeß

Besonders bedeutend ist die Rolle von Fairneß im demokratischen politischen Prozeß. Hier sind die Bedingungen für faires Verhalten besonders günstig. Zum einen sind für den einzelnen Bürger die Kosten fairen Verhaltens tief, weil er einen vernachlässigbar kleinen Einfluß auf die gesellschaftlichen Entscheidungen hat (BRENNAN/LOMASKY 1993; KLIEMT 1986). Zum anderen bieten sich ihm weniger Handlungsalternativen an als in vielen wirtschaftlichen Entscheidungen. Die Entscheidungssituation hat, wenigstens anfänglich, viel mit dem hypothetischen Diktator-Spiel gemein. In Sachabstimmungen über Umverteilung kann ein Individuum nur für oder gegen Umverteilung stimmen. In einem modellhaften, repräsentativen zwei Parteien System kann er nur links (für Umverteilung) oder rechts (gegen Umverteilung) wählen. Dann ist eine Stimme für die Linke eine Stimme für Solidarität und Mitgefühl, wohingegen eine Stimme für die Rechte eher als Stimme gegen Solidarität erscheinen kann. Es ist zu erwarten, daß unter diesen Bedingungen der Fairneß besondere Bedeutung zukommt und sich die Individuen weniger eigennützig verhalten. Wenn aber Fairneß im politisch-ökonomischen Prozeß wichtig ist, werden die verschiedenen politischen Aktoren reagieren und versuchen, sich die Fairneß nutzbar zu machen. Zwei Strategien bieten sich an:

(1) Der objektive und der subjektive Möglichkeitsraum der Wähler kann beeinflußt werden. In Sachabstimmungen über Umverteilungsvorlagen wie beispielsweise Zahlungen zugunsten armer Familien versuchen die Gegner zumeist, andere Alternativen ins Spiel zu bringen, indem sie betonen, daß das Geld für wirkungsvollere Umverteilungsmaßnahmen ausgegeben werden könnte, wenn die Vorlage abgelehnt wird. Die Befürworter „fairer" Vorlagen hingegen versuchen, die Alternativen zu negieren und die Einmaligkeit der Abstimmung zu betonen. Bei Wahlen kann der Möglichkeitsraum ebenfalls beeinflußt werden. Eine Stimme für eine rechts stehende Partei er-

scheint weit weniger als Stimme gegen Solidarität, wenn rechts von ihr noch eine weitere Partei steht. Parteien haben deshalb auch Anreize, die Randparteien auf ihrer Seite des politischen Spektrums zu pflegen.[6]

(2) Die Fairneß-Normvorstellungen der Wähler können beeinflußt werden.
Zwar dürfte es schwierig sein, eine Normvorstellung eines Individuum ganz direkt zu beeinflussen. Da aber die Probleme in der politischen Realität zumeist vielschichtig sind, können verschiedene moralische Aspekte gegeneinander ausgespielt und so unterschiedliche Normvorstellungen angerufen werden. Besonders beliebt ist es, den historischen Status quo zu manipulieren. Häufig werden politische Begehren als historische Ansprüche verpackt. Ein Beispiel dafür gibt die verfahrene Situation im Nahostkonflikt. Niemand beansprucht das Land eines anderen; jeder will nur zurück, was ihm einst gehörte - zu einem bestimmten, mehr oder weniger selbstdienlich gewählten historischen Zeitpunkt. Ein anderes Beispiel bietet die Politik gegen den Treibhauseffekt, wo der Wahl des Referenzjahres für die zulässige Luftverschmutzung entscheidende Bedeutung zukommt. Eine andere Erfolgsstrategie folgt aus dem Umstand, daß es in politischen Entscheidungen zumeist mehrere Gewinner und Verlierergruppen gibt. So können die Schwächsten vorgeschoben werden. Sie erregen am ehesten Fairneßerwägungen auf der Gegenseite. Ein Beispiel hierfür sind Volksabstimmungen in verschiedenen Schweizer Kantonen und Städten über die Liberalisierung der Ladenöffnungszeiten, in denen die Gegner einer Öffnungszeitverlängerung vor allem damit argumentierten, daß dann die sowieso schon schlecht bezahlten Verkäuferinnen noch schlechtere Arbeitsbedingungen hinnehmen müßten. Wie einzelne Abstimmungsresultate zeigen, ist diese Argumentation zuweilen erfolgreich.

Die Interessengruppen und Parteien stellen die Entscheidungsalternativen so dar und betonen solche moralischen Aspekte, daß die resultierenden Normvorstellungen die eigennützigen Interessen ihrer Mitglieder und Anhänger relativ gut abbilden, so daß diese - gemessen an der neu aufgebauten Normvorstellung - fair wählen können, ohne dabei gegen die eigenen Interessen zu verstoßen. Diese Wähler wählen dann so, wie wenn sie eigennützig handeln würden. Gleichzeitig versuchen die Interessengruppen, Stimmen von „gegnerischen" Wählern zu gewinnen, indem sie deren Entscheidungsalternativen und Fairneß-Normvorstellungen zu beeinflussen versuchen. Natürlich können die Beeinflussungsversuche „eigener" und „gegnerischer" Anhänger häufig nicht völlig getrennt werden. Dann müssen die verschiedenen Effekte gegeneinander abgewogen werden. Da aber anzunehmen ist, daß Interessengruppen auf ihre eigenen Anhänger einen größeren Einfluß haben als auf die Anhänger der Gegenseite, dürften sich die Fairneß-Normvorstellungen der Mitglieder der verschiedenen Interessengruppen tendentiell ihren eigenen Interessen annähern.

Für die politische Ökonomie stellen sich dann zwei entscheidende Fragen. Erstens: Unter welchen Bedingungen nähern sich die Fairneß-Normvorstellungen der Wähler ihren Eigeninteressen relativ stark an? Zweitens: Welche Interessengruppen vermögen einen vergleichsweise großen Einfluß auf die Fairneß-Normvorstellungen ihrer eigenen und gegnerischer Anhänger auszuüben? Oder anders formuliert: In welchen Gruppen sind die Fairneß-Normvorstellungen und die Eigeninteressen konsistenter? Auf die erste Frage liegen zwei Antworten nahe: der Faktor Zeit (vgl. FREY et al. 1996) und das Ausmaß der öffentlichen Diskussion (FREY/KIRCHGÄSSNER 1993). Je länger und je intensiver über eine Frage diskutiert wird, desto eher können die Interessengruppen ihren Mitgliedern Argumente kommunizieren, die es diesen erlauben, ihre eigenen Interessen als moralisch richtig zu erkennen und deshalb an der Urne ohne schlechtes Gewissen eigennützig zu stimmen. Die Suche nach weiteren Bedingungen und den Bestimmenden der Intensität öffentlicher Diskussion bietet ein weites und wohl besonders fruchtbares Forschungsfeld. In der zweiten Frage hilft die ökonomische Theorie der Interessengruppen (OLSON 1965) weiter. Relativ leicht zu organisierende Interessen können mehr Ressourcen für die Argumentensuche und -kommunikation aufwenden. Besonders interessant dürfte es jedoch sein, nach Hypothesen zu forschen, die eine um die Rolle von Fairneß-Normvorstellungen erweiterte Theorie von der traditionellen Theorie des Interessengruppeneinflusses à la OLSON unterscheiden (vgl. die Beispiele dazu in EICHENBERGER/OBER-HOLZER-GEE 1998).

4.3. Anwendung: Die Standortsuche für „NIMBY-Projekte"

Ein illustratives Beispiel für den starken Einfluß moralischer Erwägungen bietet die Suche nach Standorten für Endlager für radioaktiven Müll. Solche Projekte werden zwar typischerweise von einer größeren Gesamtheit (z.B. der Bevölkerung eines Landes) mehrheitlich gewünscht, sie verursachen aber oft beträchtliche Externalitäten am Standort und stoßen dementsprechend auf entschiedenen lokalen Widerstand. In der Literatur wird diese Problemstruktur als NIMBY-Problem diskutiert (von "Not In My Back Yard"). Es kann auf zwei ganz unterschiedliche Weisen zu lösen versucht werden. Zum einen kann an die Fairneß und Solidarität der Standortbevölkerung gegenüber der größeren politischen Einheit appelliert werden. Damit würde auf die Analogie zum Diktator-Spiel vertraut: Ein Einwohner der Standortgemeinde, der die Standortentscheidung akzeptiert, handelt wie ein Aufteiler im Diktator-Spiel, der dem Empfänger einen Geldbetrag zuweist. Beide treten freiwillig eigene Ressourcen an andere Personen ab. Traditionelle Ökonomen glauben kaum, daß das NIMBY-Problem so überwunden werden kann. Sie nehmen ja an, Menschen seien eigennützig. Sie schlagen deshalb vor, daß die Einwohner der Standortgemeinde für die erfahrenen Lasten finanziell kompensiert werden sollten. Erfahrungen insbesondere aus den USA zeigen jedoch, daß Kompensationen in solchen Fällen zumeist nicht die gewünschte Wirkung erzielen. Das im folgenden geschilderte Beispiel der Suche nach einem Standort für schwach- und mittelradioaktive Abfälle in der Schweiz zeigt, wie Fairneß und ökonomische Erwägungen interagieren (vgl. dazu ausführlich FREY/OBERHOLZER-GEE/EICHENBERGER 1996).

Schon 1972 hatte die schweizerische Regierung, gestützt auf den in Volksabstimmungen erklärten Willen der Bevölkerung, die NAGRA (die Nationale Genossenschaft für die Lagerung radioaktiver Abfälle) beauftragt, in der Schweiz ein solches Endlager zu bauen. Bis 1993 hatte die NAGRA verschiedene mögliche Standorte evaluiert, unter anderem auch Wolfenschiessen im Kanton Nidwalden. Während ein Endlager in der Schweiz von der schweizerischen Bevölkerung erwünscht wurde, war der lokale Widerstand unter den 2.100 Einwohnern Wolfenschiessens beträchtlich, und es war unklar, ob eine Mehrheit für das Projekt stimmen würde. Dies war aber absolut notwendig, da die letztendliche Entscheidung über den Bau der Anlage in einer Abstimmung der Gemeindeeinwohner mit einfachem Mehr getroffen werden mußte.

Noch bevor die NAGRA Wolfenschiessen als ihren Wunsch-Standort bezeichnete, wurden im April 1993 im Rahmen einer breit angelegten etwa einstündigen, persönlichen Befragung (OBERHOLZER-GEE 1998) 305 Wolfenschiesser Bürgerinnen und Bürger gefragt, ob sie es akzeptieren würden, wenn die NAGRA und das eidgenössische Parlament Wolfenschiessen als Standort für das Endlager auswählten (was dem gesetzmäßigen Entscheidungsprozeß entsprach). 50,8 % der Interviewten stimmten in diesem Falle dem Bau des Endlagers in ihrer Gemeinde zu. Als Motiv für die aus ökonomischer Sicht sehr überraschende Zustimmung gab die große Mehrheit an, sie *erachteten es als ihre nationale Pflicht*, das Endlager unter allen Umständen zu akzeptieren. Offensichtlich spielten also Fairneß-Erwägungen bei der Beantwortung dieser engen Frage wie in Diktator-Spielen eine entscheidende Rolle.

Wie aber sieht es mit dem Einfluß von finanziellen Kompensationen aus? Im weiteren Verlauf des Interviews wurden die gleichen Personen gefragt, ob sie es akzeptieren würden, wenn die NAGRA und das eidgenössische Parlament Wolfenschiessen als Standort für das Endlager auswählten und gleichzeitig beschlössen, jedem Wolfenschiesser eine beträchtliche jährliche Entschädigung (je nach Befragtem CHF 2.500, 5.000 oder 7.500) zu bezahlen. Aufgrund ökonomischer Überlegungen müßte dies die Zustimmung massiv erhöhen. Tatsächlich aber brach die Zustimmung ein. Im Durchschnitt stimmten nur noch 24,6% dem Endlager zu. Auch weitere Erhöhungen der Kompensationsangebote vermochte die Akzeptanz des Endlagers nicht zu steigern. Als Motiv für ihre Ablehnung gaben nun über 80% der Ablehnenden an, *daß sie sich nicht kaufen ließen.* Dies erstaunt um so mehr, als daß viele von ihnen ein Endlager ohne Kompensationen akzeptierten. Offensichtlich wurde die Motivation, etwas für die Allgemeinheit zu tun, durch das Kompensationsangebot fast vollständig verdrängt. Andere mögliche Erklärungen, etwa strategisches Verhalten oder daß die Kompensationen Informationen über die Risiken offenbarten, können aufgrund weiterer Fragen ausgeschlossen werden. Ganz in Analogie zu unseren Diktator-Spiel Experimenten verhalten sich Individuen fair, solange sie nur zwei Handlungsoptionen zur Auswahl haben, von denen die eine offensichtlich fairer erscheint. Sobald jedoch weitere Aspekte den Handlungsraum erweitern oder die Optionen verändern, wird die Fokussierung auf Fairneß aufgelöst oder von anderen Fairneß-Erwägungen überlagert.

Die Ablehnung des Endlagers in unserer Befragung war aber noch nicht das letzte Wort. Im Juni 1993, also rund zwei Monate nach der Befragung bezeichneten NAGRA und Parlament Wolfenschiessen als den am besten geeigneten Standort und richteten zur allgemeinen Überraschung ein explizites, großzügiges Kompensationsangebot an die Gemeinde von über CHF 1.500 pro Einwohner und Jahr. Obwohl die ersten Reaktionen überaus negativ waren und die Kompensationen als Bestechungsversuch gebrandmarkt wurden, stimmten ein Jahr später im Juni 1994 63% der Wolfenschiesser anläßlich einer Gemeindeversammlung dem Bau des Endlagers inklusive Kompensationslösung zu.[7] Wenn im Abstimmungskampf über Geld diskutiert wurde, argumentierten die Befürworter nicht etwa, daß dank den Kompensationszahlungen an die Gemeinde die Gemeindeeinkommenssteuern gesenkt werden könnten und so jeder mehr verfügbares Einkommen hätte, sondern daß mit dem Geld doch viel Gutes für die Allgemeinheit und vor allem für die Zukunft der Kinder Wolfenschiessens getan werden kann. Offensichtlich war es ihnen ein Bemühen, auch den Nutzen des Geldes moralisch einzukleiden.

Der Unterschied zwischen den Antworten in der Befragung und dem Verhalten der Bürger in der tatsächlichen Gemeindeabstimmung zeigt, wie groß der Einfluß des Diskussionsprozesses vor Abstimmungen ist. In ihm wurden zum einen vielerlei moralische Argumente feilgeboten, die die Rechtfertigung beinahe jeder Interessensposition ermöglichen oder wenigstens erleichtern. So waren dann in der Gemeindeversammlung wohl die meisten Anwesenden davon überzeugt, daß ihre Stimme auch dem Gesamtwohl dient - gleich, ob sie für oder gegen das Endlager votierten. Zum anderen wurden im Abstimmungskampf die Alternativen neu dargestellt. Vor allem die ideenreiche Zuteilung der Kompensationsgelder erlaubt, in einer gewissen Weise neue Handlungsalternativen aufzubauen. Nach der öffentlichen Diskussion besteht der Möglichkeitsraum nämlich nicht mehr nur aus den beiden ursprünglichen Alternativen „Endlager Nein" und „Endlager Ja, mit Kompensation", sondern aus verschiedensten Alternativen bezüglich der künftigen Verwendung der allfälligen Kompensationen. Es liegt nahe, daß dadurch wie in unseren Diktator-Spiel Experimenten die Fokussierung auf Fairneß und moralische Aspekte, die durch die Kompensationsfrage erzeugt wird, aufgebrochen wird und die Individuen wieder vermehrt die verschiedenen Vor- und Nachteile der Vorlagen gegeneinander abwägen, also das ökonomische Denken wieder Einzug hält. Wie wichtig dieser Defokussierungsprozeß ist, zeigt sich auch im Vergleich der positiven schweizerischen und der negativen amerikanischen Erfahrungen mit Kompensationsangeboten. In den USA werden die Kompensationsangebote nach den ersten entrüsteten Reaktionen zumeist schnell zurückgezogen und die Standortwahlpläne geändert. Insofern wird dort also oft in der Phase der Fokussierung auf einzelne Aspekte entschieden. Das in der Schweiz gewählte Verfahren, daß Kompensationen lange vor der entscheidenden Abstimmung angeboten und die Bürger aufgrund der direkten demokratischen Entscheidungen unmittelbar in die Diskussion einbezogen wurden, ermöglichte, die Zustimmung der Einwohner einer Standortgemeinde zu erreichen.

5. Zusammenfassung

Faires und moralisches Verhalten wird in einer zunehmenden Zahl von Arbeiten thematisiert. Der Großteil dieser Analysen ist experimentell ausgerichtet. Bis heute sind verschiedene Bedingungen bekannt, die faires Verhalten stärken. Faires Verhalten wird häufiger, wenn die soziale Distanz zwischen den verschiedenen Handlungsträgern kleiner wird, die Eigentumsrechte weniger klar definiert sind, und der Preis fairen Verhaltens sinkt. Nicht untersucht wurde hingegen eine weitere Bedingung, die sich in den hier präsentierten Experimenten als absolut entscheidend erweist: die Verfügbarkeit von Handlungsalternativen. Anhand des Diktator-Spiels wird gezeigt, daß die Fairneß dramatisch abnimmt, wenn den Individuen zusätzliche Handlungsalternativen - in unserem Falle der Kauf unattraktiver Lotterien - offeriert werden. Somit erweist sich die intrinsisch motivierte Fairneß als fragil. Das bedeutet aber keineswegs, daß sie für die Ökonomik unwichtig ist. Im wirtschaftlichen und im politisch-ökonomischen Prozeß verursacht faires Handeln Externalitäten. Folglich versuchen verschiedene Akteuren, das faire Handeln anderer zu verändern, indem sie deren Handlungsalternativen und damit Fairneß-Normvorstellungen zu beeinflussen versuchen. Dieser Prozeß wurde anhand verschiedener Beispiele illustriert.

Anmerkungen

1 In einzelnen „doppelblinden" Experimenten konnten die Beiträge auf dieses Niveau gesenkt werden, HOFFMAN et al. 1994. Durch das Experimentsdesign konnten allerdings die Teilnehmer im Gegensatz zum ursprünglichen Diktator-Spiel (und auch zu unseren Experimenten) nicht fest in Zweiergruppen eingeteilt werden; der von einem Aufteiler abgegebene Betrag wurde zufällig an einen der Empfänger gegeben. Es liegt nahe, daß dies die Bereitschaft der Aufteiler, Geld abzugeben, schwächt.
2 Die soziale Distanz wird in der Literatur zur intrinsischen Motivation als entscheidende Bedingung identifiziert. Intrinsisch motiviertes Arbeitsverhalten tritt vor allem im Zusammenhang mit persönlichen Beziehungen auf. Deshalb ist in solchen Beziehungen auch das zerstörerische Potential von extrinsischen Anreizen besonders ausgeprägt.
3 Gut untersucht sind heute monetäre Anreize im Ultimatum-Spiel (in dem der Empfänger die Aufteilung zurückweisen kann, worauf dann weder der Aufteiler noch der Empfänger Geld erhalten). Das Verhalten nähert sich auch bei höheren Auszahlungen, z.B. GÜTH/TIETZ 1986 bis DM 100 sowie SLONIM/ROTH 1998 bis 60facher durchschnittlicher Stundenlohn, nur leicht den ökonomischen Erwartungen an. Im Gegensatz dazu scheint die Bereitschaft, andere für unfaires Verhalten zu bestrafen, recht stark von den Kosten abzuhängen, vgl. FEHR et al. 1997, S. 855.
4 Ablauf: Die Aufteiler erhalten die Instruktionen, den Geldbetrag, und die weiteren Unterlagen in einem verschlossenen Briefumschlag. Diesen ziehen sie aus einer Schachtel, die im Vorlesungsraum herumgegeben wird. Deshalb wissen die Experimentatoren nicht, welcher Umschlag welchem Aufteiler zufällt. Nachdem diese ihre Entscheidung in einem Entscheidungsblatt vermerkt haben, stecken sie dieses mit oder ohne Geld in einen weiteren Umschlag, der mit der Nummer des entsprechenden Empfängers versehen ist. Diesen Umschlag legen sie wieder in die Schachtel. Nachdem alle Aufteilungsentscheidungen in der Schachtel liegen, können die Empfänger ihren Umschlag aus der Schachtel nehmen. Dieses Design garantiert vollständige Anonymität zwischen Aufteilern, Empfängern und Experimentatoren. Eine anschließende Befragung zeigte, empfanden die Aufteiler ihre Entscheidung tatsächlich als vollkommen anonym.
5 Verankerung führt zu einer systematischen Verzerrung der Antworten, auch wenn deren Genauigkeit belohnt wird. Sie scheint ein sehr häufiges, fast allgegenwärtiges Phänomen zu sein, vgl. z.B. WRIGHT/ANDERSON 1989.
6 Aus dem räumlichen Wettbewerbsmodell folgt, daß gemäßigtere Parteien Stimmen an die Randparteien auf ihrer Seite des politischen Spektrums verlieren, DOWNS 1957.
7 Da später in einer kantonalen Abstimmung die Baukonzessionserteilung knapp abgelehnt wurde, konnte das Endlager bis heute nicht gebaut werden. Es scheint aber, daß die NAGRA um das langsame Wirken von Kompensationsangeboten auch gegenüber den Nachbargemeinden und dem Kanton weiß und bereit ist, zu warten.

Unserer besonderer Dank gilt RACHEL CROSON, die uns bei der Entwicklung der amerikanischen Experimentsserie geholfen hat. Für wertvolle Anregungen danken wir JONATHAN BARON, IRIS BOHNET, ARMIN FALK, ERNST FEHR, BRUNO FREY, SIMON GÄCHTER, MARTIN HELD, HOWARD KUNREUTHER, KEITH MURNIGHAM und HANS G. NUTZINGER.

Literaturverzeichnis

BABCOCK, L. und LOEWENSTEIN, G. (1997). Explaining Bargaining Impasse: The Role of Self-Serving Biases. *Journal of Economic Perspectives* 11 (1), 109-126.

BOHNET, I. (1997). *Ökonomie und Kommunikation: Eine experimentelle Untersuchung.* Tübingen: Mohr Siebeck.

BOHNET, I. und FREY, B.S. (1995). Ist Reden Silber und Schweigen Gold? Eine ökonomische Analyse. *Zeitschrift für Wirtschafts- und Sozialwissenschaften* 115, 169-211.

BOLTON, G.E. (1991). A Comparative Model of Bargaining: Theory and Evidence. *American Economic Review* 81 (December), 1096-1136.

BRENNAN, G. und LOMASKY, L. (1993). *Democracy and Decision: The Pure Theory of Electoral Preference.* Cambridge: Cambridge University Press.

CARTER, J.R. und GUERETTE, ST.D. (1992). An Experimental Study of Expressive Voting. *Public Choice* 73, 251-260.

DECI, E.L. (1971). Effects of Externally Mediated Rewards on Intrinsic Motivation. *Journal of Personality and Social Psychology* 18, 105-115.

DOWNS, A. (1957). *An Economic Theory of Democracy.* New York: Harper and Row.

EICHENBERGER, R. (1992). *Verhaltensanomalien und Wirtschaftswissenschaft. Herausforderung, Reaktionen, Perspektiven.* Wiesbaden: Deutscher Universitätsverlag.

EICHENBERGER, R. und FREY, B.S. (1993). „Superrationalität"- oder: Vom rationalen Umgang mit dem Irrationalen. *Jahrbuch für Neue Politische Ökonomie* 12, 50-84.

EICHENBERGER, R. und OBERHOLZER-GEE, F. (1998). Rational Moralists: The Role of Fairness in Democratic Economic Politics. *Public Choice* 94, 191-210.

FEHR, E., GÄCHTER, S. und KIRCHSTEIGER, G. (1997). Reciprocity as a Contract Enforcement Device: Experimental Evidence. *Econometrica* 65, 833-860.

FEHR, E. und SCHMIDT, K. (1998). A Theory of Fairness, Competition, and Cooperation. Diskussionspapier. Universität Zürich, Institut für Empirische Wirtschaftsforschung.

FORSYTHE, R., HOROWITZ, J., SAVIN, N. und SEFTON, M. (1994). Fairness in Simple Bargaining Experiments. *Games and Economic Behavior* 6 (May), 347-369.

FREEMAN, R.B. (1997). Working for Nothing: The Supply of Volunteer Labor. *Journal of Labor Economics* 15 (1, vol. 2, supplement), S140-S166.

FREY, B.S. (1997). *Markt und Motivation. Wie ökonomische Anreize die (Arbeits-)Moral verdrängen.* München: Vahlen.

FREY, B.S. und BOHNET, I. (1997). Identification in Democratic Society. *Journal of Socio-Economics* 26 (1), 25-38.

FREY, B.S. und EICHENBERGER, R. (1994). Economic Incentives Transform Psychological Anomalies. *Journal of Economic Behavior and Organization* 23, 215-234.

FREY, B.S. und KIRCHGÄSSNER, G. (1993). Diskursethik, Politische Ökonomie und Volksabstimmungen. *Analyse und Kritik* 15, 129-149.

FREY, B.S., OBERHOLZER-GEE, F. und EICHENBERGER, R. (1996). The Old Lady Visits Your Backyard: A Tale of Morals and Markets. *Journal of Political Economy* 104 (6), 1297-1313.

GÜTH, W., SCHITTBERGER, R. und SCHWARZE, B. (1982). An Experimental Analysis of Ultimatum Game Bargaining. *Journal of Economic Behavior and Organization* 3, 367-388.

GÜTH, W. und TIETZ, R. (1986). Auctioning Ultimatums bargaining decisions. How to decide if rational decisions are unacceptable? In: SCHOLZ, R.W. (Hg.). *Current Issues in West German Decision Research*. Frankfurt: Lang, 173-185.

HOFFMAN, E., McCABE, K., SHACHAT, K. und SMITH, V.L. (1994). Preferences, Property Rights and Anonymity in Bargaining Games. *Games and Economic Behavior* 7 (November), 346-380.

HOFFMAN, E., McCABE, K. und SMITH, V.L. (1996). Social Distance and Other-Regarding Behavior in Dictator Games. *American Economic Review* 86 (June), 653-660.

KAGEL, J.H., KIM, CH. und MOSER, D. (1996). Fairness in Ultimatum Games with Asymmetric Information and Asymmetric Payoffs. *Games and Economic Behavior* 13, 100-110.

KAHNEMAN, D., KNETSCH, L. und THALER, R. (1986). Fairness and the Assumption of Economics. *Journal of Business* 59, 285-300.

KAHNEMAN, D. und TVERSKY, A. (1979). Prospect Theory: An Analysis of Decision Under Risk. *Econometrica* 47 (März), 263-291.

KLIEMT, H. (1986). The Veil of Insignificance. *European Journal of Political Economy* 2, 333-344.

OBERHOLZER-GEE, F. (1998). *Die Ökonomik des St. Florianprinzips*. Basel: Helbing & Lichtenhahn.

OBERHOLZER-GEE, F. und EICHENBERGER, R. (1998). Fairness! What Fairness? Focusing Effects in Dictator Game Experiments. Diskussionspapier. Universität Zürich, Institut für Empirische Wirtschaftsforschung.

OLSON, M. (1965). *The Logic of Collective Action*. Cambridge: Harvard University Press.

ROTH, A.E. (1995). Bargaining Experiments. In: KAGEL, J.H. und ROTH, A.E. (Hg.). *The Handbook of Experimental Economics*. Princeton: University Press, 253-348.

RUFFLE, B. (1995). More is Better, But Fair Is Fair: Dictator Games with Endogenously Determined Pie Sizes. Working Paper, Department of Economics, Princeton University.

SAMUELSON, P.A. (1938). A Note on the Pure Theory of Consumers' Behaviour. *Economica* 5, 61-71.

SEFTON, M. (1992). Incentives in Simple Bargaining Games. *Journal of Economic Psychology* 13, 263-276.

SEN, A.K. (1979). Rational Fools: A Critique of the Behavioural Foundations of Economic Theory. In: HAHN, F. und HOLLIS, M. (Hg.). *Philosophy and Economic Theory* . Oxford: Oxford University Press, 87-109. Wiederabgedruckt in: SEN, A.K. (Hg.) (1982). *Choice, Welfare and Measurement*. Oxford: Blackwell, 84-107.

SLONIM, R. und ROTH, A.E. (1998). Learning in High Stakes Ultimatum Games: An Experiment in the Slovak Republic. *Econometrica* Vol. 66, 569-596.

SMITH, V.L. und WALKER, J.L. (1993). Monetary Rewards and Decision Cost in Experimental Economics. *Economic Inquiry* 31, 245-261.

THALER, R.H. (1980). Toward a Positive Theory of Consumer Choice. *Journal of Economic Behavior and Organization* 1 (März), 39-60.

-"- (1992). *The Winner's Curse. Paradoxes and Anomalies of Economic Life.* New York: The Free Press.

TVERSKY, A. und KAHNEMAN, D. (1974). Judgement under Uncertainty: Heuristics and biases. *Science* 185, 1124-1131.

TYLER, T. (1990). *Why People Obey the Law.* New Haven: Yale University Press.

WRIGHT, W.F. und ANDERSON, U. (1989). Effects of Situation Familiarity and Financial Incentives on Use of the Anchoring and Adjustment Heuristic for Probability Assessment. *Organizational Behavior and Human Decision Processes* 44, 68-82.

Franz Haslinger

Institutionen reduzieren Unsicherheit - Neue Unsicherheiten entwickeln sich

1. Einleitung

Unsicherheit wurde in der ökonomischen Theorie lange Zeit weitgehend ignoriert. Freilich findet man im Rückblick da und dort kluge und klügste Analysen (z.B. C. MENGERs Überlegungen zum Geld), aber erst KEYNES hat konsequent die Integration von Unsicherheit angedacht und ihre Wirkung auf die Marktergebnisse ins Zentrum seiner Analysen gerückt. Die mikroökonomische Theorie, wie sie im Anschluß an WALRAS seit etwa Mitte der dreißiger Jahre betrieben wurde (R.G.D. ALLEN und HICKS, O. LANGE) und die rigoroseren Versionen von ARROW und DEBREU schienen dagegen einen Rückschritt zu markieren, da sie Unsicherheit wiederum weitgehend ausklammerten. Ich sage „scheint", weil ja ARROW und DEBREU mit einem interpretatorischen „Trick" „Unsicherheit" sehr wohl in ihren Analysen berücksichtigten. Der Trick besteht darin, daß für *alle* ökonomisch relevanten Vorgänge das Vorhandensein entsprechender Güter und von Märkten für diese Güter postuliert werden. Man sagt dann, die Marktstruktur sei vollständig. Dadurch lassen sich - wie weiter unten noch ausführlicher dargestellt wird - sämtliche Aussagen der Theorie bei Sicherheit auf den Fall der Unsicherheit problemlos übertragen. Wahrscheinlich gerade weil die Grundstruktur der walrasianischen Theorie praktisch unverändert die Unsicherheit zu integrieren vermochte, wurde alsbald Skepsis laut. Die Kritik richtete sich zum einen vor allem gegen die Bestimmbarkeit und Identifizierbarkeit der Zustände der Umwelt, da Zukunft stets auch Neues, Unvorhersehbares und Unvorstellbares hervorbringt (SHACKLE und die Vertreter der angloamerikanischen, neo-österreichischen Schule). Zum anderen richtet sie sich gegen die Annahme der *Vollständigkeit* der *Marktstrukturen*, weil für die meisten Güter die theoretisch postulierten kontingenten Zukunftsmärkte in der Realität nicht existieren.

Während viele Autoren die Gleichgewichtstheorie als praktisch unbrauchbar ansahen (z.B. die Institutionalisten, die Fundamentalkeynesianer,

HAYEK und die Neo-Österreicher) betont ARROW die ihr innewohnende heuristische Kraft. ARROW (1974, S. 7 f.) schreibt dazu:

"I [...] consider not only the implications of but also the causes for the absence of markets for future goods. One might wonder why one should explain the absence of a phenomenon. Sherlock Holmes once maintained to the dimwitted local police inspector so typical of English detective stories that the significant question in the case at hand was the dog's barking at night. "But", said the inspector, "the dog didn't bark." That's, said Holmes, "what is significant." So too is the absence of these markets significant for a full neoclassical theory. A truncated theory of temporary equilibrium in which markets for future goods are replaced by some form of expectations, themselves functions of current prices and quantities, has indeed been developed, though its empirical content is necessarily meager because of the formation of expectations is left unanalyzed. But the true neoclassical spirit is being denied in such a model."

Warum existieren in der Realität nur wenige Märkte, auf denen kontingente Kontrakte für zukünftige Güter gehandelt werden? Diese Frage zielt auf die Feststellung jener Annahmen der Theorie, die verworfen und/oder durch andere ersetzt werden müssen, um zu erklären, warum sich nur für wenige Güter in der Realität Terminmärkte herausgebildet haben. Man spricht von einer unvollständigen Marktstruktur, wenn nicht für alle Güter entsprechende kontingente Zukunftsmärkte existieren. Nichtexistenz eines Marktes bedeutet, daß kein Handel zukünftiger Güter stattfindet.

Es zeigt sich, daß Modelle, aus denen sich endogen das Fehlen vieler Zukunftsmärkte erklären lassen, eine wesentlich reichere Struktur besitzen als das walrasianische Gleichgewichtsmodell, und daß interessante und praktisch relevante Probleme adäquater thematisiert werden können; allerdings um den Preis des Verlustes an Allgemeinheit. Es ist bislang nicht gelungen, ein *allgemeines Modell* für die Marktsphäre allein, geschweige denn für das zu beobachtende Neben- und Miteinander verschiedener Organisations- und Allokationsmechanismen zu entwickeln. Das hat, wie im folgenden noch gezeigt wird, wichtige Implikationen für das Verständnis der Rolle der Institutionen.

Institutionen bilden zum einen die *notwendigen Voraussetzungen* für das Entstehen von Märkten, dienen aber zum anderen zur *Ergänzung*, dort wo Märkte nicht vorhanden sind oder schlechte Ergebnisse produzieren.

Für die Beurteilung der Funktionsfähigkeit von Märkten und Institutionen stellt die allgemeine Gleichgewichtstheorie nach wie vor eine *conditio sine qua non* dar. Das gilt nicht nur, weil sie für die meisten Ökonomen die Vorstellung von der Funktionsfähigkeit von Marktwirtschaften prägt, sondern auch, weil sie nach wie vor das umfassendste und präziseste theoretische Referenzmodell darstellt. Es ist daher vor allem aus heuristischer Sicht zweckmäßig, sie als Ausgangspunkt zu wählen, um einen festen Bezugspunkt für die Beurteilung zu haben, wohin einen die Modifikation ihrer Annahmen führt.

Der Beitrag ist im einzelnen wie folgt aufgebaut. An die inhaltliche Charakterisierung von Institutionen schließt sich im 3. Abschnitt die Allokation von Risiken an. Institutionen und Unsicherheit werden im 4. Abschnitt und danach werden Aussagen über das Zusammenspiel von Märkten und Institutionen behandelt. Illustrationen hierzu finden sich in Abschnitt 6. Eine kurze Zusammenfassung steht am Schluß dieses Beitrags.

2. Inhaltliche Charakterisierungen

Institutionen sind Normen, die das Zusammenleben von Menschen regeln. Normen sind Sollvorschriften, die den Normadressaten ein Tun, Dulden oder Unterlassen gebieten. Üblicherweise unterscheidet man Normen des Rechts, der Moral und der Sitten. Normen des Rechts sind mit staatlichen Sanktionen ausgestattet, die deren Einhaltung erzwingen können. Normen der Sitte (Tischsitten etc.) werden im Falle ihrer Nichtbefolgung zwar nicht mit staatlicher Macht durchgesetzt, dennoch werden Normverletzungen in der Regel gesellschaftlich sanktioniert, etwa durch Tadel oder soziale Ausgrenzung. Normen der (Individual-)Moral schließlich, richten sich an die innere Haltung und Einstellungen von Menschen und sind daher - sofern sie nicht in sittliche oder juristische Regeln einfließen - sanktionslos.

Institutionen können ihrer Funktion, das Zusammenleben von Menschen zu regeln, nur gerecht werden, wenn sie effektiv sind. Sie sind effektiv, wenn sie von den Adressaten im großen und ganzen befolgt werden und Normverletzungen regelmäßig sanktioniert werden. Um effektiv zu sein, müssen Normen nicht immer, sondern eben nur üblicherweise befolgt und Verstöße gegen sie, nach Lage der Umstände, nur regelmäßig geahndet werden. Solange Normen effektiv sind, haben sie eine wichtige verhaltensleitende Funktion: Man kann davon ausgehen, daß andere Personen sich, wie man selbst, auch normkonform verhalten werden. In diesem Sinne reduzieren Institutionen Unsicherheiten, weil sie erwarten lassen, daß sich die Normadressaten normkonform verhalten werden. Man kann durchaus erwarten, daß das durch eine Norm gebotene Tun von anderen erbracht, ein gebotenes Dulden tatsächlich widerstandslos erfüllt oder ein Unterlassungsgebot wirklich befolgt wird.

Konsequenz davon ist, daß die Individuen, in wechselseitiger Befolgung der Normen *Kosten einsparen*. Diese Einsparungen resultieren aus der Reduktion von *pekuniären Kosten*, wie z.B. Unfallkosten, dem Überflüssigwerden langwieriger Vertragsverhandlungen, kostspieliger Nebenabreden oder Sicherungsgeschäfte sowie von *nichtpekuniären, „psychischen" Kosten*. Häufig werden derartige Kosten pauschal und unscharf als „Transaktionskosten" bezeichnet. Um Unschärfen zu vermeiden ist es daher notwendig, die jeweiligen Kosten präzise anzugeben. Dies wird im folgenden stets getan, wenn von „Transaktionskosten" die Rede ist.

Das folgende einfache *Koordinationsspiel* veranschaulicht diesen Sachverhalt: Man stelle sich zunächst vor, es gäbe keine Verkehrsregelung. Unter den Autofahrern wählt ein Anteil π die rechte Straßenseite, der Anteil $(1 - \pi)$ die linke. Zwischen beliebigen einander treffenden entgegenkommenden Autos kommt es zu keinem Unfall, wenn sie beide jeweils die gleiche Straßenseite gewählt haben. Fahren sie dagegen auf unterschiedlichen Seiten, kommt es zu einem Zusammenstoß, und beide Autos nehmen einen Schaden von je 500 DM. Personen sollen nicht zu Schaden kommen. Die Auszahlungs(bi-)matrix sieht daher wie folgt aus:

		Fahrer II	
		rechts	links
Fahrer I	rechts	0, 0	-500, -500
	links	-500, -500	0, 0

Die durchschnittliche Unfallwahrscheinlichkeit beträgt somit allgemein $2 \cdot \pi (1 - \pi)$. Ist z.B. $\pi = 0{,}6$, dann ist die durchschnittliche Schadeneintrittswahrscheinlichkeit 0.48 und die erwarteten Schadenskosten je Autofahrer liegen bei DM 240,- pro Zusammentreffen zweier Autos. Die Norm „Alle Autofahrer dürfen nur auf der rechten (linken) Straßenseite fahren" senkt die „Transaktionskosten", die hier pekuniäre Schadenskosten sind, auf (nahezu) Null.

Erst wenn Normen ineffektiv, also (normalerweise) nicht mehr befolgt werden, verlieren sie ihre verhaltensleitende Funktion. In einer Phase der Erosion der Befolgung einer Norm bzw. in einem normlosen Zustand, herrscht erheblich größere Offenheit und Variationsbreite des Handelns der Mitmenschen. Aufgrund dieser Überlegungen läßt sich folgende These formulieren:

These: Institutionen reduzieren Unsicherheit und „Transaktionskosten", da sie eine verhaltenslenkende Funktion besitzen, solange sie effektiv sind. Bislang nicht vorhandene Unsicherheiten entstehen lediglich dann, wenn Institutionen ineffektiv werden und ihre verhaltenssteuernde Funktion verlieren.

Anders ausgedrückt: Normen schaffen *Ordnungssicherheit* - wie WEISE (in diesem Band) es nennt -, sofern sie effektiv sind.

Natürlich drängt sich sofort die Frage nach dem empirischen Gehalt dieser Thesen auf und die Vermutung liegt nahe, es handle sich dabei um bloße Tautologien. Denn nur, wenn Normen befolgt werden, wirken sie verhaltenslenkend. Sie sind effektiv, wenn sie befolgt werden. Also impliziert die Effektivität einer Norm, daß sie eine verhaltenslenkende Funktion besitzt. Da im folgenden die im Titel genannte Problemstellung inhaltlich über diese Problematik hinausgehend gedeutet wird, erübrigt sich an dieser Stelle eine ausführliche Diskussion dieser Frage. Wichtig ist allerdings, daß in dieser These nichts über die Ursachen ausgesagt wird, warum Normen befolgt werden und insbesondere nichts über die Bedingungen, unter denen Normen erodieren und aufhören, effektiv zu sein.

Jede effektive Norm bzw. jedes effektive Normensystem reduziert somit Unsicherheit und „Transaktionskosten". Allerdings haben viele Institutionen *inhaltlich* ansonsten wenig mit Unsicherheit zu tun. Man denke nur an einfache Koordinationsnormen, wie die vorhin erwähnten Straßenverkehrsregeln. Das Gebot, wonach rechts zu fahren ist, eliminiert bei Befolgung jede Unsicherheit über das Verhalten anderer.

Die meisten Normen bzw. Institutionen dagegen haben, direkt oder indirekt, die Bewältigung von Unsicherheiten zum Inhalt, ohne die zugrundeliegenden Risiken vollständig zu beseitigen. Sie sollen *Risikoallokationsnormen* genannt werden. Das ist unmittelbar einsichtig für das gesamte staatliche und private Versicherungswesen: Seine Existenz resultiert aus dem Bedürfnis nach Sicherheit. Die Individuen sind bereit dafür zu bezahlen, daß ihnen bestimmte Risiken teilweise oder vollständig abgenommen werden. Geld, Wertpapiere, Banken und viele andere Institutionen verdanken ihre Existenz ebenfalls der Unsicherheit, obwohl das keineswegs so offenkundig ist, wie das bei Versicherungen der Fall ist. Ähnliches gilt für *Aufteilungsregeln*, wie sie etwa das Familienrecht, z.B. im Falle einer Ehescheidung, vorsieht. Ein Beispiel ist die Regel, daß der während der Ehe erworbene Zugewinn zu gleichen Teilen den Ehegatten zufallen soll - sofern keine andere Regelung vertraglich vereinbart wurde.

Alle diese Institutionen haben direkt oder indirekt mit der Allokation von Risiken zu tun: Mit der Verschiebung bzw. Übernahme, der Zerlegung bzw. Konzentration, der Vermeidung bzw. Übernahme von Risiken usw.

3. Marktmäßige Allokation von Risiken

Um die Rolle und Bedeutung von Institutionen zur Allokation von Unsicherheit besser verstehen zu können, empfiehlt es sich, einen Umweg zu gehen und sich zunächst die Bedingungen vor Augen zu führen, die derartige Institutionen erforderlich machen bzw. die für ihr Ent- und Fortbestehen ursächlich sind. Es ist zweckmäßig, im Anschluß an BUCHANAN zunächst Handeln innerhalb von Institutionen und Handeln zur Bestimmung und Festlegung von Institutionen zu unterscheiden.

Weite Bereiche der ökonomischen Theorie stellen die Analyse der Interaktion von Wirtschaftssubjekten *innerhalb eines gegebenen Institutionsrahmens* dar. Dieser besteht im *einfachsten Fall* der allgemeinen Gleichgewichtstheorie aus

- *Privateigentum*, das die Aneignung und Nutzung der Güter regelt;
- *Vertragsfreiheit*, die das Recht zur individuellen Ausgestaltung des Umfanges und Inhaltes der Übertragung von Rechten an Gütern normiert;
- einem vollständigen System von *Wettbewerbsmärkten*, auf denen sich jeweils eine Vielzahl von Anbietern und Nachfragern von Gütern treffen;
- einem *Auktionator*, der die individuellen Mengenplanungen derart in Übereinstimmung bringt, daß sich Angebots- und Nachfragepläne für alle Güter ausgleichen.

Zu dieser Minimalmenge an institutionellen Voraussetzungen kommen Annahmen über die Präferenzen (insbesondere deren interne Konsistenz) darüber, daß die Wirtschaftssubjekte bezüglich der Qualität der Güter und deren Preise vollständig informiert sind und über das Entscheidungsverhalten der Individuen (Rational- und Mengenanpasserverhalten); ferner die Annahmen, daß alle Güter privat aneigenbar und Nichteigentümer von der Nutzung ausschließbar sind (wodurch externe Effekte und öffentliche Güter ausgeschaltet werden), und daß die Normen effektiv sind (was letztendlich u.a. Kontraktsicherheit impliziert). Unter diesen Voraussetzungen existiert ein allgemeines Wettbewerbsgleichgewicht, d.h. ein System von Preisen für sämtliche Güter, bei dem die dezentral getroffenen Angebots- und Nachfrageentscheidungen kompatibel sind. Ein solches allgemeines Wettbewerbsgleichgewicht ist darüber hinaus optimal im Sinne von PARETO (man spricht auch von Pareto-Effizienz), d.h. es existiert keine Allokation, die ein Wirtschaftssubjekt besserstellen könnte, ohne ein anderes schlechterstellen zu müssen.

Die Allokation eines allgemeinen Wettbewerbsgleichgewichts läßt sich aber auch unter *anderen* institutionellen Voraussetzungen erreichen. So könnte sie etwa durch einen universell informierten Planer errechnet und durchgesetzt werden. In diesem Falle würden den Individuen die Entscheidungsbefugnisse zu eigener Planung entzogen: Vertragsfreiheit und Märkte würden durch die Entscheidungen des Planes ersetzt.

Durch wen und wie die Einhaltung der Rechtsnormen gesichert wird, wird in dargelegtem Modell nicht thematisiert. Das ist keinesfalls ein Makel, weil die Theorie die grundsätzliche Möglichkeit der Existenz eines allgemeinen Gleichgewichts und dessen Optimalitätseigenschaften nachzuweisen zum Ziel hat.

Zur *Erklärung* von Institutionen kann das Modell konsequenterweise nichts beitragen, weil es von vornherein nicht für diese Problematik entwickelt wurde. Das gilt auch dann, wenn Risiken in die Analyse integriert werden. Der „Trick" besteht einfach darin, „Güter" nicht bloß durch Zeit und Ort ihrer Verfügbarkeit sowie hinsichtlich ihrer Qualität zu unterscheiden, sondern auch vom jeweiligen kontingenten Zustand der Umwelt, der sich in Zukunft mit einer bestimmten Wahrscheinlichkeit einstellen kann. Der Kauf einer Tüte Softvanilleeis einer bestimmten Marke bei 28° Celsius für den 18. Juli 2005 um 16 Uhr am Bahnhof in Hannover, heute getätigt (am 31. Oktober 1998), verlangt nur dann die Lieferung, wenn die Außentemperatur tatsächlich 28° Celsius beträgt. Ansonsten verfällt der Kontrakt.

Zusammen mit den Annahmen fehlender Transaktionskosten und der Existenz vollkommener Wettbewerbsmärkte für jedes der so definierten Güter, konnten die Existenz- und Optimalitätsaussagen für Marktgleichgewichte auch auf den Fall der Unsicherheit übertragen werden, ohne an der Grundstruktur des Modells bei Sicherheit etwas ändern zu müssen.

Warum aber entwickeln sich in der Realität nur für sehr wenige Güter kontingente Zukunftsmärkte? Einer der Hauptgründe dafür sind weitreichende *Informationsasymmetrien*, d.h. die Individuen verfügen über verschiedene und ungleiche Informationen. In diesem Sinne können bestimmte relevante Eigenschaften von Individuen oder Gütern sowie bestimmte Handlungen zum Zeitpunkt des Vertragsabschlusses oder danach nur einem Individuum bekannt sein. Da andere die Eigenschaften oder Handlungen nicht oder nur zu hohen Kosten feststellen könnten, kommen Verträge unter diesen Umständen nicht zustande, d.h. Märkte werden nicht aktiv bzw. sind dann nicht existent. Wird Ihnen auf einem Trödelmarkt eine neue Uhr der Marke „Rolex" zu einem hohen, aber extrem günstigen Preis angeboten, dann werden Sie dennoch das Angebot in aller Regel ausschlagen, weil Sie nicht feststellen können, ob die Uhr nicht ein Falsifikat ist.

Ähnliches gilt, wenn Sie fürchten, daß der Softeisladen am hannoverschen Bahnhof im Jahr 2005 gar nicht mehr existieren könnte und Sie nicht wüßten, bei wem Sie Ihre Forderung auf eine Tüte Eis geltend machen können. In diesem Fall könnte sogar *Unwissenheit* von Individuen für das Fehlen von Märkten verantwortlich sein. Sofern es Individuen nicht möglich ist, künftige Ereignisse zu prognostizieren, werden sie keine Verträge abschließen, die vom Eintritt dieser Ereignisse abhängen. In der Realität ist dies häufig auch der Fall, wenn man sich z.B. bezüglich der eigenen Präferenzen, die man in zehn Jahren haben wird, im Ungewissen befindet.

Die theoretische Analyse von allgemeinen Gleichgewichten mit unvollständiger Marktstruktur hat zur Konsequenz, daß sich die Individuen gegen vorhandene Risiken nicht ausreichend absichern können. Folglich sind die resultierenden Marktgleichgewichte ineffizient. Sie sind in der Regel sogar eingeschränkt ineffizient, wenn man das Konzept der Pareto-Optimalität auf die vorhandene Informationsverteilung einschränkt, d.h. kein Akteur kann bei der Findung paretobesserer Zustände über anderes Wissen verfügen, als er a priori besitzt.

Die fehlende Marktstruktur wird hierbei vorausgesetzt und in der Regel *nicht* endogen begründet, weil die Totalanalyse angesichts der Komplexität der Modelle ansonsten nicht mehr möglich wäre bzw. keine Ergebnisse liefern würde. Die konkreten Effekte vorhandener Informationsasymmetrien lassen sich fast nur partialanalytisch erfassen. Das allerdings hat zur Konsequenz, daß sich die Wirkungen von Risikoallokationen nur unzureichend analysieren lassen. Wir werden diesen Punkt noch später aufgreifen.

Die neuere Literatur zu diesem Themenbereich hat zahlreiche Partialmodelle zur Analyse derartiger Informationsprobleme entwickelt, die unter anderem auch die Bedeutung und Notwendigkeit von Institutionen zur Absicherung von Verträgen deutlich machen. Im Prototyp des Prinzipal-Agenten Modells (siehe hierzu den Beitrag von WEIZSÄCKER im Band „Zeit in der Ökonomik") geht es beispielsweise um die Gestaltung eines Vertrages, in dem sich der „Agent" (z.B. ein Rechtsanwalt) zur Erbringung einer Leistung an den „Prinzipal" (z.B. einen Rechtssuchenden) verpflichtet. Der Erfolg (z.B. der Prozeßausgang) hängt von äußeren Umweltbedingungen (Richter, Qualität des gegnerischen Anwalts etc.) sowie von der, vom Prinzipal nicht feststellbaren, Anstrengung des Agenten ab. Der Prinzipal kann, angesichts ihrer Nichtbeobachtbarkeit, den Agenten nicht für dessen Anstrengungen entlohnen, sondern kann bestenfalls indirekt, über eine Erfolgsbeteiligung, einen Anreiz für hohe Anstrengungen des Agenten schaffen.

Bei Analysen dieser Art wird trotz der Informationsasymmetrien immerhin noch unterstellt, daß vor allem die möglichen Anstrengungsniveaus des Agenten bekannt und die Wahrscheinlichkeiten für das Eintreten bestimmter Umweltbedingungen gemeinsames öffentliches Wissen der Beteiligten ist. Dieses Wissen determiniert zwar nicht das Ergebnis für den Prinzipal und den Agenten. Der Prinzipal vermag aber immerhin die Entlohnung des Agenten so zu gestalten, daß dieser zu dem für den Prinzipal optimalen Anstrengungsniveau angetrieben wird, weil er die Produktionsbedingungen des Agenten hinreichend gut kennt.

Diese Voraussetzungen an den Kenntnisstand der Wirtschaftssubjekte sind in der Realität keineswegs immer erfüllt. Das gilt nicht nur - wie hier beispielhaft illustriert - für Situationen, die vom Typ des Prinzipal-Agenten-Problems sind, sondern für die meisten realen Situationen, die durch Informationsasymmetrien gekennzeichnet sind. Die in diesem Abschnitt beschriebene institutionelle Minimalmenge reicht nicht aus, um eine vollständige Risikostreuung über Märkte zu ermöglichen. Es ist unwahrscheinlich, wenn nicht unmöglich, institutionelle Ergänzungen zu entwerfen, durch die dieser Mangel vollständig überwunden werden könnte. Die Gründe für diese Vermutung sind zweifacher Natur:

These: Individuen können bestenfalls *beschränkt rational* handeln.

These: Deshalb können auch verhaltenslenkende und risikoalloziierende Institutionen in der Regel nur unvollständig sein.

Diese beiden Thesen für das weitere Verständnis von Institutionen sollen im folgenden Abschnitt ausführlicher erörtert werden.

4. Institutionen in einer unsicheren Welt

Um zu verstehen, warum Institutionen zur Risikoallokation selbst auch neue Unsicherheiten verursachen können, ist es notwendig, den analytischen Hintergrund noch etwas genauer auszuleuchten.

In einer Welt asymmetrischer Informationen muß man zunächst fragen, ob es praktisch möglich und wirtschaftlich wünschenswert sein kann, personenspezifische Informationen auch anderen zugänglich zu machen. Das mag in Einzelfällen - und die Signalling- und Screening-Modelle zeigen dies - durchaus möglich und zweckmäßig sein. Generell muß jeder Versuch, große Informationsmengen zu „erwerben", an mindestens einem der folgenden vier Gründe scheitern:

- Erstens sind die Kosten der Informationsgewinnung enorm hoch;
- zweitens müssen Informationen, um nützlich zu sein, auch verarbeitet werden;
- drittens kennen wir nicht alle Implikationen unseres Wissens und schließlich sind
- viertens die übertragenen Informationssignale in der Regel mehrdeutig.

Die drei letzten Behauptungen lassen sich leicht illustrieren. In Bibliotheken sind enorme Informationsmengen vorhanden, das bedeutet jedoch nicht, daß wir in unseren Entscheidungen dieses Wissen auch *zur Verfügung* hätten. Das vorhandene Wissen muß verarbeitet werden, ehe es individuell nutzbar wird. Das bedeutet aber nicht, daß wir deshalb auch schon alle Konsequenzen aus dem verfügbaren Wissen kennen. Obwohl z.B. Schach von durchaus begrenzter Komplexität (deterministisch, endliche Zugmöglichkeiten etc.) ist, ist bislang noch keine sichere Gewinnstrategie bekannt. Selbst klar formulierte und wissenschaftlich präzise Analysen werden von verschiedenen

Theoretikern unterschiedlich gedeutet oder weisen Unklarheiten bzw. Mehrdeutigkeiten auf.

Aus diesen Überlegungen folgt, daß Individuen sich nur beschränkt rational verhalten können. Den meisten Entscheidungen haftet somit ein Element *irreduzierbarer Unsicherheit* an.

Wenn dem aber so ist, kann nicht erwartet werden, daß die Entscheidungen über die Ausgestaltung von Institutionen frei von diesem „Mangel" sein könnten. (Sieht man einmal von zusätzlichen theoretischen Problemen ab, die aus der Analyse von Kollektiventscheidungen unter Sicherheit bekannt sind.) Weil man z.B. nicht alle Konsequenzen der Interaktionen von Individuen unter alternativen institutionellen Regelungen absehen kann, können wir auch nicht sagen, welche Institutionen als „optimal" gelten könnten. Dies ist selbst dann richtig, wenn wir Einmütigkeit über die Optimalitätskriterien unterstellen. Die einschlägige *mechanism design* Literatur macht deutlich, daß selbst aus relativ einfachen Ausgangssituationen komplizierte Spiele mit indeterminierten Gleichgewichten resultieren (RADNER 1996). Bei der Wahl von Institutionen bleibt unbestimmt, welche Konsequenzen sich aus bestimmten Regeln ergeben werden, weil man nicht wissen kann, welche Gleichgewichte sich einstellen werden. Die Akteure können demzufolge nicht ihre optimalen Gleichgewichtsstrategien unter den vorgegebenen Regeln bestimmen, weil sie nicht wissen können, welche Strategie die optimale Antwort auf die Strategien der anderen Spieler ist. Man kann nicht davon ausgehen, daß die Spieler ihre Nash-Strategien berechnen können, wenn nicht einmal die Regeldesigner imstande sind, die Gleichgewichte zu bestimmen. Somit können auch die Konsequenzen der Regeln nicht abgeschätzt werden. Ist dies aber der Fall, dann kann auch nur wenig über die Qualität von Institutionen zur Strukturierung komplexer Interaktionen ausgesagt werden. Aus denselben Gründen können Institutionen keine detaillierten Regelungen für alle möglichen interindividuellen Konfliktsituationen vorsehen: Selbst das ausgeklügeltst, detailliertest und raffiniertest gestaltete Regelwerk bleibt inhaltlich *unvermeidlich unvollständig*. Jede Norm kann daher nur Regelungen für typisierte Sachverhalte enthalten.

Angesichts dieser Unvollständigkeit und der irreduzierbaren Informationsasymmetrien macht es weder Sinn, noch wäre es möglich, sämtliche individuellen Handlungen auf ihre Konformität mit den vorhandenen Regeln hin zu kontrollieren. Vielmehr wird man Kompetenzen auf Einzelpersonen oder Gruppen übertragen und für sie entsprechende Anreize institutionalisieren, die sie zu einem gesellschaftlich wünschenswerten Handeln anhalten. Die Delegation von Kompetenzen hat neben der Konkretisierung der Regeln für den Einzelfall auch und vor allem die Funktion, sich auftuende Lücken und Unklarheiten von institutionellen Regelungen, durch diskretionäre Entscheidungen zu schließen oder zu beseitigen. In diesem Sinne schließen Gerichtsurteile Gesetzeslücken, interpretieren, konkretisieren und ergänzen sie die gesetzte Rechtsordnung. In diesem Sinne ist dem Vorstand einer Aktiengesellschaft die Aufgabe übertragen, die typisierten Unternehmensziele zu konkretisieren und im Unternehmen handlungswirksam umzusetzen. In diesem Sinne schließlich ist es Aufgabe von Regierungen, Interessengruppen etc. abstrakte, typisierte Regeln und Ziele zu ergänzen, zu konkretisieren und „einzelfallgerecht" zu entscheiden und deren Durchsetzung zu erwirken.

Weil es bei diesen Aktivitäten um eine Mischung oftmals kreativer, aus Regeldeutung, Entscheidungsbereitschaft und Umsetzungsanstrengungen geht, hat man sie sehr häufig als „Künste" bezeichnet. So charakterisierte der römische Jurist ULPIANUS, im dritten Jahrhundert nach Christi, „ius est ars boni et aequi" (d.h. „Recht ist die Kunst des Guten und Gerechten") und man spricht immer noch von der Kunst der Unternehmens- oder Staatsführung.

Weil Institutionen unvollständig und die Übertragung von Kompetenzen an ausführende Organe (Manager, Richter, Beamte, Politiker etc.) unumgänglich sind, verbleiben stets *Restrisiken*. Weil die Rechtsordnung die Handlungen der Ausführungsorgane nicht vollständig zu determinieren vermag, verbleiben diese Handlungsspielräume, die sie nach freiem Ermessen ausfüllen können. Folglich sind mit allen institutionellen Arrangements notwendigerweise Restrisiken verbunden, die im Einzelfall ganz erheblich sein können.

Man kann also festhalten:

Institutionen sowie die institutionell vorgesehenen und mit entsprechenden Kompetenzen ausgestatteten Organe bilden eine untrennbare, sich wechselseitig bedingende Einheit. Allen institutionellen Arrangements haften irreduzierbare Risiken an.

5. Märkte und Institutionen

Fügt man die Überlegungen aus den beiden vorangegangenen Abschnitten 3 und 4 zusammen, so gelangt man zu interessanten Thesen. In einer Welt asymmetrischer Informationen mit unvollständigen Marktstrukturen müssen neben der erwähnten Minimalmenge an Institutionen noch weitere Institutionen existieren, damit Tauschgeschäfte überhaupt durchgeführt werden können.

Das läßt sich am Beispiel von Warentermingeschäften leicht illustrieren. Bei einem Warentermingeschäft werden standardisierte Güter, wie z.B. Rohöl einer bestimmten Qualität, heute auf Terminmärkten zu festen Konditionen gekauft bzw. verkauft. Die Lieferung bzw. die Abnahme des Gutes erfolgt dann zum vereinbarten zukünftigen Termin. Ein Erdölproduzent, der in naher Zukunft eine bestimmte Menge an Rohöl verkaufen möchte, kann sich durch den Verkauf auf Termin ganz oder teilweise gegen das Risiko eines Preisverfalls auf dem künftigen Kassamarkt (auf dem Zug um Zug Geschäfte getätigt werden) absichern. Er kann aber auch auf Termin spekulative Geschäfte eingehen, und das selbst dann, wenn er risikoscheu ist. Gesetzt den Fall, der heutige Terminmarktpreis wäre relativ niedrig. Der Ölproduzent erwartet dagegen wesentlich höhere Preise auf dem künftigen Kassamarkt. Ist er sich seiner Sache entsprechend sicher, dann wird er auf dem Terminmarkt nicht als Verkäufer, sondern als Käufer auftreten. In Erwartung eines hohen zukünftigen Kassapreises kauft er billiges Rohöl auf Termin hinzu, um es, zusammen mit der von ihm selbst produzierten Menge, bei Lieferung sogleich auf dem Kassamarkt gewinnbringend zu verkaufen. Trifft die Erwartung jedoch nicht zu, und der Kassapreis sackt tief unter den Terminmarktpreis ab, dann kann er unter Umständen erhebliche Verluste erleiden, die sein Unternehmen sogar in den Konkurs treiben können. In einem solchen Fall könnte ein anderes Unternehmen, das ihm auf Termin Rohöl verkaufte, ebenfalls in Zahlungsschwierigkeiten kommen, weil der vereinbarte Kauf platzt.

Würden Unternehmen befürchten, daß Terminkontrakte häufig gebrochen werden, dann würde die mögliche Absicherung ihrer Geschäfte gegen Preisrisiken oft erfolglos sein, und sie würden auf derartige Geschäfte ganz verzichten. Es würde kein Terminhandel stattfinden; mit anderen Worten, ein Terminmarkt wäre nicht existent. Natürlich könnten Unternehmen eine Fülle von Nebenabreden und geeignete Bonitätsprüfungen jeweils individuell vereinbaren. Dies ist jedoch im allgemeinen sehr kostspielig und setzt wiederum Kontrollmöglichkeiten voraus, die bei asymmetrischen Informationen nur unter Mitwirkung des kontrollierten Unternehmens erfolgreich sein können und nicht notwendigerweise täuschungsfrei sein werden.

Entsprechende institutionelle Vorkehrungen können bestimmte Terminmärkte aktivieren, in dem sie gleichzeitig die „Transaktionskosten" senken. Für Termingeschäfte wird eine sogenannte *Einschußpflicht* gefordert. Die Akteure haben in Höhe eines bestimmten Prozentsatzes des Geschäftswertes eine Sicherung zu leisten, die im Falle dramatischer Veränderung durch einen „Nachschuß" noch erhöht werden muß. Dadurch werden mögliche Verluste, wenn nicht eliminiert, so doch erheblich beschränkt und ein Anreiz geschaffen, auf diesen Märkten zu handeln.

Allerdings haben sich derartige Terminmärkte in der Realität nur für wenige, standardisierte Produkte herausgebildet. Allgemeine und einfach vollziehbare Regeln für nichtstandardisierte Produkte lassen sich eben kaum aufstellen und durchsetzen. In solchen Fällen wird dann häufig nur auf Kassamärkten Zug um Zug gehandelt, weil die Käufer die Warenqualität in Augenschein nehmen wollen. Lediglich in bilateralen Vertrauensbeziehungen kann es zu Lieferungsabsprachen auf Termin kommen.

Die Qualität vieler Güter läßt sich jedoch nicht einfach durch Prüfung *(Prüfgüter)* feststellen. Deren Qualität enthüllt sich erst im Gebrauch. Diese Güter bezeichnet man im Anschluß an NELSON (1970) als *Erfahrungsgüter*. Viele derartige Güter würden nicht gehandelt, wenn es nicht auf diese Güter jeweils speziell zugeschnittene, institutionelle Rahmenbedingungen gäbe. Man denke etwa an Arzneimittel. Ehe bestimmte Medikamente auf den Markt gebracht werden können, müssen entsprechende, zumeist staatlich kontrollierte Tests durchgeführt werden. Die meisten Verbraucher wären auch außerstande, ohne Hilfe von Experten die Qualität der Produkte zu beurteilen - ein typisches Problem von Informationsasymmetrien. Ohne staatliche Regulierung könnten z.B. Kranken erhebliche Schäden zugefügt werden. Die Regulierungsvorschriften und -maßnahmen dienen dem Schutz dieser Personen. Ähnliche Regulierungen gibt es im Bereich der Banken, Versicherungen etc.

Der entscheidende Punkt dieser Überlegungen ist: Ohne entsprechende Regulierungen und flankierende personelle Eingriffe würden für viele Güter kaum Märkte existieren. Der Wunsch nach Abbau oder Beseitigung derartiger Regulierungen kann die Risikoallokation entscheidend verändern.

Daher ist es stets angezeigt zu fragen, welche Risiken es gibt, wie sie alloziiert werden und vor allem, wer die Restrisiken letztendlich zu tragen hat.

Das Fehlen einer umfassenden Theorie des allgemeinen Gleichgewichts für asymmetrische Informationen erschwert die letztgenannte Beurteilung und macht sie praktisch häufig unmöglich. Man muß sich mit Plausibilitätsüberlegungen begnügen. Die meisten Aussagen zur Risikoallokation stammen aus Gleichgewichtsmodellen mit unvollständiger Marktstruktur, die die Problematik asymmetrischer Informationen und die dadurch notwendigen institutionellen Rahmenbedingungen nicht explizit modellieren. Aus diesen Modellen lassen sich jedoch wesentliche Aussagen ableiten, die Anhaltspunkte liefern, welche Ergebnisse für komplexere Welten erwartet werden könnten. Einige wichtige Ergebnisse hierzu lauten:

− Geht man von einer unvollständigen Marktstruktur aus, dann bringt die Hinzufügung von neuen Gütern und von Märkten für diese Güter häufig auch eine Pareto-verbesserte Allokation (d.h. alle Individuen stellen sich *ceteris paribus* nutzenmäßig besser). Das gilt allerdings nicht generell. Die Eröffnung zusätzlicher Märkte kann sogar zu *Pareto-Verschlechterungen* führen (HART 1975).
− Zusätzliche oder genauere Informationen können zu *Pareto-inferioren* allgemeinen Wettbewerbsgleichgewichten führen (SCHLEE 1998).

– Beeinflussen die Wirtschaftssubjekte mit ihren Entscheidungen die wirtschaftlichen Zustände und die Wahrscheinlichkeiten, mit denen diese Zustände eintreten (endogene Unsicherheit), dann sind die sich ergebenden Marktstrukturen *immer* unvollständig. Der Versuch einer Vervollständigung der Märkte, z.B. durch Einführung zusätzlicher Wertpapiere, vermag daran nichts zu ändern (CHICHILNISKY 1996).

Diese Ergebnisse illustrieren und verdeutlichen, daß die Einführung zusätzlicher Märkte oder eine Verbesserung der Informationen, entgegen unseren Erwartungen, alle Wirtschaftssubjekte einer Gesellschaft schlechterstellen können. Wenn dies tatsächlich der Fall sein sollte, dann müßten institutionelle Regelungen getroffen werden, die derartige Verschlechterungen verhindern. Allerdings dürfte es nach dem Gesagten nicht einfach sein, solche Regelungen zu finden.

6. Illustrationen

Die in den vorangehenden Abschnitten entwickelten Konzepte sind recht allgemeiner Natur. Daher ist es nötig, sie zu konkretisieren und ihre Nützlichkeit zu illustrieren. Dies soll anhand einiger Beispiele geschehen.

6.1. Beispiel 1: Gesellschaftsformen zur Risikostreuung

Mit zunehmender Ausbreitung des Überseehandels seit dem vierzehnten Jahrhundert bestand großes Interesse an der Streuung der mit dem Transport verbundenen Risiken. Allzu häufig erreichten die Schiffe samt Besatzung und Ladung ihre Zielhäfen nicht. Kam die Ladung dagegen an, dann machte sie die Händler und Reedereien reich. Die Angst der Einzelnen vor dem Risiko, ein großes Vermögen zu verlieren - bei geringer Chance, ein sehr großes Vermögen hinzuzugewinnen - führte zur Gründung von Konsortien, zu gemeinsamen Handelsanstrengungen, vor allem in Venedig und Antwerpen. Formell wurde die wohl erste Aktiengesellschaft, die Ostindische Handelskompanie, zu Anfang des 17. Jahrhunderts gegründet. Im 19. Jahrhundert kreierten Juristen die Gesellschaft mit beschränkter Haftung.

Welche wirtschaftlichen Effekte sind mit diesen gesellschaftsrechtlichen Formen verbunden? Die Erklärung der auf der Erwartungsnutzenhypothese basierenden Standardtheorie läßt sich verbal etwa wie folgt zusammenfassen. Ist die Wahrscheinlichkeit eines erheblichen Vermögensverlustes groß, dann werden risikoscheue Individuen ihre Vermögen in sichere Anlagen und

Unternehmungen investieren und von sehr risikoreichen Aktivitäten Abstand nehmen. Gesamtwirtschaftlich gesehen würden risikoreiche Aktivitäten, trotz der enorm hohen Gewinnaussichten im Erfolgsfalle, so gut wie nicht durchgeführt. Die durch die Rechtsordnung geschaffenen und abgesicherten Instrumente zur Risikostreuung ermöglichen, bei verkleinertem Kapitaleinsatz für das einzelne Projekt, die Verringerung der Risiken von Verlusten im Mißerfolgsfalle bzw. der Gewinne im Erfolgsfalle. Wegen der durch die AG ermöglichten Verkleinerung des Kapitaleinsatzes pro Projekt kann ein Individuum sich mit seinem Vermögen an mehreren gleichartigen Projekten beteiligen. Sind verschiedene gleichartige Projekte untereinander stochastisch unabhängig, dann verringert sich für den einzelnen Investor bei gleichem Kapitaleinsatz und unverändertem erwarteten Gewinn das Vermögensrisiko. Risikoscheue Wirtschaftssubjekte sind unter diesen Umständen eher bereit, ihr Vermögen zu riskieren. Gesamtwirtschaftlich werden deshalb insgesamt mehr riskante Projekte in Angriff genommen. Die durch die Institution der AG geschaffene Möglichkeit einer besseren Risikostreuung für den Einzelnen, verbessert die mit den Projekten einhergehende Güterversorgung der Gesellschaft.

Auf diese Weise ließen sich in der Vergangenheit viele gesellschaftlich nützliche Projekte realisieren, auch ohne staatliche Mitwirkung. Die Möglichkeit, riesige Summen zur Realisierung von Großprojekten über Aktienemission zu erhalten, kann aber zum Entstehen neuer Risiken beitragen. Dies ist der Fall, wenn bei ihrer Durchführung die Projekte mit weitreichenden Gefahren für Leben und Gut in der Umgebung verbunden sind. Man denke nur an Atomkraftwerke zur Stromerzeugung oder an die Fabrikation gefährlicher Chemikalien.

Die betreffenden Unternehmen können dabei Dritten Schäden zufügen, deren Höhe das Vermögen der AG bei weitem übersteigt. Ein Teil der Forderungen nach Schadenausgleich muß folglich ins Leere gehen: die Unternehmen sind *vollstreckungsresistent*. Ökonomisch gesehen werden durch diese Unternehmungen im Schadensfalle Kosten externalisiert, für die keine oder eine nur unzureichende Kompensation gewährt wird: es wird ein klassischer externer Effekt produziert. Da die Kosten eines Super GAU praktisch kaum abschätzbar sind, sind die Möglichkeiten der Versicherbarkeit und Streuung der Risiken für solche Fälle erheblich eingeschränkt, wenn nicht unmöglich. Folglich entstehen Dritten Risiken, gegen die es kaum Absicherungen gibt. Dies hat zur Konsequenz, daß Dritten Risikoübernahmen aufgezwungen werden, ohne daraus irgendwelche direkten Vorteile zu haben.

Fazit: Für die Betroffenen entstehen Risiken, die sich in aller Regel nicht weiter versichern lassen. Somit gibt es nicht nur ein Problem der Schaffung neuer Risiken, sondern auch eines der Risikoallokation bzw. *Risikoverteilung*. Gewiß lassen sich durch Sicherheitsauflagen und -kontrollen die genannten Risiken mindern, aber keineswegs gänzlich beseitigen.

6.2. Beispiel 2: Derivate und neue Finanzinstrumente

In den letzten Jahren wurde eine große Zahl neuer Finanzinstrumente geschaffen, die selbst keinen direkten „realen" oder „dinglichen" Bezug haben, sondern einen lediglich indirekten bzw. aus dinglichen Geschäften abgeleiteten (daher Derivate; siehe den Beitrag von RUDOLPH im Band „Die Dynamik des Geldes"). Ein Beispiel dafür sind Aktienoptionen. Der Käufer einer derartigen (europäischen) Option erwirbt ein einseitiges Gestaltungsrecht zu vorab festgelegten Bedingungen. Er erwirbt z.B. heute das Recht (am 1.6. eines Jahres) an einem bestimmten, in der Zukunft liegenden Tag (am 31.8. desselben Jahres), eine bestimmte Aktie zu einem festgelegten Preis vom Verkäufer der Option (dem „Halter") zu kaufen (sogenannte Call-Option). Der Preis, den er für dieses Recht heute zu zahlen hat, ist der Optionspreis. Der Käufer hat am Verfallstag der Option (dem 31.8.) das Recht, die Option auszuüben, d.h., die Aktien zu kaufen oder das Recht, nicht auszuüben. Bei Verfall entspricht sein Verlust dem Optionspreis. Er wird sein Recht ausüben, wenn der Kurs der Aktie am Verfallstag der Option über dem in der Option vereinbarten Kaufpreis für die Aktie *plus* Optionspreis liegt: Die erworbene Aktie kann dann sofort auf der Börse zum höheren Kurs gewinnbringend veräußert werden. Der Reiz für Spekulanten an diesem Geschäft liegt in seiner Hebelwirkung: Der Käufer der Option erwirbt gegen relativ geringen Einsatz die Chance auf hohe Gewinne, aber auch ein hohes Verlustrisiko bei spekulativem Einsatz.

Die Beurteilung der Derivate in der einschlägigen Theorie ist durchaus gemischt. Zum einen vervollständigen die neuen Finanzmarktinstrumente (zu denen auch sogenannte exotische Optionen gehören, die relativ weit entfernt von realen Geschäften sind) die Marktstruktur und können dadurch zu einer besseren Risikoallokation und zu einer höheren Effizienz in der Wirtschaft beitragen. Kritiker befürchten dagegen eine Risikozunahme, die vor allem negative Auswirkungen für die Produktionsentscheidungen der Unternehmen und damit auch für die wirtschaftliche Stabilität eines Landes haben kann. Weil viele der neuen Finanzmarktinstrumente fern von realen Vorgängen seien, würden sie vor allem von Spekulanten und Hasardeuren genutzt. Deren Interesse an kurzfristigen Gewinnchancen würde nicht nur starke Kursschwankungen bei den Exoten hervorrufen, sondern - über entsprechende Arbitragegeschäfte - auch die produktnahen Finanzmärkte (z.B. Devisen- und Warenterminmärkte) destabilisieren.

Risikoscheue Unternehmen würden auf die gestiegenen Risiken mit Produktions- und Investitionseinschränkungen reagieren, was wiederum die gesamtwirtschaftliche Entwicklung konjunkturell erheblich beeinflußt. Im Lichte der jüngsten Finanzkrisen im asiatischen Raum fordern Finanzmarktexperten strenge Regulierungsauflagen für derartige Geschäfte.

Fazit: Die neuen Finanzierungsinstrumente bieten die Chance von Effizienzsteigerungen über die Möglichkeit, die individuelle Risikoallokation zu verbessern. Allerdings können sie auch zur Destabilisierung der Finanzmärkte beitragen und zu gesamtwirtschaftlichen Krisen führen. Durch derartige „Fernwirkungen" entstehen Risiken für breitere Bevölkerungsschichten, ohne für diese negativen externen Effekte entsprechende Kompensationen zu erhalten.

6.3. Beispiel 3: Die Volkswagen-Betriebsvereinbarung

Der Volkswagenkonzern in Wolfsburg hat in den letzten Jahren eine neue Unternehmenskonzeption erarbeitet, vor deren Hintergrund mit den Arbeitnehmern auch eine neue Betriebsvereinbarung geschlossen wurde. Es ist hier nicht der Ort, auf sämtliche Details dieses Vereinbarungspaketes (das unter anderem den Arbeitern langfristig die Option einräumt, 10% des Aktienvermögens zu erwerben) einzugehen. Vielmehr soll ein Punkt dieser Vereinbarung isoliert und zur Illustration der Problemstellung dieses Beitrages herausgegriffen werden.

Die neue Philosophie sieht, zur Stärkung der internationalen Wettbewerbsfähigkeit von VW, ein *kundenorientiert atmendes Unternehmen* vor. Das Unternehmen soll sich flexibel an die aktuellen und künftigen Kundenwünsche und an die jeweilige herrschende Marktlage anpassen. Hierzu sollte auch eine Flexibilisierung der Arbeit erreicht werden. Die Vereinbarung legt flexible Arbeitszeiten und dementsprechend flexible Entlohnungen fest. Die Normalarbeitszeit entspricht einer 5-Tage-Woche. In Boomzeiten kommt es zu einer 6-Tage-Woche; in Zeiten von Absatzkrisen wird nur 4 Tage pro Woche gearbeitet. In dieser Vereinbarung verpflichtet sich das Unternehmen, in den nächsten Jahren keine betriebsbedingten Entlassungen vorzunehmen. Diese Vereinbarung bewirkt eine Neuaufteilung der Risiken für Arbeitgeber und Arbeitnehmer. Für die Arbeitgeber ergeben sich, verglichen mit der Lage vor der Vereinbarung, neue Risiken für Gewinneinbußen in extremen Absatzkrisen, weil die Arbeitsplatzgarantie Entlassungen und dadurch entsprechende Reduktionen der Arbeitskosten in solchen Situationen verhindert. Andererseits stabilisieren und erhöhen sie ihre Gewinne in guten Zeiten und moderaten Krisen, indem sie die Kostenvariabilität erhöhen. Nach Lage des Absatzmarktes kann in Boomzeiten der Arbeitseinsatz hochgefahren und in Krisenzeiten verringert werden. Zudem fallen die oft beträchtlichen Fluktuationskosten weg, die mit Überstundenentgeltzahlungen sowie mit der Einstellung und Entlassung von Arbeitskräften verbunden sind.

Eine Kommentierung der Vereinbarung würde zu weit vom Thema wegführen und muß daher unterbleiben. Auffallend ist in jedem Falle, daß nach der Theorie der impliziten Arbeitsverträge risikoscheue Arbeitnehmer sicheren Arbeitsplätzen und festen Entlohnungen gegenüber der Alternative variabler Entlohnung und dem Risiko eines Arbeitsplatzverlustes den Vorzug geben. Offenkundig sind die Arbeitnehmer von VW bereit, für eine erhöhte Arbeitsplatzsicherheit Einkommensrisiken in Kauf zu nehmen.

Fazit: Die Arbeitnehmer haben im Austausch für die zeitlich befristete Garantie ihrer Arbeitsplätze nun das Risiko von Einkommensschwankungen zu tragen. Das Arrangement beseitigt bzw. verringert somit Gewinn- bzw. Entlassungsrisiken und schafft neue Risiken in Form von weiteren Verlustrisiken in extremen Krisensituationen für das Unternehmen sowie Einkommensrisiken für die Arbeiterschaft.

6.4. Beispiel 4: Die Einführung des EURO

In elf europäischen Staaten wird 1999 der EURO als gemeinsame Währung eingeführt. Diese Staaten befinden sich zur Zeit inmitten der Umstellungsphase eines außerordentlichen, länderübergreifenden, institutionellen Experiments. Durch den EURO werden die bis dato vorhandenen Wechselkursrisiken unter den EURO-Staaten beseitigt, denen der Umtausch der Währungen ausgesetzt war. Dadurch fallen erhebliche Kosten für den Umtausch und die Kurssicherungsgeschäfte weg. In Konsequenz dieser Umstellung und der dadurch zunehmenden wirtschaftlichen Integration erwartet man anhaltend höhere Wachstumsraten in den EURO-Staaten und erhebliche Effizienzgewinne.

Die EURO-Kritiker und EURO-Skeptiker fürchten um die Geldwertstabilität und darüber hinaus allgemein auch um die wirtschaftlich-politische Stabilität in der Bundesrepublik. Ihrer Meinung nach wird die Europäische Zentralbank (EZB) nicht die gleiche Stabilitätsdisziplin haben, für die die Deutsche Bundesbank weltweit bekannt und anerkannt ist. Trotz ihrer institutionell abgesicherten Unabhängigkeit, mit der die EZB über den Einsatz ihrer währungspolitischen Instrumente entscheiden kann, muß befürchtet werden, daß die Mitglieder in ihren Entscheidungsgremien sich dem politischen Einfluß ihrer Regierung nicht werden entziehen können. Dies liegt vor allem an den wirtschaftlich-politischen Rahmenbedingungen, unter denen die Währungsunion entstand.

Erstens sahen die Maastricht-Kriterien, die die wirtschaftliche Konvergenz bis zur Einführung der gemeinsamen Währung befördern sollten, keinerlei Regelungen bezüglich der Arbeitslosigkeit in den Mitgliedsstaaten vor. Nach Wegfall des Drucks von Maastricht werden die Regierungen etwas gegen die enorme Arbeitslosigkeit in ihren Ländern unternehmen. Es bleibt ungewiß, wie sich die EZB angesichts dieser Inflationsgefahren verhalten wird. Zweitens wird die fehlende politische Union die notwendige

Koordination der nationalen Fiskalpolitiken erschweren. Drittens spielten bei der Entscheidung darüber, welche Staaten an der Währungsunion teilnehmen durften, die Kriterien von Maastricht nur noch eine untergeordnete Rolle. Unter diesen Voraussetzungen werde ein gemeinsamer Währungsraum unter Ländern entstehen, die durch unterschiedlichen Entwicklungsstand und unterschiedliche wirtschaftspolitische Stabilitätskultur gekennzeichnet seien. Dadurch werde auf die reicheren Länder Druck ausgeübt, durch entsprechende Transferzahlungen die Entwicklung in den ärmeren Mitgliedsstaaten zu beschleunigen. Dies werde entweder die Inflation in der EU insgesamt beschleunigen oder, falls die reichen Staaten dem Druck widerstehen sollten, politische Instabilitäten nach sich ziehen. In jedem Falle stehe zu befürchten, daß die Mehrheit der Bevölkerung unter den Folgen einer Währungsunion zu leiden haben wird, die lediglich wenigen Unternehmen nützen wird.

Fazit: Die Währungsunion eliminiert einerseits die Wechselkursrisiken zwischen den an ihr beteiligten Staaten, befördert deren wirtschaftliche Integration und schafft so die Chance auf wirtschaftliche Prosperität. Sie birgt andererseits erhebliche Inflations- und Stabilitätsrisiken, deren Leidtragende vor allem jene sein könnten, die - wenn überhaupt - nur wenig von der Einführung des EURO profitieren werden.

7. Zusammenfassung

Gesellschaften benötigen Institutionen um Unsicherheit zu reduzieren. Änderungen von Institutionen verändern die Risikosituationen für den Einzelnen und die Gesellschaft. Institutionen sind notwendigerweise unvollkommen. Diese Umstände erschweren die Einschätzung der Qualität von Institutionen. Vielfach ist es theoretisch kaum möglich, Prognosen darüber abzugeben, wer welche Risiken unter bestimmten institutionellen Arrangements zu tragen hat. Diese Tatsache ist Ansporn für weitere Forschung auf diesem Gebiet. Denn Institutionen sind von Menschen, für Menschen gemacht und greifen tief in die Motive unseres Handelns ein. Deshalb ist es so eminent wichtig, die Implikationen, die sich aus bestimmten institutionellen Arrangements für den Einzelnen und die Gesellschaft ergeben, möglichst genau zu kennen.

Literaturverzeichnis

ALLEN, R.G.D. und HICKS, J.R. (1934). A Reconsideration of the Theory of Value. *Economica* 1, 52-76 und 196-219.

ARROW, K.J. (1974). *The Limits of Organization.* New York: Norton & Co.

BUCHANAN, J.M. (1987). Constitutional Economics. *The New Palgrave* I, 585-588.

CHICHILNISKY, G. (1996). Markets with Endogenous Uncertainty: Theory and Policy. *Theory and Decision* 41, 99-131.

DEBREU, G. (1959). *Theory of Value.* New Haven: John Wiley & Sons, Inc.

HART, O. (1975). On the Optimality of Equilibrium when the Market Structure is Incomplete. *Journal of Economic Theory* 11, 418-443.

HAYEK, F.A. (1937). Economics and Knowledge. *Economica* 4, 33-54.

KEYNES, J.M. (1936). *The General Theory of Employment, Interest and Money.* London: Macmillan.

LANGE, O.R. (1936). On the Economic Theory of Socialism. *Review of Economic Studies* 4, 53-71 und 123-142.

MENGER, K. (1892). Geld. In: *Handwörterbuch der Staatswissenschaften* Bd. III, 730-757.

NELSON, P. (1970). Information and Consumer Behavior. *Journal of Political Economy* 78, 29-311.

RADNER, R. (1996). Bounded Rationality, Indeterminacy, and the Theory of the Firm. *Economic Journal* 106, 1360-1373.

RUDOLPH, B. (1996). Derivative Finanzinstrumente und derivative Finanzmärkte - Entwicklung, Marktfunktion und neue Risiken. In: BIERVERT, B. und HELD, M. (Hg.). *Die Dynamik des Geldes.* Frankfurt/New York: Campus, 73-88.

SCHLEE, E.E. (1998). *The Value of Information in Efficient Risk-Sharing Arrangements.* Arizona State University. Mimeo.

SHACKLE, G.L.S. (1972). *Epistemics and Economics.* Cambridge: Cambridge University Press.

WEIZSÄCKER, C.C. VON (1995). Zeitpräferenz und Delegation, In: BIERVERT, B. und HELD, M. (Hg.). *Zeit in der Ökonomik.* Frankfurt/New York: Campus, 92-109.

Martin Held danke ich herzlichst für zahlreiche wertvolle Anregungen und Hinweise. Mängel dieses Aufsatzes gehen natürlich ausschließlich zu meinen Lasten.

Michael Schmid

Unsicherheit, Ineffizienz und soziale Ordnung - Bemerkungen zum Verhältnis des soziologischen und ökonomischen Forschungsprogramms[1]

1. Problemstellung

Das Verhältnis von Soziologie und Ökonomie ist gestört. Zwar argumentieren beide Lager entscheidungstheoretisch; dennoch vertreten aber viele Ökonomen gegenüber der soziologischen Handlungstheorie einen Imperialismus, der darauf aus ist, sie durch eine eng gefaßte Theorie rationalen Handelns zu ersetzen (vgl. FREY 1990). Demgegenüber messen orthodoxe Soziologen der ökonomischen Rationaltheorie des Handelns allenfalls einen partiellen Erklärungswert bei (vgl. ALEXANDER 1988; MÜNCH 1992). Zur Überwindung dieser, wie ich denke, unhaltbaren Frontstellung möchte ich beide Erklärungsprogramme kritisch vergleichen, um eine *gemeinsame Problematik* herauszuarbeiten, deren Behebung einer Neuordnung ihres Verhältnisses dienlich sein kann.

2. Das ökonomische Forschungsprogramm

Im Zentrum der *ökonomischen Fragestellung* steht die Modellierung von konkurrenz- und preisbestimmten *Märkten* und deren Koordinations- bzw. Verteilungsleistungen. In extremen Versionen neigt das ökonomische Erklärungsprogramm dazu, *alle* denkmöglichen Abstimmungsmechanismen als derartige Märkte zu begreifen. Allerdings stößt diese Neigung auf das Unverständnis der soziologischen Austauschtheorie, die solche Märkte keinesfalls überall entdecken kann und statt dessen an die Regulationswirkung von Reziprozitäts- und Solidaritäts*normen* glaubt (vgl. VANBERG 1987). Eine solche Sichtweise teilt die orthodoxe Ökonomie allerdings nicht, denn „der(en) homo oeconomicus, agiert nur über Märkte und Preise mit seinesgleichen, andere wechselseitige Einflußnahmen sind nicht vorhanden" (WEISE 1989, S. 151), weshalb sie solche „Normen" entweder als gegebene Restriktionen betrachtet (vgl. KIRCHGÄSSNER 1991) oder als Resultat eines „Marktes der Tugend" versteht, dessen Funktionieren seinerseits „ökonomisch" erklärt werden muß (vgl. BAURMANN 1996).

Zur Analyse von Markttauschprozessen konzipiert die ökonomische Theorie *Handlungen als rationale Anpassung* von Akteuren an die Preis- oder Mengenrestriktionen ihrer Handlungssituation und modelliert sie mit Hilfe der folgenden Annahmen (vgl. SCHMID 1997, 1998):

- Alle Akteure verfügen über einen *geordneten Zielkatalog*.
- Zudem besitzen Akteure *sichere Erwartungen* über sich und ihre Handlungssituation.
- Die Abwägung von Zielen und Erfolgserwartungen basiert auf *Kalkulationen*, die es den Akteuren erlauben, eine *konstante Präferenzordnung* auszubilden.
- Die *„Rationalität" ihres Handelns* ergibt sich aus der Unterstellung, daß die Akteure ihren Handlungsentscheidungen eine *Maximierungsregel* zugrunde legen.

Die Verbindung zwischen diesem Handlungsmodell und dem Marktgeschehen stellt die ökonomische Theorie durch die Annahme her, daß alle Akteure *berechtigt* sind, sich auf der Basis konstanter Präferenzen und unter Beachtung ihres individuellen Budgets für den Erwerb oder die Bereitstellung bestimmter Güter und Leistungen zu entscheiden. Als kollektives Resultat aller daraufhin zustande kommenden bilateralen Transaktionen kann ein Marktgleichgewicht entstehen, das die ökonomische Theorie als „Räumung des Marktes" beschreibt. Dieser Verteilungszustand gilt insoweit als *effizient*, als jeder Nachfrage ein Angebot entspricht und infolgedessen keiner der Akteure seine Ertragslage durch zusätzliche Entscheidungen verbessern kann. Die Gleichgewichtigkeit dieser Verteilungsordnung ist stabil und pegelt sich, solange der Preismechanismus weiterwirkt und die Akteure den Markt nicht verlassen, nach jeder exogenen Veränderung der Stellgrößen neuerlich ein. „Soziale Ordnung" entsteht diesem Denken folgend solange, als die tauschrelevanten Freiheitsrechte garantiert sind. Ist dies nicht der Fall, besteht „Unordnung". Alternative Rechts- und Transaktionsordnungen werden auf diese Weise nur selten thematisiert.

3. Das soziologische Forschungsprogramm

Die *soziologische Theorietradition* hat solche Alternativordnungen immer im Auge behalten und ihr Interesse deshalb nicht ausschließlich auf Märkte gerichtet. Zu diesem Zweck sah sie sich zu einer weitgehenden Revision der rationalistischen Handlungstheorie veranlaßt. Diese Revision begann damit, daß die soziologische Theoriebildung nicht am eigeninteressierten, mit „natürlichen Rechten" ausgestatteten Akteur ansetzte, sondern sich an der Frage orientierte, inwieweit Akteure *gegenüber ihren Mitakteuren, die ein Interesse an ihrem Handeln haben und die Macht, es zu beeinflussen,* das zustimmungsfähige *Recht* in Anspruch nehmen können, ihren Eigeninteressen nachzugehen. Die von der soziologischen Theorie verteidigte Lösung dieses Abstimmungsproblems besteht darin, daß jede *konfliktfreie* Handlungskoordination darauf angewiesen ist, daß die Akteure auf *gemeinsame Wertorientierungen* und *Regeln* zurückgreifen können. Konkurrenzverhältnisse und Preise erlauben dies nur solange, als die Akteure in eine „Marktgemeinschaft" eingebunden sind und damit zur Verhaltensabstimmung auf die Geltung einer „sozialen Ordnung" zurückgreifen können (vgl. WEBER 1985), die die normativen Transaktionsrestriktionen ebenso legitimiert wie Eigentumsrechte und deren Rechtsfolgen. Für den orthodoxen Soziologen impliziert dies verallgemeinernd, daß *alle* Mechanismen der Verhaltensabstimmungen, auch marktfremde wie Herrschaft, familiale Gemeinschaften, politische Verbände etc. wert- und normgebunden organisiert sein müssen.

Diese Vorstellung schlägt sich sowohl im soziologischen Handlungsmodell, das Handeln als *regelgeleitetes Handeln* konzipiert, als auch in der Gleichgewichtsvorstellung nieder, der die soziologische Erklärungstradition Kredit einzuräumen bereit ist (vgl. PARSONS/SHILS 1951; PARSONS/BALES 1955; PARSONS 1968[3]; MÜNCH 1982):

– Auch das soziologische Handlungsmodell geht von *konstanten (Wert-) Präferenzen* aus. Allerdings sieht es nicht vor, daß die Präferenzen der verschiedenen Akteure beliebig variieren, sondern setzt voraus, daß die Akteure erfolgreich *sozialisiert* sind. D.h., sie haben gelernt, welche Handlungen und Ziele von ihnen normativ gefordert werden, und übernehmen insoweit eine „Rolle".
– Diese Rolle bleibt aus zwei Gründen *stabil*: Zum einen „internalisieren" die Akteure die *Erwartungen* ihrer Mitakteure, indem sie sie in ihre motivierenden „Bedürfnisdispositionen" übernehmen. Zum anderen unterliegen die Akteure einer *sozialen Kontrolle*, die erwartungswidriges Handeln unterbindet.
– Diese Rollenstabilisierung wird zusätzlich dadurch unterstützt, daß die Akteure die an sie gerichteten normativen Erwartungen genau kennen und Widersprüche zwischen ihnen neutralisieren können. Sie sind demnach über die Erfordernisse ihrer Handlungssituation *eindeutig* und *vollständig informiert*.
– Die wechselseitige Anpassung des Handelns ergibt sich in der Folge nicht wie in der ökonomischen Theorie als Konsequenz solitärer Wahlakte, sondern infolge der Ordnungswirkungen eines interaktiven Einübungsprozesses, der die Akteure nur selten zu aufwendigen Entschei-

dungen zwingt. Insoweit handeln sie aus *Gewohnheit.* Soziologen verstehen solche Gewohnheiten allerdings nicht als absichtsvolle Minimierung des Transaktionskostenaufwands. Vielmehr deuten sie den scheinbaren Verzicht der Akteure auf jede Nutzenmaximierung als Hinweis darauf, daß sie es mit einem eigenständigen Typus *„nicht-rationalen"* Handelns zu tun haben (vgl. ALEXANDER 1988, S. 16 f.).

Aus diesen Modellannahmen lassen sich die Gleichgewichtsbedingungen sozialer Beziehungen unschwer ableiten. Soziale Beziehungen befinden sich solange im Gleichgewicht, als die Rollenerwartungen der Akteure „komplementär" sind (vgl. PARSONS et al. 1951, S. 64, 107), d.h. solange, als ihre Erwartungen derart miteinander verschränkt sind, daß sich keiner der Beteiligten den Forderungen seiner Mitakteure entziehen möchte, weil er ansonsten seine eigenen Ziele nicht verwirklichen kann. Dies daraus resultierende Stabilität des „normativen Systems" gilt der soziologischen Theorie als „soziale Ordnung". Diese muß zwar nicht in dem Sinne optimal sein, daß alle Akteure ihre Wünsche erfüllt sähen - eine solche Vorstellung liegt auch der ökonomischen Geichgewichtstheorie nicht zugrunde -, wohl aber insoweit *effizient* ist, als es *Verhaltenssicherheit* gewährleistet, die den Zustand kooperationsfeindlicher „Anomie" vermeidet (ELSTER 1989, S. 1 f.).

4. Die Kritik des soziologischen und ökonomischen Forschungsprogramms

Es ist selbstverständlich nicht verborgen geblieben, daß *keines dieser beiden Modelle völlig richtig ist,* und daß die damit verbundenen Gleichgewichtstheorien *nicht* zu durchweg zufriedenstellenden Ergebnissen geführt haben.

Das *ökonomische Handlungsmodell* wurde einer intensiven Kritik unterzogen, die zutage brachte, daß weder die Unterstellung konstanter Präferenzen (vgl. KUNZ 1996), noch die These zutrifft, daß Akteure über die Voraussetzungen und Folgen ihres Handelns vollständig informiert sind (vgl. TIETZEL 1985; WESSELING 1991). Andere Einwände richten sich gegen die Maximierungsannahme (vgl. HERRNSTEIN 1982) oder aber gegen die vorgebliche Fähigkeit eines Akteurs, Informationen erfolgsdienlich zu verarbeiten (vgl. SIMON 1983) bzw. sich effiziente Informationen zu beschaffen (HASLINGER 1997). Auf der Basis dieser Kritik geriet auch die Idee eines Marktgleichgewichts ins Zwielicht (vgl. RADNER 1970; WEINTRAUB 1977; HASLINGER/SCHNEIDER 1983). Tatsächlich wurde bislang nur gezeigt, daß es auch unter empirisch wenig wahrscheinlichen Umständen

Gleichgewichtspunkte gibt, kaum aber eine haltbare Theorie darüber vorgeschlagen, wie sich die Akteure über das Vorliegen von Gleichgewichtsbedingungen informieren können. Entsprechend kann man den Sinn der Suche nach Gleichgewichten jedenfalls solange in Frage stellen, als die Forschung an der faktischen Dynamik von Marktprozessen interessiert bleibt, die infolge von *moral hazard*, asymmetrischen oder privaten Informationen über Profitchancen und Angebotsqualitäten und nur mangelhaft durchsetzbaren Verträgen nicht zwangsläufig auf einen Gleichgewichtszustand bzw. dessen Wiederherstellung hinstrebt (vgl. ROTHSCHILD 1981; RADNER 1982).

Ein äquivalentes Verdikt trifft auch die *soziologische Handlungstheorie*. Deren Kritik hat ergeben, daß Handeln nur unter höchst restriktiven Bedingungen gewohnheitsmäßig verläuft (vgl. WRONG 1974) und daß die unverbrüchliche Geltung von Normen ebensowenig unterstellt werden kann wie die kostenfreie Wirksamkeit von Sanktionen (vgl. COLEMAN 1990, S. 266 f.). Ebensowenig können sich die Akteure immer auf eine gemeinsame Zielsetzung einigen (vgl. KNIGHT 1992) oder damit rechnen, daß diese eine hinreichende Bedingung für ihr erfolgreiches kollektives Handeln darstellt (vgl. OLSON 1968); und endlich können sie das wertedestabilisierende Aufkommen von Gewalt keinesfalls in allen Fällen unterbinden (vgl. COLLINS 1978, S. 59 f.). D.h., die verhaltenssichernde Rollenübernahme und Rollenrestabilisierung verlaufen höchst voraussetzungsreich und entsprechend fehleranfällig, so daß soziale Gleichgewichte ebenso selten beobachtet werden wie Marktgleichgewichte. Dieser Einwand besagt, daß auch die orthodoxe soziologische Handlungstheorie bestenfalls gezeigt hat, daß es unter empirisch wenig wahrscheinlichen Umständen Gleichgewichte geben mag. Sie hat aber nur ganz unzureichend die Mechanismen identifiziert, die diese de facto herstellen bzw. aufrechterhalten (vgl. SCHMID 1998b, S. 238 f.).

5. Versuche einer Annäherung der beiden Forschungsprogramme

Es stellt sich die Frage, wie man die Tatsache, daß offensichtlich beide Theorietraditionen nur beschränkt gültig sind, deuten kann. Ich sehe zwei, sich gegenseitig stützende Möglichkeiten. Zum einen (vgl. SCHMID 1997, 1998a) kann man die wechselseitigen Kritiken, mit denen sich die Streitparteien überziehen, als Verbesserung eines *gemeinsamen Handlungsmodells* verstehen, mit dessen Hilfe sie versuchen könnten, sich gegenseitig plausibel zu machen, wie die unterschiedlichen Abstimmungsmechanismen zusammenhängen. Ein zweiter Weg, den Streit zwischen Ökonomen und Soziologen zu schlichten, eröffnet sich, wenn man sich daran erinnert, daß trotz der augenfälligen Unterschiede der theoretischen Themenwahl beide Disziplinen ihre Existenz einem *gemeinsamen Ausgangsproblem* verdanken. Vielleicht kann dessen Rekonstruktion insoweit einen Weg zu einer problemgerechteren Kooperation zwischen den beiden Lagern ebnen, als sie zeigt, daß die von ihnen bislang diskutierten theoretischen Modelle *gleichermaßen* unzureichend sind.

Diese Rekonstruktion des gemeinsamen Ausgangsproblems gelingt indessen nur, wenn man den *Voluntarismus* der Akteure so ernst nimmt wie möglich. Dessen Basisannahme besagt, daß jeder der Akteure sich immer auch anders entscheiden kann als erwartet, oder anders: Daß er zwischen verschiedenen Handlungsoptionen in einer Weise *wählen* muß, über die er sich selbst allenfalls in Grenzfällen Aufklärung verschaffen kann.[2] Trotz dieser Beschränkung besteht kein Anlaß, sich Entstehung, Aufrechterhaltung und Wandel von Abstimmungsmechanismen als Resultat entscheidungsloser Prozesse vorzustellen. Vielmehr ist eine *entscheidungstheoretische Mikrofundierung* sozialer Abstimmungsmechanismen allein deshalb notwendig, weil anderenfalls das *Ausgangsproblem der Akteure gar nicht identifiziert werden kann*. Dieses besteht darin, daß keiner von ihnen *mit Sicherheit* abschätzen kann, ob seine Mitakteure sich seinen Wünschen und Erwartungen gemäß verhalten werden. D.h., in *„strategischen", zukunftsoffenen* Handlungssituationen versagt das Normalmodell rationalen Maximierungshandelns (vgl. RADNER 1970, S. 459 f.; COLEMAN 1990, S. 30; BECKERT 1997). Dieser Tatbestand hat mehrere Aspekte:

Angesichts der wechselseitigen „Unerfaßbarkeit des Gegenübers" bleibt den Akteuren keine andere Möglichkeit, als sich jeweils „Freiheit" zu unterstellen (vgl. LUHMANN 1984, S. 151 f.). PARSONS hatte diese Notwendigkeit als „doppelte Kontingenz" beschrieben, die darin besteht, daß *Egos* Gratifikationen von seiner Wahl zwischen Optionen abhängen, deren Folgen er vor allem dann nicht abschließend überblicken kann, wenn ein eigensinniger *Alter* die Quelle dieser Gratifikationen ist (PARSONS et al. 1951, S. 16; PARSONS/SHILS 1951, S. 153 f., 190 f.). In Erweiterung dieses Arguments ist unmißverständlich gezeigt worden, daß die Überlegungen der Akteure darüber, wie sich ihre Mitakteure verhalten werden, in selbstreflexiven Zirkeln und Paradoxien enden, denen sie mit Hilfe ausschließlich solitärer Entscheidungen *nicht* entkommen können (vgl. SUGDEN 1991; KOONS 1992; BICCHERI 1993). Ohne Absprachen können sie nicht wissen, ob die Mitakteure ihr Verhalten daran ausrichten, daß sie dies nicht wissen, und sie können *a fortiori* nicht wissen, ob der möglicherweise gleichgewichtige Zustand, der daraus resultieren würde, daß jeder das Nichtwissen des anderen in Rechnung stellt, tatsächlich realisiert ist. Ein logisch haltbarer Begriff eines „gemeinsamen Wissens" ist auf diesem Wege nicht zu gewinnen.

Zur Entschärfung dieses Problems reicht die überkommene Entscheidungstheorie, auf die sich Ökonomen wie Soziologen gleichermaßen verlassen, nicht hin, weil sie nicht nur dazu neigt, die Entscheidungsfähigkeiten des Akteurs zu überschätzen, sondern darüber hinaus der Tatsache, daß ein Akteur über die Folgen seines Handelns systematisch *unwissend* ist, mit der fehlgeleiteten Auffassung begegnet, dieser Fall sei grundsätzlich als Handeln unter Risiko rekonstruierbar (vgl. MACHINA 1990; HIRSHLEIFER/ RILEY 1992). Bereits in Handlungssituationen, in denen die Umwelt eines Akteurs nicht auf seine Entscheidungen reagiert, ist eine solche Argumentation fragwürdig, denn man kann die Tatsache, daß er die Erfolgsbedingungen seines Handelns nicht abschätzen kann, keinesfalls als seine Neigung abbilden, sich auf Eintrittswahrscheinlichkeiten von Ereignissen festzulegen, die er voraussetzungsgemäß nicht kennen kann. Völlig unbefriedigend wird die Auffassung, man könne Unsicherheiten ignorieren, in strategischen Handlungssituationen, weil es keinen Sinn macht, diese Unsicherheit durch Wahrscheinlichkeitsverteilungen abzubilden, solange man die prinzipielle Unausrechenbarkeit des Mitakteurs unterstellen muß (vgl. BECKERT 1996; PERLMAN/McCANN 1996, S. 11 f.). Der unausrottbaren Doppelkontingenz des Entscheidens wird man auch nicht dadurch gerecht, daß man Nichtwissen als Nullwahrscheinlichkeit behandelt (vgl. LAWSON 1985). Die Tatsache, daß ein Akteur nicht weiß, was ihm widerfährt, wenn er handelt, kann in seine Entscheidungen nicht dadurch eingehen, daß er mit Sicherheit weiß, daß er dies nicht weiß. Das gilt verstärkt dort, wo er nicht weiß, *was* er nicht weiß.

Welche Folgen ergeben sich aus dieser Sachlage für den Vergleich zwischen ökonomischer und soziologischer Handlungstheorie? Ich glaube, daß *beide* Theorietraditionen das Problem der doppelten Kontingenz insoweit unzulänglich eingeschätzt haben, als sie, in Verkennung der Tatsache, daß "in practice, all decision making takes place under conditions of uncertainty" (HANSSON 1996, S. 369), die Theoriebildung mit der ebenso einseitigen wie unlösbaren Aufgabe belastet haben, nach den Umständen zu fahnden, die das Handeln der Akteure als ordnungsstiftendes Verhalten zu verstehen erlauben. Deshalb sehen sich beide Lager dazu genötigt, auf empirisch falsche Handlungsmodelle und fehlerhaft konstruierte Abstimmungsmechanismen zurückzugreifen. Folge dieser Fehlinvestition war - soweit die ökonomische Theoriebildung betroffen ist - nicht die Lösung des Unsicherheitsproblems, sondern dessen *Eliminierung*. An die Stelle einer ausgearbeiteten Theorie, die dazu in der Lage war, Wechselerwartungen zu erfassen, trat die Hoffnung, daß „gegebene" Preise als ein „Informationsverteilungssystem" wirken (vgl. HAYEK 1969, S. 249 f.), dessen Veränderungen die solitär entscheidenden Akteure Hinweise darauf entnehmen können, wie sie ihre individuellen Entscheidungen zu optimieren haben. Der Zugewinn dieser Problemverschiebung wurde offensichtlich höher eingeschätzt als die Einsicht, daß die Erklärung der Entstehung von Preisen als nichtintendiertes Resultat des bilateralen Koordinationsversuchs tauschinteressierter, aber wechselseitig uninformierter Akteure, wichtige Punkte offen läßt[3] und die Wirkung von Preisen auf Entscheidungen keineswegs geklärt ist (BAECKER 1988). Eine Implikation dieser Unklarheiten war zudem, daß man den mangelhaften Preisdiskriminierungsfähigkeiten der Marktgänger genau so wenig Bedeutung beimaß wie ihrer unterentwickelten Kapazität, Qualitätsvergleiche durchzuführen. Damit war die Folge verbunden, daß die Standardtheorie des preisvermittelten Markttausches an der Fiktion festhielt, die Akteure könnten sich anhand von Preisen eine vollständige Güterübersicht verschaffen. Es ist deshalb nicht unverständlich, daß die zumindest seit KNIGHT, KEYNES und SHACKLE durchaus vorhandene Einsicht in die doppelte Kontingenz des erwartungsgesteuerten Entscheidens nicht an diese Kerntheorie angeschlossen werden konnte (vgl. BAECKER 1988, S. 35). Indem somit die wechselwirksamen Unsicherheiten der Akteure unberücksichtigt blieben und, davon abhängig, übersehen wurde, daß dem empirischen Preisverhalten der Marktbeteiligten keine vollständige Information über die preisrelevanten Bezugsgrößen zugrunde liegen kann, blieb auch unbemerkt, daß Effizienzbeurteilungen des Marktgeschehens grundsätzlich unmöglich sind. Damit kann auch nicht richtig sein, daß die Akteure bei der Lösung ihrer Abstimmungsprobleme auf solche Urteile zurückgreifen können, wie die Theorie rationaler Erwartungen unterstellt (vgl. TIETZEL 1985, S. 115 f.; RIBHEGGE 1987, S. 135).

Nachdrücklicher als die Ökonomie hat die Soziologie die Gewinnung von Erwartungs- und Verhaltenssicherheit als ihr Ausgangsproblem betrachtet (vgl. paradigmatisch PARSONS 1968[3], S. 89 f.), zu dessen Lösung aber zu viel vorausgesetzt. Sie hat zwar richtig bemerkt, daß die Existenz komplementärer Normen zur Erwartungssicherheit beiträgt, übersah aber zugleich, daß sich die dafür erforderliche Rollenabstimmung nicht immer herstellen läßt und vor allem dort nicht zu einer stabilen und irreversiblen Verteilungsordnung führt, wo die Akteure trotz ernsthafter Sozialisationsbemühungen zu keiner gemeinsamen Erwartungsbildung kommen (vgl. zur kontroversen Diskussionslage MÜHLBAUER 1980) bzw. unverträgliche Interessen verfolgen (vgl. REX 1961). Entsprechend darf die Geltung von Normen nicht vorausgesetzt, sondern muß eigens erklärt werden (vgl. COLEMAN 1990). Solange sich im übrigen Gleichgewichte nur dann einstellen, wenn die Akteure keine Möglichkeiten haben, sich durch einseitige Verhaltensänderungen Verbesserungen zu beschaffen, tut sich die Parsons-Schule schwer mit der Einsicht, daß dies selbstverständlich auch für *stabile* Konfliktlagen gilt, in denen eine Verpflichtung auf gemeinsame Normen regelmäßig nicht gelingt. Damit wird die durchgängige Gleichsetzung von „Gleichgewicht" und „Effektivität" unplausibel, weshalb der soziologischen Handlungstheorie auch seit geraumer Zeit angeraten wurde, ihre Gleichgewichtsorientierung aufzugeben (vgl. DAHRENDORF 1961, S. 49 f., 85 f.).

Wenn diese Deutung richtig ist, dann befinden sich die soziologische wie die ökonomische Theorietradition in der gleichen schmerzlichen Lage: *Beide* hantieren mit falschen Handlungstheorien, und in beiden Fällen hat sich die anfangs vielversprechende Logik der Gleichgewichtsanalyse, die zu einer empirisch einschlägigen „Theorie sozialer Ordnung" führen sollte, als wenig zielführend erwiesen. Zumal das Bemühen, durch die Angabe von Gleichgewichtsbedingungen der jeweils untersuchten Abstimmungsmechanismen unstrittige Effektivitätsbeweise zu führen, blieb an höchst idealisierte, empirisch kaum realisierbare Umstände gebunden, was die Ausgabe von sozial-technologischen Richtlinien zu einem riskoreichen, ja fragwürdigen Geschäft macht.

Tröstlich könnte für beide Theorielager freilich werden, wenn sie sich in Rückgriff auf ihr gemeinsames Ausgangsproblem der doppelten Kontingenz dazu ermuntern könnten, *neue Lösungswege* zu verfolgen. Glücklicherweise sind einige Forscher *bereits dabei*, diese Wege zu erkunden:

- Zum einen hat man in beiden Lagern die Notwendigkeit von *Ungleichgewichtsdynamiken* deutlich erkannt, die die Restablisierung sozialer Beziehungsformen als Grenzfälle behandeln und das theoretische Augenmerk auf ebenso pfadabhängige wie gleichgewichtsferne, diskontinuierliche und möglicherweise chaotische Transformations- und Auflösungsprozesse richten (vgl. ROTHSCHILD 1981; MAYNTZ 1997).
- Zum anderen lassen sich diese Überlegungen leicht verbinden mit der zunehmenden Einsicht, daß sich die Suche nach Stabilitätsbedingungen sozialer Beziehungsformen angesichts der *Undurchsichtigkeiten,* aber auch der *Fehlerdurchsetztheit*[4] *kollektiver Entscheidungsprozesse* und der daraus resultierenden Asymmetrien[5] nicht auszahlt. Sie verdient durch die Frage ersetzt zu werden, wie sich diese Beziehungsformen und ihre spezifischen Abstimmungsmechanismen angesichts höchst variabler und unvorhersehbarer Umweltbedingungen, die gerade infolge des irrtumsanfälligen und zukunftsoffenen Entscheidens der betreffenden Akteure zusätzlich an Durchsichtigkeit verlieren, gleichwohl reproduzieren (vgl. LINDBLOOM 1959; LUHMANN 1968; BRUNSSON 1987; LEIFER/ WHITE 1988). Die naheliegende Implikation dieser Wende besteht *zum einen* in dem Verzicht auf den Nachweis organisatorischer Effizienzen zugunsten der Erforschung der pfadabhängigen und höchst instabil verlaufenden strukturellen *Evolution* sozialer Verkehrsverhältnisse und Institutionen (vgl. SCHMID 1998b, S. 263 f.): „Nicht Sicherheit, sondern nur Unsicherheit läßt sich auf Dauer stellen. Die Konsequenz wäre dann aber: daß die Rationalität nicht in irgendwelchen Effizienzkriterien oder Optimierungen zu suchen ist, sondern in der Robustheit: in der Fähigkeit, fremde und eigene Irrtümer zu überstehen" (LUHMANN 1988, S. 121 f.). *Zum anderen* setzt sich mehr und mehr die Einsicht durch, daß zu diesem

Zweck nicht nur die prägenden Wirkungen von vorhandenen Institutionen auf anonym agierende Akteure zu beachten sind, sondern auch deren Fähigkeiten eine erklärende Rolle spielen, regulierte Abstimmungsmechanismen *interaktiv* zu gestalten und sich unter bewußtem Verzicht auf die Anwendung von Maximierungsregeln ihren Mitakteuren gegenüber wenigstens vorübergehend auf deren Erhaltung zu *verpflichten* (vgl. SCHLICHT 1998, in diesem Band; WEISE 1989, in diesem Band). Die Frage, wie weit der Umbau der orthodoxen Rational- und Normtheorie zu diesem Zweck getrieben werden muß, ist derzeit - wie auch der vorliegende Band zeigt - noch offen, wird aber nachhaltig diskutiert (vgl. auch HELD 1997).

6. Schlußbetrachtung

Wenn sich das ökonomische und das soziologische Forschungsprogramm darauf einigen könnten, daß ihr gemeinsames Erklärungsproblem darin besteht, der Kontingenz sozialer Ordnungsbildung gerecht zu werden, dann ist ihre wechselseitige Annäherung möglich. Auf deren Gelingen kann man dort hoffen, wo sich die Einsicht durchzusetzen beginnt, daß eine sinnvolle Modellierung von Handlungskoordinationsmechanismen weder den voll informierten und einsamen Entscheider des ökonomischen Standardmodells erfordert noch den normfreudigen „homo sociologicus", der nach den Möglichkeiten, seinen persönlichen Nutzen zu mehren, gar nicht erst zu fragen wagt, sondern daß soziale Ordnungen *in allen Fällen* durch die höchst *unsichere, und gerade deshalb nur kommunikativ und vertraglich zu festigende, wechselseitige Verpflichtung auf Regeln* zustande kommt (WEISE in diesem Band). Erfreulicherweise können sich Soziologen (vgl. GEHLEN 1961, S. 69 f.) wie Ökonomen (vgl. HEINER 1983; VANBERG 1994; BAURMANN 1996) zunehmend über die Entlastungsfunktionen institutioneller Regelsysteme verständigen, an die sich zu halten gerade dort lohnt, wo Maximierungsstrategien zu unübersichtlichen Folgen führen. Ebenso setzt sich die Einsicht durch, daß die Unüberblickbarkeiten interdependenter Handlungssituationen durch die interaktiv abgesicherte Garantie von Eigentumsrechten gemindert werden kann (NORTH 1988) bzw. daß durchsetzbare Chancen bestehen, den immer drohenden Opportunismus der Akteure durch Verträge zu kontrollieren (HEIMER 1985; WILLIAMSON 1990). Daß zu diesem Zweck der Aufbau von Sozialbeziehungen dienlich ist, deren normative Grundlagen ohne Gefahr zu laufen, sie zu zerstören, nicht ständig einer ökonomischen Erörterung unterzogen werden können, ist soziologischen Norm- und Netzwerktheorien (vgl. ULLMANN-MARGALIT 1977; GRANOVETTER 1985; COLEMAN 1990) ebenso geläufig wie der neuen Institutionenökonomik (vgl. RICHTER/FURUBOTN 1996) oder der "constitutional economics" (z.B. BRENNAN/BUCHANAN 1993). Obgleich nicht alle Vertreter dieser Forschungsrichtungen auf die Hoffnung verzichten, Institutionen nach Effizienzgesichtspunkten zu gestalten, sollten sich Ökonomie und Soziologie wenigstens darauf einigen können, daß das Gelingen wechselseitiger Handlungsabstimmung, gleichviel in welchen Tätigkeitsbereichen, *Regeln* und d.h., *durchsetzbaren Rechten und Normen* zu verdanken ist. Damit ist eine *gemeinsame Problemsicht* gewonnen, die mit einigem Wohlwollen in parallelisierbare Forschungen darüber ausmünden könnte, wie sich voluntaristische und eigeninteressierte Akteure auf derartige Regeln einigen können und mit welchen aversiven und beziehungsdestabilisierenden Handlungsfolgen sie gleichwohl rechnen müssen, wenn sie es auf der Basis ihres unabwendbar beschränkten Wissens und ihrer regelmäßig schwankenden Motivationen immer wieder versuchen müssen, weil sie anders „soziale Ordnungen" weder errichten noch aufrechterhalten können.

Anmerkungen

1 Meine Überlegungen wurden durch den Beitrag von FRANZ HASLINGER, in diesem Band, angeregt, dem ich auch für seinen Hinweis auf einen Fehler meiner Rekonstruktion der ökonomischen Gleichgewichtstheorie danke. Die hier abgedruckte Arbeit ist für die Veröffentlichung gekürzt worden; Interessenten der ausführlichen Version können diese unter *michael.schmid@münchen.unibw.de* anfordern.
2 Daß sich Akteure dabei überraschen können, zeigt der Beitrag von KRAUSE in diesem Band.
3 Offenkundig beschäftigt sich die Preistheorie mit der Veränderung, aber nicht mit der Entstehung von Preisen; vgl. WEISE et al. 1993[3]. Wenn das Akzeptieren von Preisen weniger der Optimierung des Gütererwerbs als dem Statusgewinn dient, sind Anomalien nicht vermeidbar. Ähnliches gilt für die Preiswahrnehmung und den theoretisch ganz undurchsichtigen Zusammenhang zwischen Preis und Produktqualität, vgl. WISWEDE 1991, S. 288 ff. Tautologisch wird die Preistheorie, wenn man zur Erklärung des individuellen Nachfrage- und Angebotsverhaltens, aus deren Intersektion Preise entstehen sollten, Informationen über Preise voraussetzen muß, wie LEA et al. 1987, S. 38 f. beobachten.
4 Daß das Wissen der Akteure nicht nur unvollständig, sondern *falsch* ist, wird in der ökonomischen Theorie der Information, soweit ich sehe, kaum thematisiert; eine Ausnahme findet sich z.B. bei KIRZNER 1979.
5 Auch das undurchsichtige Zusammenwirken von Informationsbeschaffung und Informationsübernahme läßt Effizienzbetrachtungen wenig Raum, vgl. HIRSHLEIFER und RILEY 1979, S. 1414.

Literaturverzeichnis

ALEXANDER, J.C. (1988). *Action and Its Environments. Toward a New Synthesis*. New York: Columbia University Press.
BAECKER, D. (1988). *Information und Risiko in der Marktwirtschaft*. Frankfurt: Suhrkamp Verlag.
BAUERMANN, M. (1996). *Der Markt der Tugend. Recht und Moral in der liberalen Gesellschaft*. Tübingen: J.C.B. Mohr (Paul Siebeck).
BECKERT, J. (1996). Was ist soziologisch an der Wirtschaftssoziologie? Ungewißheit und die Einbettung wirtschaftlichen Handelns. *Zeitschrift für Soziologie* 25, 125-146.
-"- (1997). *Grenzen des Marktes. Die sozialen Grundlagen wirtschaftlicher Effizienz*. Frankfurt/New York: Campus Verlag.
BICCHERI, C. (1993). *Rationality and Coordination*. Cambridge: Cambridge University Press.
BRENNAN, G. und BUCHANAN, J.M. (1993). *Die Begründung von Regeln. Konstitutionelle Politische Ökonomie*. Tübingen: J.C.B. Mohr (Paul Siebeck).
BRUNSSON, N. (1987). *The Irrational Organization. Irrationality as a Basis for Organizational Action and Change*. Chichester u.a.: John Wiley & Sons.
COLEMAN, J.S. (1990). *Foundations of Social Theory*. Cambridge, Mass.: The Belkenap Press.
COLLINS, R. (1978). *Conflict Sociology. Toward an Explanatory Science*. New York u.a.: The Free Press.
DAHRENDORF, R. (1961). *Gesellschaft und Freiheit. Zur soziologischen Analyse der Gegenwart*. München: R. Piper & Co. Verlag.
ELSTER, J. (1989). *The Cement of Society. A Study of Social Order*. Cambridge u.a.: Cambridge University Press.
FREY, B.S. (1990). *Ökonomie ist Sozialwissenschaft. Die Anwendung der Ökonomie auf neue Gebiete*. München: Verlag Franz Vahlen.
GEHLEN. A. (1961). *Anthropologische Forschung. Zur Selbstentdeckung des Menschen*. Reinbeck: Rowohlt Taschenbuch Verlag
GRANOVETTER, M. (1985). Economic Action and Social Structure. The Problem of Embeddedness. *American Journal of Sociology* 91, 481-510.
HANSSON, S.O. (1996). Decison Making Under Great Uncertainty. *Philosophy of the Social Sciences* 26, 369-386.
HASLINGER, F. (1997). Individuum und Verteilung in einer unsicheren Welt - Zur Rolle der Moral in der Ökonomie. In: HELD, M. (Hg.). *Normative Grundlagen der Ökonomik. Folgen für die Theoriebildung*. Frankfurt/New York: Campus, 150-167.
HASLINGER, F. und SCHNEIDER, J. (1983). Die Relevanz der Gleichgewichtstheorie. Gleichgewichtstheorien als Grundlage der ordnungs- und wirtschaftspolitischen Diskussion. In: *Ökonomie und Gesellschaft*. Jahrbuch 1. Frankfurt/New York: Campus, 1-56.
HAYEK, F.A. VON (1969). *Freiburger Studien. Gesammelte Aufsätze*. Tübingen: J.C.B. Mohr (Paul Siebeck).
HEIMER, C.A. (1985). *Reactive Risk and Rational Action. Managing Moral Hazard in Insurance Contracts*. Berkeley/Los Angeles/London: University of California Press.

HEINER, R. (1983). The Origins of Predictable Behavior. *American Economic Review* 73, 560-595.
HELD, M. (Hg.) (1997). *Normative Grundlagen der Ökonomik. Folgen für die Theoriebildung.* Frankfurt/New York: Campus.
HERRNSTEIN, R.J. (1982). Melioration as Behavioral Dynamism. In: COMMONS, M.L., HERRNSTEIN, R.J. und RACHLIN, H. (Hg.). *Quantitative Analysis of Behavior*, Vol. 2. Cambridge, Mass.: Ballinger, 433-458.
HIRSHLEIFER, J. und RILEY, J.G. (1979). The Analytics of Uncertainty and Information. An Expository Survey. *Journal of Economic Literature* 17, 1375-1421.
-"- (1992). *The Analysis of Uncertainty and Information.* Cambridge: Cambridge University Press.
KIRCHGÄSSNER, G. (1991). *Homo Oeconomicus. Das ökonomische Modell individuellen Verhaltens und seine Anwendung in den Wirtschafts- und Sozialwissenschaften.* Tübingen: J.C.B. Mohr (Paul Siebeck).
KIRZNER, I.M. (1979). *Perception, Opportunity and Profits. Studies in the Theory of Entrepreneurship.* Chicago/London: University of Chicago Press.
KNIGHT, G. (1992). *Institutions and Conflict.* Cambridge: Cambridge University Press.
KOONS, R.C. (1992). *Paradoxes of Belief and Strategic Rationality.* Cambridge et al.: Cambridge University Press.
KUNZ, V. (1996). Präferenzen, Wertorientierungen und Rational Choice. In: DRUWE, U. und KUNZ, V. (Hg.). *Handlungs- und Entscheidungstheorie in der Politikwissenschaft. Eine Einführung in Konzepte und Forschungsstand.* Opladen: Leske & Budrich, 154-176.
LAWSON, T. (1985). Uncertainty and Economic Analysis. *The Economic Journal* 95, 909-927.
LEA, S.H. et al. (1987). *The Individual in the Economy. A Survey of Economic Pschology.* Cambridge u.a.: Cambridge University Press.
LEIFER, E.M. und WHITE, H.C. (1988). A Structural Approach to Markets. In: MIZRUCHI, M. und SCHWARTZ, M. (Hg.). *Intercorporate Relation: The Structural Analyis of Business.* Cambridge: Cambridge University Press, 85-108.
LINDBLOOM, C. (1959). The Science of "Muddling Through". *Public Administrative Review* 2, 79-88.
LUHMANN, N. (1968). *Zweckbegriff und Systemrationalität. Über die Funktion von Zwecken in sozialen Systemen.* Tübingen: J.C.B. Mohr (Paul Siebeck).
-"- (1984). *Soziale Systeme. Grundriß einer allgemeinen Theorie.* Frankfurt: Suhrkamp.
-"- (1988). *Die Wirtschaft der Gesellschaft.* Frankfurt: Suhrkamp.
MACHINA, M. (1990). Choice Under Uncertainty: Problems Solved and Unsolved. In: COOK, K.S. und LEVI, M. (Hg.). *The Limits of Rationality.* Chicago: Chicago University Press, 90-131.
MAYNTZ, R. (1997). *Soziale Dynamik und politische Steuerung. Theoretische und methodologische Überlegungen.* Frankfurt/New York: Campus.
MÜHLBAUER, K.R. (1980). *Sozialisation. Eine Einführung in Theorien und Modelle.* München: Werner Fink Verlag.
MÜNCH, R. (1982). *Theorie des Handelns. Zur Rekonstruktion der Beiträge von Talcott Parsons, Émile Durkheim und Max Weber.* Frankfurt: Suhrkamp.

-"- (1992). Rational Choice Theory: A Critical Assessment of Its Explanatory Power. In: COLEMAN, J.S. und FARARO, T.J. (Hg.). *Rational Choice Theory. Advocacy and Critique.* Newbury Park u.a.: Sage Publications, 137-160.
NORTH, D.C. (1988). *Theorie des institutionellen Wandels. Eine neue Sicht der Wirtschaftsgeschichte.* Tübingen: J.C.B. Mohr (Paul Siebeck).
OLSON, M. (1968). *Die Logik des kollektiven Handelns. Kollektivgüter und die Theorie der Gruppen.* Tübingen: J.C.B. Mohr (Paul Siebeck).
PARSONS, T. (1951). *The Social System.* Glencoe: The Free Press.
-"- (1968^3). *The Structure of Social Action*, 2 Vols. New York/London: The Free Press/Collier Macmillan Publishers.
PARSONS, T. et al. (1951). Some Fundamental Categories of the Theory of Action. A General Statement. In: PARSONS, T. und SHILS, E.A. (Hg.). *Toward a General Theory of Action. Theoretical Foundations for the Social Sciences.* New York: Harper & Row, 3-29.
PARSONS, T. und BALES, R.F. (1955). *Family, Socialization and Interaction Process.* New York/London: The Free Press/Collier-Macmillan.
PARSONS, T. und SHILS, E.A. (1951). Values, Motives, and Systems of Action. In: PARSONS, T. und SHILS, E.A. (Hg.). *Toward a General Theory of Action. Theoretical Foundations for the Social Sciences.* New York: Haper & Row, 47-243.
PERLMANN, M. und McCANN, C.R. (1996). Varieties of Uncertainty. In: SCHMIDT, C. (ed.). *Uncertainty in Economic Thought.* Cheltenham/Brookfield: Edward Elgar Publishing Company, 9-20.
RADNER, R. (1970). New Ideas in Pure Theory. Problems in the Theory of Markets Under Uncertainty. *The American Economic Review* LX. Papers and Proceedings, 454-460.
-"- (1982). The Role of Private Information in Markets and Other Organizations. In: HILDENBRAND, W. (Hg.). *Advances in Economic Theory.* Cambridge: Cambridge University Press, 95-120.
REX, J. (1961). *Key Problems of Sociological Theory.* London: Routledge & Kegan Paul.
RIBHEGGE, H. (1987). *Grenzen der Theorie rationaler Erwartungen. Zur wirtschaftspolitischen Bedeutung rationaler Erwartungen auf walrasianischen und nichtwalrasianischen Märkten.* Tübingen: J.C.B. Mohr (Paul Siebeck).
RICHTER, R. und FURUBOTN, E. (1996). *Neue Institutionenökonomik. Eine Einführung und kritische Würdigung.* Tübingen: J.C.B. Mohr (Paul Siebeck).
ROTHSCHILD, K.W. (1981). *Einführung in die Ungleichgewichtstheorie.* Berlin/New York/Heidelberg: Springer.
SCHLICHT, E. (1998). *On Custom in the Economy.* Oxford: Clarendon Press.
SCHMID, M. (1992). Die evolutorische Ökonomik - Würdigung eines Forschungsprogramms. In: BIERVERT, B. und HELD, M. (Hg.). *Evolutorische Ökonomik. Neuerungen, Normen, Institutionen.* Frankfurt/New York: Campus, 189-215.
-"- (1997). Zum Verhältnis soziologischer und ökonomischer Handlungstheorie. Paradigmawechsel in der Sozialtheorie? In: FISCHER, M. und HOYNINGEN-HUENE, P. (Hg.). *Paradigmen. Facetten einer Begriffskarriere.* Frankfurt u.a.: Peter Lang Verlag, 264-292.
-"- (1998). Rationales Verhalten und technische Innovation. Bemerkungen zum Erklärungspotential ökonomischer Theorien. In: RAMMERT, W. (Hg.). *Technik und Sozialtheorie.* Frankfurt/New York: Campus, 189-224.

-"- (1998a). Soziologische Handlungstheorie - Problem der Modellbildung. In: BALOG, A. und M. GABRIEL (Hg.). Soziologische Handlungstheorie. Einheit oder Vielfalt. *Sonderband 4 der Österreichischen Zeitschrift für Soziologie*. Opladen: Westdeutscher Verlag, 55-103.
-"- (1998b). *Soziales Handeln und strukturelle Selektion. Beiträge zur Theorie sozialer Systeme*. Opladen: Westdeutscher Verlag.
SIMON, H.A. (1983). *Reasons in Humans Affairs*. Stanford: Stanford University Press.
SUGDEN, R. (1991). Rational Choice: A Survey of Contributions From Economics and Philosophy. *The Economic Journal* 101, 751-785.
TIETZEL, W. (1985). *Wirtschaftstheorie und Unwissen. Überlegungen zur Wirtschaftstheorie jenseits von Riskio und Unsicherheit*. Tübingen: J.C.B. Mohr (Paul Siebeck).
ULLMANN-MARGALIT, E. (1977). *The Emergence of Norms*. Oxford: The Clarendon Press.
VANBERG, V. (1987). Markt, Organisation und Reziprozität. In: HEINEMANN, K. (Hg.). Soziologie des wirtschaftlichen Handelns. *Kölner Zeitschrift für Soziologie und Sozialpsychologie. Sonderheft* 28. Opladen: Westdeutscher Verlag, 263-279.
-"- (1994). *Rules and Choice in Economics*. London/New York: Routlegde & Kegan Paul.
WEBER, M. (1985). *Wirtschaft und Gesellschaft. Grundriss der verstehenden Soziologie*. Tübingen: J.C.B. Mohr (Paul Siebeck).
WEINTRAUB, E.R. (1977). Microfoundations of Macroeconomics. A Critical Survey. *Journal of Economic Literature* 15, 1-23.
WEISE, P. (1989). Homo oeconomicus und homo sociologicus. Die Schreckensmänner der Sozialwissenschaften. *Zeitschrift für Soziologie* 18, 148-161.
WEISE, P. et al. (1993^3). *Neue Mikroökonomie*. Heidelberg: Physica Verlag.
WESSLING, E. (1991). *Individuum und Information. Die Erfassung von Information und Wissen in ökonomischen Handlungstheorien*. Tübingen: J.C.B. Mohr (Paul Siebeck).
WILLIAMSON, O.E. (1990). *Die ökonomischen Institutionen des Kapitalismus*. Tübingen: J.C.B. Mohr (Paul Siebeck).
WISWEDE, G. (1991). *Einführung in die Wirtschaftspsychologie*. München/Basel: Ernst Reinhard Verlag.
WRONG, D.H. (1974). Das Theorem der Übersozialisation in der modernen Soziologie. In: MÜHLFELD, C. und SCHMID, M. (Hg.). *Soziologische Theorie*. Hamburg: Hoffmann & Campe Verlag, 281-291.

Peter Weise

Intrinsische Motivation und Moral: Internalisierung von Normen und Werten in ökonomischer Sicht

1. Einleitung

„Man muß nicht Handlungen aus Gehorsam gegen einen Menschen tun, die man aus innern Bewegungsgründen tun könnte, und der Gehorsam fordert, wo innere Bewegungsgründe würden alles getan haben, macht Sklaven", schreibt der Philosoph IMMANUEL KANT (1991/1764, S. 53), und macht uns darauf aufmerksam, daß zwischen externer und interner Motivation zu unterscheiden ist und daß eine Förderung der externen Motivation die interne Motivation zum Erlöschen bringt. „Den Meisten von uns vergeht das Leben damit, die in der Jugend verkehrt eingestellten Maßstäbe mühsam wieder zu adjustieren", beklagt sich der Heidedichter ARNO SCHMIDT in einem Roman und verweist darauf, daß Menschen Normen und Werte internalisieren, sich unerwünschter internalisierter Normen und Werte aber nur mühselig entledigen können. Mit diesen zwei Zitaten ist das Thema „Intrinsische Motivation und Moral: Internalisierung von Normen und Werten in ökonomischer Sicht" umrissen - und beinahe erschöpfend abgehandelt. Nur die ökonomische Sicht fehlt noch. Diese wird im folgenden ausgeführt. Das kostet allerdings viele Seiten.

Doch ist die ökonomische Sicht nicht leicht durchzuhalten, da das Thema sich dem engen Homo-oeconomicus-Ansatz entzieht. Folglich ist dementsprechend auch der ökonomische Blickwinkel zu erweitern. Ein großes Unterfangen, bei dem knapp zu scheitern ehrenvoller ist, als eine kleine Aufgabe erfolgreich zu meistern. Ich werde versuchen, die folgenden *Thesen zu beweisen* oder zumindest *zu erhärten*:

- Geeignet definiert meinen intrinsische Motivation und Moral cum grano salis das gleiche.
- Beide werden auch unter den gleichen Bedingungen von einer Normen- oder einer Marktkoordination verdrängt.
- Die intrinsische Motivation bezieht sich allerdings stärker auf egoistisches, die Moral stärker auf altruistisches Handeln.

- Der Homo-oeconomicus-Ansatz ist unangemessen für die Behandlung dieses Sachverhalts: Besser ist der selbstorganisatorische Ansatz, der zwischen dem methodologischen Individualismus und Holismus liegt. Diesem liegt das Menschenbild eines homo sociooeconomicus zugrunde, der in einem Beeinflussungsfeld agiert, das er selbst mit beeinflußt.
- Die interne Institution des Menschen und die externe Institution zwischen den Menschen sind selbstähnlich und beeinflussen sich wechselseitig.
- Jeder Mensch begeht zwei Typen von Handlungen, nämlich Bedürfnisbefriedigungshandlungen und Koordinationshandlungen; intrinsische Motivation und Moral sind zum einen Selbstverstärker von Bedürfnisbefriedigungshandlungen und zum anderen Verursacher von Koordinationshandlungen aufgrund innerer Anreize.
- Koordinationshandlungen aufgrund innerer Anreize können in Konflikt geraten mit Koordinationshandlungen aufgrund äußerer Anreize.

2. Institutionen und Organisationen

Soziale Interdependenz bedeutet gesellschaftliches Mit- und Gegeneinander. In einer Welt der Knappheit entstehen hierdurch Koordinations- und Konfliktlösungsprobleme oder kurz: Ordnungsprobleme. Die soziale Interdependenz ist derart vielfältig, daß es aussichtslos erscheint, sie exakt abbilden zu können. In einem solchen Fall helfen einige grundlegende Überlegungen weiter, um wenigstens zu einer näherungsweise richtigen Formulierung zu gelangen. Betrachtet man nämlich die soziale Interdependenz unter dem Gesichtspunkt der Ordnung, so erkennt man lediglich zwei Möglichkeiten, ein interdependentes Handlungsgeflecht zu koordinieren und gleichzeitig den Menschen vor der Willkür der anderen Menschen zu schützen:

1) Die Handlungen, die jeder in bestimmten Situationen durchzuführen hat, sind vorgeschrieben.
2) Alle Handlungen sind erlaubt, aber alle von ihnen Betroffenen sind wertmäßig zu entschädigen.

Die erste Möglichkeit setzt bei den Handlungen an: Befindet sich eine Person in einer bestimmten Situation, so ist ihre Handlung in Abhängigkeit von dieser Situation vorgeschrieben. Die zweite Möglichkeit setzt bei den Personen an: Möchte eine Person eine Handlung begehen, so darf sie dies, wenn sie sich mit den Betroffenen wertmäßig abstimmt. Die erste Möglichkeit heißt im folgenden kurz *Koordination durch Normen*, die zweite *Koordination durch Märkte*.

Gemeinhin versteht man unter einer Norm eine allgemein anerkannte, als verbindlich geltende Regel, einen üblichen, erwartungsgemäßen Zustand, eine geforderte Handlung oder Unterlassung. Normen machen aus einer Vielzahl von Handlungsmöglichkeiten bestimmte Handlungen als zu befolgende oder zu unterlassende für alle Gesellschaftsmitglieder oder bestimmte Teilgruppen verbindlich. Diese Handlungen werden quasi normiert und standardisiert. Dadurch entsteht *Ordnungssicherheit*, und zwar zum einen *Orientierungssicherheit*: jede Person weiß, was sie tun darf und was die anderen dürfen; und zum anderen *Realisierungssicherheit*: jede Person weiß, was es sie kostet und was es die anderen kostet, die Norm zu übertreten. Dadurch wird Unsicherheit reduziert: Jedes Gesellschaftsmitglied weiß aufgrund seiner Normenkenntnis über das wahrscheinliche Verhalten der anderen in einer bestimmten Situation Bescheid und ist mithin in der Lage, bei konstant erwarteten Verhaltensweisen der anderen zu planen und sich vor anderen Verhaltensweisen weitgehend sicher zu fühlen. Durch Normen werden die Verhaltensweisen der Menschen parametrisiert; durch Kenntnis und Einhaltung der Normen werden die Verhaltensweisen koordiniert.

Für jedes Gesellschaftsmitglied bedeutet dies, daß eine Norm zu einem bestimmten Verhalten verpflichtet. Indem die Norm ein bestimmtes Verhalten vorschreibt, stellt sie das Individuum vor die Alternative, dieser Verpflichtung nachzukommen oder das Risiko einer Sanktion einzugehen. Da alle Individuen vor diese Alternative gestellt sind, wird bei vollständiger Gültigkeit der Norm jedes Individuum das gleiche Verhalten zeigen, und jedes Individuum kennt a priori das Verhalten der jeweils anderen. In den Verhaltensweisen werden die Menschen demnach egalisiert.

Märkte koordinieren Handlungen, indem jeweils zwei Tauschpartner Wertäquivalente tauschen, jeder entschädigt jeden durch die Preiszahlung für seine aufgewandte Mühe. Der Preis ist ein Mittel, um die Äquivalisierung von Werten herbeizuführen. Dadurch, daß jeder jeden entschädigt, vermitteln die Gesellschaftsmitglieder sich wechselseitig Anreize, bestimmte von beiden gewünschte Handlungen zu begehen. Indem die Gesellschaftsmitglieder wechselseitig ihr Verhalten wertmäßig abstimmen, entsteht eine Tendenz zur Gleichbewertung von gleichen Handlungen: Die Handlungsalternativen haben für alle Gesellschaftsmitglieder die gleichen Marktwerte. In den Bewertungen von Handlungen werden die Menschen demnach egalisiert.

Eine *Institution* ist ein Normensystem, das die Interaktionen von Menschen koordiniert und reguliert. Der Extremfall einer Institution ist die einzelne Norm. Institutionen bestehen aber normalerweise aus mehreren aufeinander bezogenen Normen, da zur Regelung komplexerer Sachverhalte eine einzige Norm nicht ausreicht. Beispiele sind Rechtssysteme, Verfassungen, Märkte, Wahlverfahren, zentrale Anweisungssysteme, Verhandlungsformen u.ä. Je nachdem, ob Institutionen kodifiziert sind oder nicht und ob die Sanktionsgewalt hierarchisch organisiert ist oder nicht, kann man formale Institutionen wie Verfassungen, Satzungen und Gesetze von informellen Institutionen wie Tabus, Bräuchen, Konventionen, Usancen, Sitten, Traditionen und Verhaltenskodices unterscheiden. Dieser Begriff einer Institution betont also die Art und Weise der Koordination und Regulierung der Interaktionen, ist demnach identisch mit dem Begriff des Koordinationsmechanismus. Eine Institution kann auch definiert werden als eine Einrichtung, die für einen bestimmten Bereich zuständig ist, aktiv handeln kann und den Zielen eines einzelnen, einer Gruppe oder der Allgemeinheit dient. Zur Erreichung dieser Ziele bedient sie sich bestimmter Koordinationsmechanismen, d.h. bestimmter Institutionen im ersteren Sinne. Beispiele sind Unternehmungen, Kirchen, Staaten, Behörden usw. Eine derartige Institution heißt *Organisation*. Dieser Begriff einer Institution betont den Zuständigkeitsbereich, die Handlungsmöglichkeiten und die Ziele.

3. Intrinsische Motivation und Moral: Begrifflichkeiten

Bis in die vierziger Jahre dieses Jahrhunderts herrschte in der empirischen Psychologie die Ansicht vor, daß jegliche Motivation auf physiologischen Bedürfnissen basiert. Diese physiologischen Bedürfnisse wurden mit Trieben oder Instinkten in Verbindung gebracht, die die entsprechende Motivation erzeugen. So führte FREUD menschliches Verhalten vor allem auf zwei Triebe zurück, nämlich Sexualität und Aggression; HULL beispielsweise unterschied vier Triebe, und zwar Hunger, Durst, Sexualität und Schmerzvermeidung. Verhalten wird hier also durch ein Zusammenspiel von angeborenen physiologischen Trieben und Stimuli der Handlungsumgebung erklärt. Die Motivation ergibt sich folglich aus externen Verursachern, sie ist demnach quasi *extrinsisch*. Dieser Ansicht ist auch ein großer Teil der Ökonomik: Bei gegebenen Präferenzen bestimmen externe Beschränkungen das Verhalten der Individuen (siehe dazu aus ökonomischer Sicht STIGLER/BECKER 1977 sowie unter psychologischen Aspekten MACFADYEN 1986).

In den fünfziger Jahren wurde diese Sichtweise als zu eng erkannt. Aufgrund vieler empirischer Untersuchungen stellte sich heraus, daß es eine Anzahl von Handlungen gibt, die keine offensichtlich physiologisch begründete Verstärkungsbasis haben und die auch keiner Verstärkung durch die soziale Handlungsumgebung bedürfen, wie Spielen, Neues Erkunden u.a.m. Die Energiebasis für das Verhalten wird in diesem Fall nicht mehr in dem Zusammenspiel zwischen Trieben und Umgebungsstimuli sondern im Ego selbst gesehen. Um dieses ausdrücken zu können, nennt man diese im Inneren eines Organismus lokalisierte Motivation *intrinsische Motivation*.

Was aber darunter exakt zu verstehen ist, ist nicht ganz so klar, wie es die scharfe Unterscheidung extrinsisch-intrinsisch vermuten läßt.

Überblickt man die verschiedenen Definitionen oder Umschreibungen von intrinsischer Motivation, sind folgende Aussagen zentral (vgl. hierzu DECI/RYAN 1985; BRANDES/WEISE 1995):

- Der Mensch möchte sich selbst als *Verursacher* seiner Handlungen sehen; er möchte „Meister" seines eigenen Handelns sein, und nicht „Sklave".
- Der Mensch wünscht *Selbstbestimmung* seiner Handlungen und sucht sich Aufgaben, die seine Handlungskompetenz fördern.
- Selbstbestimmung heißt, *wählen zu können*, worunter hier aber im Unterschied zum ökonomischen Verständnis gemeint ist, extrinsischen Anreizen bewußt zu folgen - oder auch nicht.
- Auch *Emotionen* spielen eine wichtige Rolle: Das Interesse bestimmt die Handlungsrichtung, Freude und angenehme Erregung bis hin zum Fluß-Erleben werden erfahren, wenn Selbstbestimmung und Kompetenzsteigerung die Handlungen kennzeichnen.

Zusammengefaßt läßt sich demnach feststellen: Intrinsische Motivation besteht aus einer emotionalen und einer kognitiven Komponente, wobei sich erstere durch Begriffe wie Interesse und Freude, die zweite durch Übereinstimmung der Handlung mit Begriffen wie Selbstbestimmung und positiver Selbstwertschätzung beschreiben läßt. Sie ist ein Maß für die Freude, Begeisterung, den Wunsch und den Willen, bestimmte Handlungen intensiv und beständig auszuüben - ohne von extrinsischen Belohnungen oder Sanktionen dazu veranlaßt zu sein.

Daraus wird deutlich, daß intrinsische Motivation nur positive Werte annehmen oder fehlen (gleich Null sein) kann; im letzteren Fall unterläßt man die Handlung. Wird sie dennoch durchgeführt, kann der Grund dafür nur in extrinsischer Motivation bestehen. Daraus wird auch deutlich, daß intrinsische Motivation zum einen bedeutet, daß man eine Handlung um ihrer selbst willen tätigt, sie ist hier ein Maß für die „Leichtigkeit", mit der man die Handlung begeht, und daß intrinsische Motivation zum anderen auf die Art und Weise der Bestimmung der Handlung ausgerichtet ist, d.h. daß sie sich auf die Art der Koordination von Handlungen bezieht.

Vergleichen wir die zusammenfassende Begriffsbestimmung der intrinsischen Motivation von HECKHAUSEN (1980, S. 608): „Verhalten um seiner selbst willen, das nicht bloßes Mittel zu einem andersartigen Zweck ist", mit der berühmten Definition der Moral von KANT (1960/1788, S. 224 und 252): „Denn bei dem, was moralisch gut sein soll, ist es nicht genug, daß es dem sittlichen Gesetze gemäß sei, sondern es muß auch um desselben willen geschehen", und: „Handle so, daß du die Menschheit sowohl in deiner Person als in der Person eines jeden andern jederzeit zugleich als Zweck, niemals bloß als Mittel brauchst". Sieht man von den normativen Unterschieden ab, so wird deutlich, daß sowohl die intrinsische Motivation als auch die Moral ein Handeln meint, das um seiner selbst willen durchgeführt wird und keinen Mittelcharakter gegenüber einem Zweck aufweisen darf. Wie wir später sehen werden, sind die Gemeinsamkeiten noch viel enger, ja intrinsische Motivation erweist sich als ein anderer Name für internalisierte Moral. Allerdings bezieht sich die intrinsische Motivation auch auf egoistische Handlungen, während die Moral altruistische Handlungen bewirkt.

In der Literatur werden im wesentlichen fünf Arten der Moral unterschieden, die aber bei genauerem Zusehen nicht alle auch tatsächlich moralisches Handeln beinhalten:

a) *Moral als Handeln gemäß absoluten Werten des Guten und Bösen.* Hier werden absolute Werte des Guten und Bösen definiert, wie Würde oder intrinsischer Wert, die man unbedingt zu akzeptieren hat, oder Maximen hergeleitet, denen man pflichtgemäß zu folgen hat. Man kann meiner Meinung nach zu Recht nachweisen, daß derartige Moralbegründungen unhaltbar sind: Es gibt keine absoluten Werte und kein interesseloses Handeln. Allerdings unterwerfen Menschen sich bestimmten *relativen Werten*, indem sie diese internalisieren.

b) *Moral als wertäquivalente Entschädigung des anderen.* Hier entschädigt man den anderen im Tausch oder durch Zahlung eines Preises wertmäßig für seine aufgewendete Mühe; man befindet sich in einer Marktbeziehung oder Beziehung der direkten Reziprozität. Da man dem anderen nicht mehr gibt, als man von ihm erhält, schätzt man ihn folglich weder positiv noch negativ, d.h. man ist indifferent zwischen fremdem Wehe und fremdem Wohl. Derartige Handlungen sind daher keine moralischen.

c) *Moral als Gehorsam vor einer Norm.* Hier werden bestimmte Handlungen durch Abschreckung verteuert; man handelt in einer bestimmten Weise, weil dies so vorgeschrieben ist oder erwartet wird. Diese Art der Moral ist keine Moral, da normentreues Handeln lediglich aufgrund von Sanktionen geschieht, die als Gegenmotive dem Egoismus gegenüber stehen und das Wohl des anderen erzwingen sollen.

d) *Moral als Mitleid, Empathie und Mitgefühl.* Hier wird das Wohl des anderen positiv bewertet; man handelt aus einem altruistischen Motiv. Diese Art der Moral bewirkt, daß der Egoismus (zumindest teilweise) dadurch überwunden wird, daß der Mensch die anderen Menschen (und anderen Lebewesen) in seinen Präferenzen berücksichtigt.

e) *Moral als prosoziale Kommunikations- und Handlungsfähigkeit.* Hier wird dem anderen etwas als Vorleistung gegeben, das (vielleicht) durch

Dritte auf die Dauer und im Durchschnitt wieder entgolten wird, so daß man dann besser dasteht, als wenn man keine Vorleistung erbracht hätte, allerdings auch schlechter dasteht, falls die Entgeltung ausbleibt; man befindet sich in einer Beziehung der indirekten Reziprozität. Diese Art der Moral bedeutet, daß sich der Mensch in die anderen Menschen hineinversetzen kann und prinzipiell darauf vertraut, daß diese anderen Menschen in Dilemma-Situationen kooperationsbereit sind, und folglich selbst kooperiert.

Für eine allgemeine Definition von Moral sind zwei Punkte entscheidend:

1) Die moralische Handlung muß notwendig sein, d.h. sie ist insofern determiniert, als aus dem Zusammenspiel interner Faktoren, d.h. Präferenzen, und externer Faktoren, d.h. Handlungsumgebung, über eine Entscheidung eine Handlung erfolgt, die auch entsprechend erklärt werden muß.
2) Damit eine Handlung als moralisch klassifiziert werden kann, muß sie das Wohl des anderen beinhalten, d.h. sie muß dem anderen einen höheren Nutzengewinn gewährleisten, als wenn die Handlung unterblieben wäre, ohne daß der andere eine wertäquivalente Entschädigung leisten muß, und sie darf nicht durch Sanktionen Dritter bewirkt sein.

Akzeptiert man diese zwei Punkte, so erkennt man, daß nur Handlungen der Arten d) und e) moralischer Natur sind. Ein Referenzpunkt, an dem Moral beginnt, ist b): Hier wird der andere durch Tausch oder auf dem Markt wertäquivalent entschädigt, aber er bekommt auch nicht mehr als das Wertäquivalent. Ein zweiter Referenzpunkt, an dem Moral aufhört, ist c): Hier wird die Ausgangsausstattung des anderen durch die Respektierung von Normen bewahrt, aber nur, weil die Normeinhaltung billiger ist als der Normbruch.

4. Intrinsische Motivation und Moral als internalisierte Normen und Werte

In der Ökonomik unterscheidet man üblicherweise Präferenzen, Handlungsalternativen und Verhaltensregel. Dabei werden die Präferenzen, unabhängig von der sozialen Interdependenz, als gegeben und stabil angenommen; als Verhaltensregel wird die Nutzenmaximierung unterstellt. Die vorangegangenen Ausführungen haben aber gezeigt, daß der Mensch hierdurch unzureichend charakterisiert ist, daß er nicht nur über eine Nutzenfunktion, sondern auch über Bewertungsstandards bezüglich der Einhaltung von Regeln des menschlichen Miteinanders verfügt.

Von der Internalisierung einer Norm sprechen wir, wenn die Verletzung der Norm mit *psychischen Kosten* wie Gewissensbissen, Scham oder Schuldgefühlen verbunden ist. Es ist in diesem Zusammenhang nützlich, die Konzepte des Nutzens und der Präferenzen zu unterscheiden. Nutzen hat etwas mit Lust, Freude, Befriedigung, Bestätigung und Unlust, Frust, Leid, Angst, Scham, also mit Emotionen bzw. Gefühlen zu tun. Präferenzen ordnen im Menschen Handlungen, die Gefühle der Lust oder Unlust erzeugen; durch Präferenzen wird eine beliebige Substitution von Handlungen unterbunden. Präferenzen setzen somit bereits eine gewisse Ordnung und Kalkulierbarkeit menschlicher Gefühle voraus, d.h. spontane Affekte und Leidenschaften werden unterdrückt. Präferenzen könnten demnach auch als interne Beschränkungen aufgefaßt werden. Denn ob man sagt, man möchte dieses lieber als jenes, oder ob man sagt, man fühle sich innerlich gezwungen, eher dieses als jenes zu nehmen oder zu tun, kommt auf das gleiche hinaus. In beiden Fällen entstehen bei Abweichungen von den Präferenzen Nutzeneinbußen, d.h. Kosten.

Präferenzen können zum einen *intern* sein und sich auf neurophysiologische Gegebenheiten beziehen; kein Mensch kann auf die Dauer Essen und Trinken durch Fernsehen oder Fahrradfahren substituieren. Zum anderen können Präferenzen aber auch *internalisiert* sein, d.h. sie können durch individuelle Erfahrungen, durch Erziehung, durch Sozialisation, durch Imitation und durch das gesellschaftliche Miteinander aufgebaut werden und entsprechenden Veränderungen unterliegen (siehe dazu SCHLICHT in diesem Band). Die externen Verhaltensanreize, die aus den koordinierten Interaktionen, d.h. den Institutionen, resultieren, verwandeln sich in interne Verhaltensanreize der einzelnen Menschen, d.h. in eine Selbstkontrolle des gesamten Nutzenhaushalts. Diese Selbstkontrolle kann zum einen *bewußt* erfolgen, d.h. man bedenkt die Konsequenzen seiner Handlungen für sich selbst und für andere und unterwirft sich aufgrund dieser Überlegungen bestimmten Handlungsbeschränkungen, man entwickelt aktiv eine *Moral*. Die Entwicklung moralischer Normen kann dabei aus Mitleid oder aus Einsicht in die Notwendigkeit erfolgen und ist keinesfalls nur mit dem Nachteil einer freiwilligen Beschränkung der individuellen Handlungsmöglichkeiten verbunden. Hält sich der Mensch konsequent an moralische Normen, so gibt ihm das die Möglichkeit, mit sich selbst ins reine zu kommen, erspart ihm im Laufe der Zeit Informations- und Entscheidungskosten und eröffnet ihm auch die Chance, Tätigkeiten durchzuführen, die rein opportunistisch handelnden Personen verschlossen bleiben (alle Tätigkeiten, die schwer zu kontrollieren sind und die ein hohes Vertrauen in die Redlichkeit der entsprechenden Person erfordern).

Die Selbstkontrolle der Emotionen und Gefühle kann aber nicht nur bewußt, sondern zum anderen auch *unbewußt* arbeiten. Erziehung und Sozialisation sorgen dafür, daß die Menschen in Gesellschaften, in denen komplizierte wechselseitige Abhängigkeiten zwischen den Individuen bestehen, durch Ängste, Scham und Gewissensbisse von Verstößen gegen das gesellschaftlich erwünschte Verhalten abgehalten werden, ohne im einzelnen über die Handlungskonsequenzen nachzudenken. *Institutionen prägen Menschen*: Pünktlichkeit, Arbeitsdisziplin, die Einhaltung von bestimmten Sitten und Regeln sowie der weitgehende Verzicht auf gewaltsame Konfliktaustragung werden keinesfalls ausschließlich durch die Androhung externer Sanktionen erzwungen. Abweichungen von der Norm erzeugen vielmehr Schuldgefühle, Scham, Angst oder schlechtes Gewissen, so daß sich derartige Normen als passiv internalisiert kennzeichnen lassen. Der Mensch schafft sich somit nicht nur aktiv interne Normen als Moral, sondern er internalisiert auch passiv gewisse gesellschaftliche Normen als Moral. Aktiver Aufbau von internen Normen und passive Internalisierung von gesellschaftlichen Normen geschehen in der Realität simultan und interdependent.

Neben der eigentlichen Präferenzordnung entwickeln Menschen also zusätzliche internalisierte Handlungsanreize und -beschränkungen. Diese basieren zum einen auf einer vergleichsweise passiven Internalisierung von Normen - die interne Handlungskoordination ist lediglich ein Reflex der externen interindividuellen Handlungskoordination, d.h. aus einer externen Institution wird quasi eine interne Institution - und zum anderen auf einem eher aktiven Aufbau von internen Normen - man entwickelt interne Normen aufgrund der Reflexion über Verhaltensziele und angemessene gesellschaftliche Zustände. Diese internalisierten Handlungsbeschränkungen sind motivational durch Kostensurrogate wie Scham und Pein, Schuld und Gewissen etc. verankert und bewirken ein Verhalten, das zunächst einmal unabhängig von Preisen und Sanktionen ist (vgl. dazu Kap. 2. weiter oben).

Da Preise aber als Voraussetzung die Idee der wechselseitigen Entschädigung haben und Sanktionen als Voraussetzung die Idee der Vorschreibung einer Handlung aufgrund einer externen Kostenandrohung, können sowohl Preise als auch Sanktionen in Widerspruch zur intrinsischen Motivation geraten. Dieses ist dann der Fall, wenn die intrinsische Motivation sich auf altruistische Momente stützt. In diesem Fall wird die intrinsische Motivation durch eine Entschädigung in Form einer Preiszahlung entwertet. Dieses ist auch dann der Fall, wenn sich die intrinsische Motivation auf Einsicht in das Gute etc. stützt. In diesem Fall wird die intrinsische Motivation durch Androhung einer externen Sanktion entwertet. In diesen Fällen entstehen Irradiationsphänomene, d.h. verschiedene Motivationssysteme geraten in Konflikt zueinander. Gerade dasjenige Motivationssystem, das für die intrinsische (Eigen-)Motivation sorgt, gerät in Widerspruch zu demjenigen Motivationssystem, das für die extrinsische (Fremd-) Motivation sorgt. Die Konsequenz ist ein entweder gradueller oder abrupter Abbau der intrinsischen Motivation.

Ähnlich wie die Moral bezieht sich die (altruistisch orientierte) intrinsische Motivation auf internalisierte moralische Anreize sowie zusätzlich auf die vernunftgemäß begründeten, den anderen einschließenden und die Zukunft berücksichtigenden, Handlungen. Daher erklärt es sich, daß die Begründungen der intrinsischen Motivation sich - neben der Komponente positiver Emotionen, die ökonomisch als relative Stärke der Bevorzugung der jeweiligen Tätigkeit, d.h. als Argument der Nutzenfunktion, angesehen werden können - auf die menschliche Selbstbestimmung und Selbstbewertung beziehen. Die menschliche Selbstbestimmung und Selbstbewertung beurteilt das eigene Verhalten im Vergleich zu dem Verhalten von anderen, und sie wägt auch zwischen dem eigenen heutigen und zukünftigen Verhalten ab. Wenn man sagt, ein Fußballer beweise Moral, so meint man damit das gleiche, wie wenn man sagt, er sei intrinsisch motiviert. Es erklärt sich auch, daß jemand, der aufgrund einer eigenen Normsetzung - d.h. aufgrund einer intrinsischen Motivation oder aufgrund der Moral - Blut spendet, in seiner Motivation gestört wird, wenn er dafür zusätzlich Geld erhält. Denn in beiden Fällen - Fußballer sowie Blutspender - basiert die intrinsisch oder moralisch motivierte Handlung gerade auf der Norm der indirekten Reziprozität bzw. des Altruismus, die durch das Ziel der wechselseitigen Entschädigung geradezu konterkariert wird.

Die Konzepte der intrinsischen Motivation und der Moral haben also ihren Ursprung nicht lediglich in den Handlungen und deren Anreizen, sondern in den Koordinationsmechanismen, die diese Handlungen koordinieren und die Anreize vermitteln, d.h. in den Institutionen. Denn bei jeder Interaktion zwischen Menschen ist gleichzeitig auch der Koordinationsmechanismus bzw. die Institution - Markt, Norm, Schenkung u.a.m. - definiert, mit dem Menschen ihre Handlungen koordinieren. Die mit diesem Koordinationsmechanismus bzw. dieser Institution verbundenen Erwartungen werden auf die Interaktionen übertragen und bei jeder Interaktion mitgedacht oder mitgefühlt. Insofern bewerten die Menschen nicht nur die Handlungskonsequenzen, sondern auch die Handlungsmotive.

Halten wir fest:

- In einer Welt, in der *alle* Handlungen über Märkte koordiniert werden, machen die Begriffe intrinsische Motivation und Moral keinen Sinn. Denn jeder Akteur entschädigt jeden anderen wertäquivalent für die von ihm empfangenen Güter und Dienste. Da im Tauschprozeß die Motivationen sich wechselseitig auf den Vergleich der hergegebenen mit den erhaltenen Gütern und Diensten beziehen, kann eine zusätzliche intrinsische Motivation nicht existieren oder wird, falls sie doch vorhanden ist, erodieren.

- In einer Welt, in der *alle* Handlungen über Normen koordiniert werden, machen die Begriffe intrinsische Motivation und Moral ebenfalls keinen Sinn. Denn jeder Akteur handelt der Norm entsprechend, weil er Sanktionskosten fürchtet. Eine zusätzliche intrinsische Motivation kann hier nicht existieren oder wird, falls sie doch vorhanden ist, erodieren.
- In einer Welt, in der *nicht alle* Handlungen durch Märkte bzw. über Normen koordiniert werden, entstehen zwiespältige Anreizstrukturen. Individuelle und kollektive Rationalität divergieren, eine streng individuelle Rationalität führt, anders als bei Markt- und Normenkoordination, zu einem kollektiv inoptimalen Zustand. Selbstbestimmung, Wählen können, Selbstverpflichtung und Emotionen können in einer derartigen Situation die Wahl der kooperativen Strategie begünstigen und intrinsische moralische Motivationen erzeugen.

5. Internalisierung und die Menschenbilder der Ökonomie und Soziologie

Ein Vergleich der Institutionen Markt und Norm fördert einige wesentliche Unterschiede, aber auch einige Gemeinsamkeiten, zutage und läßt erkennen, warum Soziologen und Ökonomen ihren Theorien jeweils einen anderen Koordinationsmechanismus zugrunde gelegt und verschiedene Menschenbilder unterstellt haben.

Stellt man sich nämlich einerseits eine Welt vor, in der alle Handlungen durch Normen koordiniert werden, und betrachtet ein Normengleichgewicht, also einen Zustand, in dem jedes Individuum alle Normen einhält und in dem alle Normen stabil sind, so wird klar, daß der Mensch in dieser Modellwelt jemand ist, der vollständig angepaßt ist und Sanktionen ausweicht. In den Handlungen sind alle Menschen gleich. Zur Beschreibung der Modellwelt genügen Begriff wie Normen, Sanktionen, Rollen, Interaktionen; Begriffe, die sich auf den Menschen selber beziehen, sind redundant. Der Mensch selbst kann entfallen, er wird ersetzt durch Interaktionen. Wir haben den funktionierenden homo sociologicus vor uns.

Stellt man sich andererseits eine Welt vor, in der alle Handlungen über Märkte und gleichgewichtige Preise koordiniert werden, so wird deutlich, daß der Mensch in dieser Modellwelt jemand ist, der, zwar beschränkt durch sein Handlungsvermögen, doch vollständig autonom und frei agiert und nur seine eigene Präferenz zur Handlungsgrundlage nimmt. In den Handlungen sind die Menschen verschieden, in den Bewertungen der Handlungen sind sie gleich. Zur Beschreibung der Modellwelt benötigt man Begriffe, welche das Individuum charakterisieren: Präferenz, Handlungsvermögen. Wir haben den frei agierenden homo oeconomicus vor uns. Koordination durch Normen und ein redundanter homo sociologicus einerseits und Koordination durch Märkte und ein frei handelnder homo oeconomicus andererseits sind folgerichtige Konstrukte bestimmter unterschiedlicher Sichtweisen. Um eine gewisse Vereinheitlichung der beiden Sichtweisen vorzubereiten, ist es deshalb notwendig, nicht nur Interaktionen unter dem Normenaspekt zu betrachten, sondern auch den Menschen selber.

Der homo sociologicus und der homo oeconomicus verkörpern in sich zwei extreme Charakteristika: Der homo sociologicus internalisiert vollständig die außerindividuellen Zwänge und Werte, diese werden zu seinem ersten Ich und bestimmen sein Wohlbefinden; der homo oeconomicus besitzt bereits eine unveränderliche Bewertungsfunktion (als Embryo? als Baby? als Schulanfänger? als Erwachsener? als Greis?); diese ist vollständig unabhängig von den Bewertungsfunktionen der anderen Menschen. Handlungskriterium des homo sociologicus ist die Reaktion der anderen Menschen auf seine Handlung, Handlungskriterium des homo oeconomicus ist seine eigene Präferenzfunktion. Man könnte auch sagen: Der homo sociologicus handelt gemäß den internalisierten Normen der Gesellschaft, der homo oeconomicus handelt gemäß den eigenen internen Normen. Warum internalisiert der homo oeconomicus nichts und warum hat der homo sociologicus keine eigenen Präferenzvorstellungen? Zur Beantwortung dieser Frage ist zum einen die Art des Motivs für eine Normeinhaltung und zum anderen die Unterscheidung zwischen Sanktionen und Preisen wichtig.

Welche Motive gibt es, die eine Normeinhaltung wahrscheinlich machen? Da ist zunächst einmal ein Unsicherheits- oder Nachahmungsmotiv: In einer diffusen Situation kennt ein Mensch weder alle Handlungsalternativen noch deren Konsequenzen; er wird lernen und die besten Handlungen in entsprechenden Situationen immer wieder begehen; so entsteht erlerntes, habituelles, routinemäßiges Verhalten. Gleichzeitig wird er andere Menschen beobachten und deren beste Handlungen nachahmen. Konvergieren derartige individuelle Handlungen zu einer einheitlichen Verhaltensweise in einer bestimmten Situation, so ist diese Verhaltensweise bereits normiert. Selbst- und Fremdnachahmung erhöhen also die Wahrscheinlichkeit bestimmter Handlungen gegenüber anderen, normieren also jene, und erhöhen damit gleichzeitig die Kosten abweichenden Verhaltens.

Dann gibt es das Reaktionsmotiv: Die anderen reagieren auf die Handlungen eines Menschen, entweder bestätigend oder mißbilligend; die erwarteten Kosten dieser Reaktionen bewegen das Individuum, die Norm einzuhalten - oder nicht. Und schließlich gibt es das Internalisierungsmotiv. Die allgemein gebilligten Handlungen werden wertmäßig überhöht und als Moral in den Nutzenhaushalt des Menschen injiziert; er kalkuliert nun nicht nur den Erwartungswert der Normübertretung, wie beim Reaktionsmotiv, sondern empfindet bereits Scham bei eigenem Fehlverhalten und Pein bei fremdem Fehlverhalten, auch wenn keine Reaktion irgendeines anderen vorliegt.

Ein Mensch kann folglich im Einklang mit der Norm handeln, weil die vorgeschriebene Handlung gemäß seiner Präferenzfunktion überhaupt vorteilhaft ist (Norm als nicht bindende Handlungsbeschränkung), weil er automatisch immer so handelt (Norm als habituelle Routineregel), weil er Furcht vor Sanktionen hat (Norm als sanktionierte Verhaltensbeschränkung), weil er es als seine Pflicht empfindet oder den Handlungszwang einsieht (Norm als moralische Maxime). Die hierdurch begründeten Alternativkosten stehen einer Normübertretung entgegen.

Worin liegt nun der Unterschied zwischen Sanktionen und Preisen? Beide belegen Handlungen mit Alternativkosten; in dieser Allgemeinheit ist kein Unterschied feststellbar. Doch sagt die Norm: „Diese Handlung ist verboten" oder „diese Handlung ist geboten" und knüpft an die Nichterfüllung des Verbotes oder Gebotes eine Sanktion. Eine Sanktion ist also die Aussetzung von Alternativkosten für die Nichteinhaltung einer geforderten Handlung. Demgegenüber ist der Preis die Aussetzung von Alternativkosten für eine erlaubte Handlung, das heißt, eine Handlung begehen zu dürfen, falls man den geforderten Preis entrichtet. Im ersten Fall wird erwartet, daß man eine bestimmte Handlung nicht begeht (oder gerade begeht); um der Forderung Nachdruck zu verschaffen, werden Sanktionen angedroht. Im zweiten Fall wird eine Handlung prinzipiell gestattet; sie kann durchgeführt werden, wenn man den Preis zahlt. Primär für die Sanktion ist ihr Abschreckungseffekt, primär für den Preis ist sein Entschädigungseffekt.

Für den extremen Menschentyp „homo oeconomicus" ist diese Unterscheidung allerdings zu fein gestrickt. Da er quasi-isoliert von seinen Mitmenschen ist, mit ihnen nur Tausch-Transaktionen aufrechterhält und eine von seinen Mitmenschen vollständig unabhängige Präferenzfunktion hat, gerinnen ihm alle Handlungsbeschränkungen zu Kosten, die mit seinem persönlichen Nutzen verglichen werden. Er kalkuliert die entsprechenden Erwartungswerte und entscheidet sich rational für oder gegen Unpünktlichkeit, Betrug, Diebstahl, Scheidung, Steuerhinterziehung, Beleidigung, Mord usw. Aus seiner Sicht ist dies auch vollkommen korrekt, da er keinerlei Bewertungen, die aus der sozialen Interdependenz entstehen, internalisiert: Scham und Pein sind ihm fremd, Moral: ein Fetisch der Philosophen, Sozialisation in der Kindheit: alles bereits abgearbeitet, die Welt: ein Großkaufhaus.

Anders der homo sociologicus: Seine Persönlichkeit ist vollständig wegsozialisiert; befrachtet und niedergedrückt durch soziale Zwänge, welche er vollkommen internalisiert und wertmäßig überhöht hat, bewegt er sich in einer Welt der guten Sitten, der sittlichen Pflicht, des Anstands, der Billigkeit, der Erwartungen seitens der Mitmenschen, der Anforderungen des Gesellschaftssystems, der Scham und Pein - und kennt nur Sanktionen: endogen-psychische und exogen-strafende. Handeln nach eigenen Nutzenvorstellungen bei Entschädigung der anderen und rationale Normübertretungen sind seine Sache nicht.

Wieder erkennen wir, daß eine ökonomische Analyse, die den homo oeconomicus zugrunde legt, und eine soziologische Analyse, die den homo sociologicus unterstellt, tatsächlich zwei entgegengesetzte Sichtweisen sind. Während jene alle sozialen Tatbestände auf die Handlungen quasi-isolierter Individuen zurückführt und soziale Interdependenzen nicht berücksichtigt, erklärt diese die individuellen Handlungen durch die Zwänge der sozialen Interdependenz, ohne diese wiederum durch das menschliche Miteinander entstehen zu lassen. Warum könnte man nicht einen Menschentyp abbilden, der die beiden extremen Typen umfaßt und als Spezialfälle enthält: den homo sociooeconomicus vielleicht? Dieser Frage wende ich mich im nächsten Kapitel zu.

6. Institutionen und der homo sociooeconomicus

Wie stattet man nun diesen homo sociooeconomicus aus, welche Eigenschaften mißt man ihm zu, damit er als modelltheoretisch gefaßtes Individuum sowohl für Soziologen als auch für Ökonomen adäquat wird? Die Literatur kennt viele Antworten, fast alle laufen darauf hinaus, den soziöokonomischen Menschen zu psychologisieren, d.h. die Anzahl intervenierender Variablen zu erhöhen und gewisse irrationale Verhaltensweisen zuzulassen. Damit verlagert man einen Teil der sozialen Interdependenz und deren Koordination durch Institutionen in das Individuum hinein: Die Komplexität des Zwischenmenschlichen wird auf die Komplexität des Innermenschlichen zurückgeführt. Für die Erfassung der sozialen Interdependenz ist dies allerdings lediglich erst dann von Bedeutung, wenn der soziöokonomische Mensch zunächst auch die Eigenschaft besitzt, mit andern Menschen seine Handlungen abstimmen zu können.

Tatsächlich hat der reale Mensch eine Eigenschaft, die seine spezifischen Kollegen nicht haben: Er hat die Fähigkeit, sein Verhalten mit seinen Mitmenschen abzustimmen. Dies kann durch explizite Verträge, implizite Vereinbarungen, Gespräche, Gestik und Mimik geschehen. Folglich kann man die Handlungen in zwei Klassen unterteilen; zum einen gibt es *Handlungen, die auf die Bedürfnisbefriedigung gerichtet sind*, und zum anderen gibt es *Handlungen, die auf die Verhaltenskoordination abzielen*. Im Einzelfall mag es manchmal schwierig sein, eine exakte Einteilung durchzuführen; im Prinzip allerdings ist diese Zweiteilung immer durchführbar. Der soziöokonomische Mensch ist nun, im Unterschied zu den Menschentypen homo sociologicus und homo oeconomicus, jemand, der sein Verhalten selber mit seinen Mitmenschen abstimmt, der also *Institutionen erzeugt*, und sich nicht lediglich Systemzwängen fügt oder autistisch Alternativen vergleicht. Dieser jemand heißt im folgenden homo sociooeconomicus und hat im wesentlichen zwei Handlungsarten zur Verfügung: Handlungen, die auf Bedürfnisbefriedigung gerichtet sind, und Handlungen, die auf Verhaltenskoordination abzielen (vgl. dazu und zum folgenden WEISE 1989).

Betrachten wir den einfachsten Fall. Zwei Personen tauschen zwei Güter oder ein Gut gegen Geld. Dabei entstehen zwei Probleme, die von den Tauschpartnern gelöst werden müssen. Das erste Problem betrifft die Entscheidung, ob überhaupt getauscht werden soll oder nicht. Das zweite Problem bezieht sich auf das Austauschverhältnis. Die beiden Tauschpartner haben jeweils gemischte Motive. Zum einen haben sie gleiche Interessen insofern, als sich beide durch eine Übereinkunft verbessern können, indem sie die pareto-optimalen Übereinkünfte festlegen; zum andern haben sie gegensätzliche Interessen, indem bei der endgültigen Festlegung einer Übereinkunft aus den pareto-optimalen Übereinkünften gewählt wird - und hier ist der Gewinn des einen der entgangene Gewinn des anderen. Sowohl Kooperation als auch Konkurrenz bestehen nebeneinander.

Notwendig für ein Zustandekommen des Tausches ist eine Besserstellung beider Tauschpartner gegenüber einem Status-quo-Zustand. Dieser wird bestimmt durch die Bewertung der Ausgangsausstattung, d.h. durch die Nutzenrealisierung unter Beibehaltung der Ausgangsausstattung, also ohne Tausch, und durch die Bewertung der Tauschmöglichkeiten mit anderen Tauschpartnern. Stellen beide Tauschpartner fest, daß sie mehr gewinnen, wenn sie tauschen, als wenn sie auf ihrer Ausgangsausstattung sitzen bleiben oder mit anderen Tauschpartnern tauschen, dann ist das erste Problem gelöst: Ein Tausch zwischen diesen beiden Tauschpartnern lohnt sich für beide. Beide haben ein *konkretes Vertragsinteresse*, d.h. ein Interesse, einen Vertrag mit einem konkret spezifizierten Tauschpartner abzuschließen. Die unterschiedlich hohen entgangenen Gewinne bei Nichtzustandekommen des Vertrages und die Art der Verhandlungsführung bestimmen nun die Festlegung des Austauschverhältnisses, d.h. die tatsächliche Festlegung einer pareto-optimalen Übereinkunft, und damit die Lösung des zweiten Problems: die Aufteilung der möglichen Überschüsse aus dem Tausch.

Tauschbeziehungen kommen demnach nur zustande, wenn für beide Tauschpartner die persönlichen Bewertungen der Dinge, die man erhalten möchte, höher sind als die Dinge, die man im Austausch abgibt. Tauschen viele Personen, so kann der Tauschprozeß in einen Zustand konvergieren, bei dem kein Tauschpartner einen Tauschpartner finden kann, mit dem ein Tausch noch lohnender ist. Marginal ist es für jeden Tauschpartner gleich, mit wem er tauscht und was er tauscht: Die Güter haben, unabhängig davon, wer sie tauscht, jeweils das gleiche Austauschverhältnis; die Tauschalternativen sind für alle Personen gleich; ein paretooptimaler Zustand für alle Personen ist erreicht; marginal sind nun für alle Personen die persönlichen Bewertungen gleich den Austauschverhältnissen. Das Treffen von Vereinbarungen macht nun keinen Sinn mehr, da alle Tauschverhältnisse für alle Personen gleich sind, so daß alle Personen als Tauschpartner austauschbar sind. Die Tauschbeziehungen sind anonym; es gilt überall die Gleichheit der entsprechenden Grenzraten der Substitution und Transformation.

In einer Welt des Ungleichgewichts aber bleiben die konkreten Vertragsinteressen positiv. Das bedeutet, daß es den Personen nicht gleich ist, mit wem sie kontrahieren, und daß sie die Fähigkeit und den Kooperationswillen besitzen und behalten müssen, sich mit den anderen zu einigen. Der homo sociooeconomicus muß beide Handlungskategorien besitzen.

Dies ist anders für den Menschen, der sich nur in einer Welt des Gleichgewichts bewegt. Da alle Handlungsalternativen für ihn marginal den gleichen Wert haben oder schlechter als die gewählte sind, genügen diesem Menschen Handlungen, die auf die Bedürfnisbefriedigung gerichtet sind. Seine Handlungsumgebung ordnet sich a priori wie von selbst zum guten. Sie besteht für ihn lediglich aus Gütern und Preisen, die anderen Menschen aber sind bedeutungslos. Jeder Mensch maximiert für sich seine Bedürfnisbefriedigung, und jegliche Kommunikation mit anderen Menschen entfällt. Dieser Mensch der Gleichgewichtswelt ist der homo oeconomicus; er kennt nur Handlungen, die auf die Bedürfnisbefriedigung gerichtet sind. Er lebt zwar in Institutionen, erzeugt diese aber nicht und wird nicht durch sie geprägt.

Der homo oeconomicus ist also ein homo sociooeconomicus, der verlernt hat zu kommunizieren und der ausschließlich der größtmöglichen Befriedigung seiner gegebenen Bedürfnisse lebt. Wie steht es um den homo sociologicus? Angenommen, zwei Personen treffen sich. Statt Güter zu tauschen, sprechen sie darüber, was der jeweils andere tun oder unterlassen soll. Sie vereinbaren, sich nicht ins Wort zu fallen, sich nicht zu töten, zu bestehlen, zu kneifen, zu beleidigen, zu belügen u.a.m. Kurz: Sie entwerfen schnell einmal die zehn Gebote neu und vereinbaren ein Regelwerk, das gelten soll, wann immer sie sich treffen. Sie vereinbaren eine bestimmte Ordnung bzw. Institution, die ihnen ein gewisses Maß an Orientierungs- und Realisierungssicherheit gibt. Diese Institution wird sich vermutlich zunächst auf solche Dinge beziehen, die für beide Personen nicht oder nur sehr schwer ersetzbar sind, wie das eigene Leben, das Leben und Wohlergehen der Verwandten, das Vermögen und vielleicht die Ehre oder das Ansehen. Dinge, die weniger wichtig oder leichter substituierbar sind, werden der Institution nicht unterworfen, sondern vielmehr Ad-hoc-Vereinbarungen überlassen. Damit normieren die beiden Personen aber ihr Verhalten: Manche Verhaltensweisen werden vorgeschrieben und mit Sanktionen bewehrt. Die prinzipiell gegebene Substituierbarkeit von Gütern wird verringert, wodurch Ordnungssicherheit erhöht wird - und beide Personen können dabei gewinnen.

Sind viele Personen vorhanden, so kann der Normierungsprozeß konvergieren: Alle Personen - oder bestimmte Gruppen als Normadressaten - handeln normgerecht und verzichten darauf, normierte Handlungen immer aufs neue Ad-hoc-Vereinbarungen zu unterwerfen. Im Ungleichgewicht werden neue Normen entstehen, andere vergehen, werden manche Normen mehr oder weniger oft übertreten, werden manche, aber nicht alle, Normübertreter sanktioniert und werden manche Handlungen überhaupt normfrei bleiben. Die Normen entstehen aber als explizite oder implizite Vereinbarungen zwischen Menschen und sind Ausfluß der Koordinationshandlungen dieser Menschen. Im Gleichgewicht wird alles normiert sein und werden alle Normen eingehalten. Handelt ein Mensch in dieser gleichgewichtigen Normenwelt, so kann er nicht mehr wählen, denn alle Handlungen sind vorgeschrieben. Er trifft auch keine Vereinbarungen mehr, denn alles ist bereits vereinbart und in Normen gegossen. Dieser Mensch ist der homo sociologicus, ein homo sociooeconomicus, der seine Bedürfnisse und seinen Entscheidungswillen verloren hat. Er lebt zwar in Institutionen, erzeugt diese aber nicht mehr, wird vielmehr vollständig von ihnen geprägt.

Homo oeconomicus und homo sociologicus sind also, so können wir zusammenfassen, Spezialfälle des homo sociooeconomicus. Aufgrund der Annahmen der unendlich schnellen Anpassung der Umwelt an die Bedürfnisse des homo oeconomicus und der unendlich schnellen Anpassung des homo sociologicus an die Umwelt werden sie zu institutionslosen Menschen. In den Übersichtlichkeiten der Gleichgewichtswelt können sie existieren; in den Interaktionen der Ungleichgewichtswelt aber zeigen sich ihre pathologischen Züge: Der homo sociologicus kann nicht handeln, er kann nur Folge leisten, der homo oeconomicus will immer nur das Maximum, Kooperationswille und Rücksichtnahme fehlen ihm. In Gleichgewichtswelten mag man den Menschen in zwei theoretische Extreme zerlegen können und brauchbare Ergebnisse gewinnen: Man streicht seine Fähigkeit, Koordinationshandlungen durchführen zu können, und analysiert, wie er auf Signale wie Sanktionen und Preise bei gegebenen Institutionen reagiert und welche Allokationen, Distributionen und Gleichgewichte resultieren; oder man läßt ihn die optimale Institution in Form einer Verfassung usw. wählen, unter der Voraussetzung, daß er diese auch einhält, wenn sie seinen Bedürfnissen widerspricht. In Ungleichgewichtswelten aber bleibt das Problem der Ordnungssicherheit: Alle Vereinbarungen können auch gebrochen werden, und alle ausgeschlossenen Verhaltensweisen bleiben immer virulent, ganz abgesehen davon, daß nicht alles a priori für die Zukunft geordnet werden kann. Der sozioökonomische Mensch als Abbild eines realistischen Menschen entpersönlicht nicht alle seine Koordinationshandlungen in Form von Normen, Gesetzen und Verfassungen und schreibt diese für die Ewigkeit fest - und lebt nur noch seinen Bedürfnissen als homo oeconomicus oder fügt sich den Verhaltenserwartungen als homo sociologicus. Durch Vereinbarungen,

Verträge, Gesetze, Gespräche, Gestik und Mimik wird er vielmehr sein Verhalten mit anderen koordinieren, d.h. institutionalisieren, um in einer Ungleichgewichtswelt seine Bedürfnisse befriedigen zu können (vgl. dazu HASLINGER in diesem Band).

Betrachten wir einmal recht allgemein das Problem der Einhaltung von Vereinbarungen und Normen, wobei die Vereinbarungen sich auf Normen beziehen, die zwischen zwei oder mehr Personen gelten sollen. Dann stoßen wir sofort wieder auf das weiter oben bereits angesprochene Problem der Ordnungssicherheit, das aus den beiden Problemen der Orientierungs- und Realisierungssicherheit besteht. Zum einen müssen die Personen klären, wie sie ihr Verhalten wechselseitig abstimmen wollen, d.h. was zwischen ihnen gelten soll; dadurch geben sie sich Orientierungssicherheit. Worin aber liegt die Ursache dafür, daß eine Verhaltensweise von allen Personen durchgeführt und immer eingehalten wird, d.h. wodurch wird die Realisierungssicherheit begründet?

Darauf kann es nur eine Antwort geben: Eine Verhaltensweise wird nur dann von allen Personen durchgeführt und eingehalten, wenn die Kosten einer Verhaltensabweichung für alle Personen zu hoch sind. Worin können aber diese Kosten liegen? Hier gibt es genau drei unterscheidbare Möglichkeiten: Der Nutzenverzicht aufgrund einer Verhaltensabweichung entsteht durch Verzicht auf den internen Nutzen des Menschen bei stabiler Präferenzfunktion, durch Verzicht auf den internalisierten Nutzen des Menschen bei veränderlicher Präferenzfunktion oder durch Sanktionshandlungen der anderen Menschen. Hieraus folgen die oben erwähnten Motive, eine Norm einzuhalten. Unabhängig davon, wodurch die Kosten der Verhaltensabweichung von einer vereinbarten Handlung begründet sind, muß mit der Verhaltensregelmäßigkeit eine Sanktion auf die Verhaltensabweichung bestehen: Mag diese Sanktion aus entgangenem Nutzen, der quasi angeboren ist, bestehen, mag sie als Reaktion von anderen auftreten oder mag sie sich in internalisierter Scham und Pein ausdrücken, in allen Fällen besteht eine gewisse Realisierungssicherheit, bei Fehlen der Sanktionen aber nicht.

Nun gibt es unbestreitbar Bedürfnisse, welche biogenetisch vergleichsweise fest verankert sind. Die meisten Bedürfnisse entwickeln und verändern sich aber. Sie werden durch Erfahrungen und kognitive Prozesse überhaupt erst in eine Präferenzordnung übertragen. Ähnlich wie Verhaltensweisen erlernt werden, werden Präferenzen erlernt. Bei hinreichender Zeitvorgabe erlernt ein Mensch in einer konstanten Umwelt die optimalen Verhaltensweisen. Ähnlich könnte der homo oeconomicus die konstante Güterwelt erfahren, wenn man ihm erlaubte, alle Güterkombinationen zu testen, und zu einer konsistenten Präferenzordnung gelangen. Analog dem A-priori-Koordinationsprozeß entwickelte er in einem A-priori-Präferenzbildungsprozeß eine konsistente Präferenzordnung über die vorgegebene Güterumwelt. Und erst dann tauscht und konsumiert er: Seine Tauschhandlungen sind im

Gleichgewicht und seine Präferenzordnung stimmt mit seiner Bedürfnisstruktur überein.

Tatsächlich hat der Mensch diese Zeit nicht und ist die Umwelt nicht konstant. Außerdem ist er bei beschränkter Rationalität unfähig, alles widerspruchsfrei und gemäß seinen Bedürfnissen zu bewerten. Der Mensch ist mit sich selbst nicht im Gleichgewicht. Ähnlich wie der homo sociooeconomicus fortlaufend bessere Koordinationsbeziehungen zu seinen Mitmenschen herstellt, ohne das Gleichgewicht tatsächlich zu erreichen, verändert der sozioökonomische Mensch mit der Zeit seine Präferenzen, ohne mit sich selbst je vollkommen ins reine zu kommen (siehe dazu KRAUSE in diesem Band).

So besitzt der homo socioeconomicus interne und internalisierte Präferenzen. Die internen Präferenzen beziehen sich auf neurophysiologische Gegebenheiten, die internalisierten Präferenzen reflektieren die Erfahrung mit Gütern und Handlungskonsequenzen, die Beobachtung der Handlungsweise von anderen Menschen sowie das Handeln gemäß Normen. Durch die internalisierten Präferenzen wird der homo socioeconomicus abhängig von dem, was andere Menschen tun. Er ist nun nicht mehr der homo clausus: Die internalisierten Präferenzen beziehen sich auf die soziale Interdependenz. Nun gewinnt der homo socioeconomicus andere Dimensionen als der homo oeconomicus und der homo sociologicus: Er spricht, ist neidisch, liebt, haßt, verleumdet, entmutigt; er wird nach internalisierten Normen handeln, die extern gar nicht mehr sanktioniert werden; er bekommt einen Charakter, d.h. ein verfestigtes internalisiertes Normensystem, er entwickelt Gewohnheiten, die intern seine Handlungen ordnen; er übertritt manche Normen, die extern die Handlungen zwischen den Menschen ordnen, weil diese Kosten geringer sind als die Kosten der Aufgabe bestimmter Überzeugungen; er identifiziert sich mit gewissen Werten und verachtet andere; er ist nicht mehr so flexibel wie der homo oeconomicus und der homo sociologicus: Imitation, Lernen, Gedächtnis sind dafür ursächlich; kurz: Der Mensch selbst ist bedeutsam, er ist nun wirklich ein soziales Wesen. Dabei verliert er aber einen Teil seiner autistischen Haltung: Seine eigenen Präferenzen werden durch die Macht der Güter und der anderen Menschen über ihn verbogen. Er gewinnt aber die Fähigkeit, mit anderen Menschen zu kooperieren: Er entwickelt eine „soziale Persönlichkeitsstruktur", einen „sozialen Habitus" und kann sich individuell selbstregulieren.

Wie Odysseus kann sich der Mensch auch selbst binden. Er weiß, wie er in einer bestimmten Situation reagieren wird, und kann, falls er diese Reaktion nicht wünscht, extern oder intern, d.h. durch Verträge oder durch Entwicklung entsprechender internalisierter Normen, sich selbst binden, indem er die Kosten für die Reaktionshandlung erhöht. Der Mensch kann sich in einen anderen hineinversetzen (Empathie) und entsprechende kategorische Imperative entwickeln und internalisieren. Moral könnte demgemäß ein Substitut für externe Verfügungs- und Eigentumsrechte zwischen den Menschen sein (vgl. zu derartigen Fragen SCHELLING 1985 sowie KUBON-GILKE in diesem Band).

Da nicht alle Menschen gleich sind, entsteht das Phänomen der Reputation. Manchen wird man Versprechungen mehr glauben als anderen. Man wird Menschen nach bestimmten Kriterien beurteilen, Signale bekommen eine gewisse Bedeutung. Man wird von der Einhaltung einer Norm auf die Einhaltung anderer Normen schließen und umgekehrt („Wer einmal lügt, dem glaubt man nicht"). Loyalität und Autorität werden begriffsrelevant; Begriffe wie guter Charakter, Redlichkeit, Freundlichkeit, Wahrheitsliebe u.ä. bekommen Sinn. Immer werden bestimmte Handlungen jemandem zugeordnet; man weiß, daß Verhaltensabweichungen diesem Kosten verursachen. Das Gegenteil ist der Opportunist: Sein Verhalten folgt sofort aus der aktuellen Kostensituation; er kennt keine inneren Beschränkungen, die der aktuellen Kostensituation in relevantem Maße widersprechen könnten. Der Opportunist ist der homo oeconomicus: Flexibel äugt er nach Schnäppchen; der absolute Durchschnittstyp ist der homo sociologicus: Kennt man ihn, kennt man das System, in dem er lebt. Der homo oeconomicus übertritt sofort die Norm, wenn es sich gemäß seiner internen Nutzenfunktion lohnt; der homo sociologicus übertritt niemals die Norm, da er dadurch seinen Nutzen verringern würde.

7. Interdependenzen zwischen interner Institution des Menschen und externer Institution zwischen den Menschen

Im groben kann man drei wirtschafts- und sozialwissenschaftliche Ansätze unterscheiden: den individualistischen, den holistischen und den selbstorganisatorischen. Der individualistische Ansatz unterstellt als invariante Einheit das Individuum und der holistische das System bzw. die Institutionen. Der selbstorganisatorische Ansatz hingegen unterstellt eine zirkulär-kausale Wechselwirkung zwischen beiden Ebenen. Beim individualistischen Ansatz sind die Individuen gekennzeichnet durch stabile Präferenzen und halten nur Tauschbeziehungen miteinander aufrecht. Nach diesem Ansatz ist ein Systemverhalten dann korrekt erklärt, wenn es sich als gleichgewichtiges Gesamtverhalten aus rationalen Individualhandlungen ergibt. Der holistische Ansatz beschreibt ausführlich diejenigen Größen, die zu einer Anpassung der Personen an die gesellschaftlichen Zwänge führen und die dadurch das Verhalten der Personen erklären. Wesentlich beim holistischen Ansatz ist demnach die Darstellung dieser Zwangsfaktoren und der entsprechenden Vermittlungsprozesse, unwesentlich ist die Beschreibung der Personen selber und die selbstorganisatorische Erzeugung dieser Zwänge durch ihre Interaktionen.

Aus der Sicht des selbstorganisatorischen Ansatzes sind diese Zwänge Ordner, d.h. Größen, die von allen Individuen zusammen erzeugt werden, sich aber langsamer verändern als die Handlungen, aus denen sie entstehen, so daß sie diese Handlungen bestimmen. Auch der selbstorganisatorische Ansatz geht nämlich davon aus, daß die Personen wechselseitig Zwänge aufeinander ausüben und sich zu Verhaltenskonformitäten treiben. Solche Ordner sind beispielsweise Traditionen, Rechte, Usancen, also Institutionen, aber auch Bestsellerlisten, Moden, Standards und so fort. Gleichzeitig gibt es aber Motive, die diesen Zwängen widerstehen. Demzufolge ist aus der Sicht des selbstorganisatorischen Ansatzes der holistische Ansatz zu einseitig. Nicht die Zwänge sind das Primäre, sondern die Interaktionen, die zu Zwängen führen. Die Erzeugung, Stabilisierung und Wandlung der Ordner müssen erklärt werden.

Die Diskussion über Menschenbilder in der Ökonomik und deren Erweiterung und Verfeinerung greift also zu kurz, wenn nicht gleichzeitig der methodologische Individualismus kritisch hinterfragt und verändert wird. Die obige Diskussion hat gezeigt, daß man statt von einem Individuum oder einer Struktur bzw. Institution von einem Beeinflussungsfeld zwischen Individuen, aus dem eventuell eine Struktur bzw. Institution entsteht, ausgehen sollte.

Insbesondere heißt dies, daß jedes Individuum auf alle anderen Individuen einwirkt, indem es für alle anderen zur Umwelt wird oder einen gewissen Einfluß auf die gemeinsam erzeugte Ordnungsgröße nimmt. Man betrachtet demnach das Individuum als in einem Beeinflussungsfeld befindlich, von dem es Verhaltensanreize empfängt und das es selbst mit den anderen Individuen zusammen erzeugt. Das Individuum befindet sich in einer zirkulärkausalen Handlungsumgebung. Es läßt sich von dem Feld beeinflussen, und es erzeugt teilweise das Feld. Aus dieser Sicht verliert auch der individualistische Ansatz an Allgemeingültigkeit: Es ist ja nur eine spezielle Annahme, daß die Individuen unabhängig von ihren Interaktionen gedacht werden können und stabile Bewertungseigenschaften haben. (Dies hat Konsequenzen, die in HELD 1997 diskutiert werden.) Dadurch wird klar, daß aus selbstorganisatorischer Sicht vielfältige Beziehungen zwischen interner Institution des Menschen und externer Institution zwischen den Menschen bestehen.

Interne Koordinationsmechanismen, d.h. interne Institutionen, sind Mechanismen, die sich auf im Menschen verkörperte Aktivitäten beziehen. *Externe Koordinationsmechanismen* sind Mechanismen, die sich auf interindividuelle Aktivitäten beziehen. Beide Arten von Koordinationsmechanismen sind selbstähnlich und hängen insofern zusammen, als durch kurz-, mittel- und langfristige Selbstorganisation und Anpassungsprozesse bestimmte externe Koordinationsmechanismen zu internen werden - d.h. internalisiert werden - und gewisse interne Koordinationsmechanismen zu externen werden - d.h. ausgelagert werden.

Beispiele für interne Koordinationsmechanismen sind:

- Vertrauen als Mechanismus der Komplexitätsreduzierung in einer vielfältigen und unsicheren Umwelt,
- Vorurteilsbildung, Sympathie, Wir-Gefühl u.a.m. als Rechtfertigung, Zusammenfügen und Rationalisierung für die Aufrechterhaltung bestimmter Gruppen, Klassen und Gesellschaften,
- Moral und Ethik als Verhaltenskodex einer Gesellschaft,
- Sozialisation und Internalisierung als Integrationsmechanismus der Individuen in eine Gesellschaft,
- Glaube als Überlebensmechanismus in einer undurchschaubaren Welt,
- Gewohnheiten und Verhaltensstandards aller Art, um Entscheidungskosten einzusparen,
- Tabus und böse Geister als Mittel, um für eine Gesellschaft schädliche Aktivitäten zu verhindern sowie
- Götter, Symbole und Ideologien als Personifizierungen und Zeichen, um Angst erträglich zu machen und ein Zusammengehörigkeitsgefühl zu entwickeln.

Beispiele für externe Koordinationsmechanismen sind:

- Markt und Wahl als unpersönliche Institutionen,
- Verhandlung und Schenkung als persönliche Institutionen,
- Sitte und Recht als unpersönliche Normen sowie
- Vorgesetzte und Bürokraten als Produzenten persönlicher Normen.

Beispiele für Substitution und Komplementarität von internen und externen Koordinationsmechanismen sind:

- Zusammenhang von protestantischer Ethik und kapitalistischer Entwicklung,
- Auslagerung des (internen) Glaubens in die (externe) kirchliche Bürokratie,
- Entstehung von Entfremdungsphänomenen durch Auslagerung verschiedener Aktivitäten und deren externer Koordination,
- Vereinsamung, psychische Krankheiten u.a.m. als Umstrukturierung interner Mechanismen aufgrund ungenügender Funktionsweise externer Mechanismen,

- Erlahmung individueller Selbstvorsorge bei Installierung externer Sicherungsmechanismen,
- Abbau verschiedener tradierter und verinnerlichter Verhaltensweisen, wenn externe Mechanismen - zumindest teilweise - deren Funktionen erfüllen sowie
- Verdrängung intrinsischer Motivation durch Markt und Norm.

Fassen wir zusammen: Institutionen und Normen entstehen aus den Interaktionen von Individuen und koordinieren und regulieren die individuellen Handlungen. Institutionen und Normen werden auch internalisiert und beeinflussen dadurch wiederum die Institutionen und Normen. Entstehen und Vergehen von externen und internen Institutionen und Normen ist demnach ein gesellschaftlicher Selbstorganisationsprozeß: Institutionen prägen Menschen; Menschen prägen Institutionen.

8. Schluß

Wir haben gesehen, daß intrinsische Motivation und Moral aus dem Interdependenzgeflecht der Menschen selbst entstehen. Die menschliche Motivationsstruktur ist sicherlich biogenetisch begründet. Entstehung, Stabilisierung und Vergehen von intrinsischer Motivation und Moral aber entstehen durch die wechselseitigen Interaktionen der Menschen.

Es können dann verschiedene Effekte zwischen der internen Institution des Menschen und der externen Institution zwischen den Menschen auftreten. Die befriedigende Analyse dieser Wechselwirkungen gelingt nur durch einen selbstorganisatorischen Ansatz, nicht durch den methodologischen Individualismus und auch nicht durch den methodologischen Holismus. Selbstorganisation und Internalisierung sind die Schlüsselbegriffe zur Analyse von intrinsischer Motivation und Moral.

Literaturverzeichnis

BRANDES, W. und WEISE, P. (1995). Motivation, Moral und Arbeitsleistung. In: GERLACH, K. und SCHETTKAT, R. (Hg.). *Determinanten der Lohnbildung*. Berlin: Edition Sigma, 233-254.

DECI, E.L. und RYAN, R.M. (1985). *Intrinsic Motivation and Self-Determination in Human Behavior*. New York/London: Plenum Press.

HECKHAUSEN, H. (1980). *Motivation und Handeln*. Berlin/Heidelberg/New York: Springer.

HELD, M. (Hg.) (1997). *Normative Grundfragen der Ökonomik*. Frankfurt a. Main/New York: Campus.

KANT, I. (1960/1788). *Die Kritik der reinen praktischen Vernunft*. Stuttgart: Kröner.

-"- (1991/1764). *Bemerkungen in den „Beobachtungen über das Gefühl des Schönen und Erhabenen"*. Hamburg: Meiner.

MACFADYEN, H.W. (1986). Motivational Constructs. In: MACFADYEN, A.J. und MACFADYEN, H.W. (Hg.). *Economic Psychology*. Amsterdam: North-Holland, 67-108.

SCHELLING, T.C. (1985). Enforcing Rules on Oneself. *Journal of Law, Economics, and Organization* 1, 357-374.

STIGLER, G.J. und BECKER, G.S. (1977). De Gustibus Non Est Disputandum. *American Economic Review* 67, 76-90.

WEISE, P. (1989). Homo oeconomicus und homo sociologicus: Die Schreckensmänner der Sozialwissenschaften. *Zeitschrift für Soziologie* 18, 148-161.

Die Autorin/Die Autoren

EICHENBERGER, REINER
geb. 1961, Dr. oec. publ.
Ass. Professor für Finanzwissenschaften an der Universität Freiburg (CH).
Arbeitsschwerpunkte: Moderne Politische Ökonomie, Ökonomische Theorie des Föderalismus und der direkten Demokratie, Moral und Information im politischen Prozeß, Integration psychologischer Aspekte in die ökonomische Analyse.

GERECKE, UWE
geb. 1965, Dr. rer. pol.
Wiss. Assistent am Lehrstuhl Prof. Dr. Dr. Karl Homann an der Wirtschaftswiss. Fakultät Ingolstadt der Katholischen Universität Eichstätt.
Arbeitsschwerpunkte: Wirtschafts- und Unternehmensethik, Organisationsökonomie.

HASLINGER, FRANZ
geb. 1945, Dr. jur., Dr. rer. pol.
Professor für Volkswirtschaftslehre an der Universität Hannover.
Arbeitsschwerpunkte: Mikroökonomische Theorie bei Unsicherheit und asymmetrischen Informationen, Institutionenökonomik, Wachstums- und Verteilungstheorie, Methodologie der Ökonomie, Geschichte des ökonomischen Denkens.

HELD, MARTIN
geb. 1950, Dr. rer. pol.
Studienleiter an der Evangelischen Akademie Tutzing für Wirtschaft.
Arbeitsschwerpunkte: Ökonomie und gesellschaftliche Folgen technischer Entwicklungen, Ökonomie und Ökologie, normative Grundfragen der Ökonomik.

KIRCHGÄSSNER, GEBHARD
geb. 1948, Dr. rer. soc.
Professor für Volkswirtschaftslehre und Ökonometrie an der Universität St. Gallen.
Arbeitsschwerpunkte: Neue politische Ökonomie, Energie- und Umweltökonomik, angewandte Ökonometrie, methodologische Grundlagen der Wirtschafts- und Sozialwissenschaften.

KRAUSE, ULRICH
geb. 1940, Dr. rer. nat., Dr. rer. pol.
Professor für Mathematik an der Universität Bremen.
Arbeitsschwerpunkte: Diskrete dynamische Systeme, Produktionstheorie, Entscheidungstheorie, Methodik mathematischer Modellierung.

KUBON-GILKE, GISELA
geb. 1956, Dr. rer. pol.
Professorin für Ökonomie und Sozialpolitik an der Evangelischen Fachhochschule Darmstadt, Privatdozentin für Volkswirtschaftslehre an der Technischen Universität Darmstadt.
Arbeitsschwerpunkte: Institutionenökonomik, Ökonomie und Psychologie.

NUTZINGER, HANS G.
geb. 1945, Dr. rer. pol.
Professor für Theorie öffentlicher und privater Unternehmen an der Universität GH Kassel.
Arbeitsschwerpunkte: Ökologische Ökonomie, Wirtschafts- und Unternehmensethik, Theorie der Unternehmung, Unternehmenskultur, Geschichte des ökonomischen Denkens.

OBERHOLZER-GEE, FELIX
geb. 1961, Dr. oec. publ.
Assistant Professor an der Wharton School, University of Pennsylvania.
Arbeitsschwerpunkte: Public Sector Economics, Public Choice, Integration psychologischer Aspekte in das ökonomische Verhaltensmodell, Arbeitslosigkeit.

SCHERHORN, GERHARD
geb. 1930, Dr. rer. pol.
em. Professor für Konsumtheorie und Verbraucherpolitik an der Universität Hohenheim in Stuttgart; Direktor der Arbeitsgruppe Neue Wohlstandsmodelle im Wuppertal Institut für Klima Umwelt Energie.
Arbeitsschwerpunkte: Konsum und Umwelt, zukunftsfähiger Konsum, Zeitwohlstand, Arbeit und Umwelt, Kollektives Handeln in der Marktwirtschaft.

SCHLICHT, EKKEHART
geb. 1945, Dr. rer. pol.
Professor für Volkswirtschaftslehre an der Ludwig-Maximilians-Universität München.
Arbeitsschwerpunkte: Arbeitsmarkttheorie, Institutionenökonomik.

SCHMID, MICHAEL
geb. 1943, M.A., Dr. phil., Dr. rer. pol. habil.
Professor für Allgemeine Soziologie an der Fakultät für Pädagogik der Universität der Bundeswehr Neubiberg/München.
Arbeitsschwerpunkte: Soziologische Theorie und Wissenschaftsphilosophie.

WEISE, PETER
geb. 1941, Dr. rer. pol.
Professor für Wirtschaftswissenschaft mit sozialwissenschaftlicher Ausrichtung an der Universität GH Kassel.
Arbeitsschwerpunkte: Arbeitsmarkttheorie, Konjunkturtheorie, Institutionenökonomik, Evolutorische Ökonomik.